― 세계의 유신적 자각 ―

인식적 신론

KB207860

— 세계의 유신적 자각 —

인식적 신론

염기식 지음

머리말

신을 인식하지 못한 세계사적 경위

　태초부터 인류는 神과 함께하였고 역사상 많은 선지자, 사도, 교부, 신학자들이 神의 뜻을 위해 사역, 헌신, 증거하였지만, 현대에 이르기까지 神에 대한 앎과 지식이 크게 달라지거나 변한 것은 없다. 따라서 여전히 문제점과 의혹을 떨쳐버리지 못한 실정인데, 그 이유는 神을 알고자 한 숱한 노력에도 불구하고 세계사적인 여건이 개선되지 못해서이다. 그 결과 인류는 지금까지도 세계에 가로 놓인 제도적 모순과 진리적 대립과 종교적 분열 문제를 해결하지 못했다. 오늘날의 인류가 오직 세계를 변화시킬 수 있는 가장 큰 혁신은 새로운 신론을 정립하는 것이고, 이 땅에 강림한 새 하나님을 맞이하는 것이다. 이것이 지상 강림 역사를 실현한 세계사적 전환점에서 이 연구가 기여하고자 하는 뜻이다.

　지상 강림 역사 이전까지의 인류 역사를 선천으로, 이후를 후천으로 구분하고자 한다. 선천에서는 하나님이 본체를 강림시키지 못했기 때문에 아무리 출중한 신앙인이라도 하나님을 볼 수 없었고, 소재를 파악하지 못했으며, 증거할 방법론을 강구하지 못했다. 『우주에는 神이 없다』란 책도 나왔는데, 神을 어떻게 우주 속에서 찾는가? 니체가 대낮에 길거리에서 神을 찾아 헤매었던 것과 같다(『자라투스트라는 이렇게 말했다』). 터툴리아누스(Tertullianus, 160~220)라는 중세시대의 뛰어난 교부는 "불합리하기 때문에 나는 그것을 믿는다"라고 하였는데,[1] 이것은 神의 본체가 드러나지 못한 여건 속에서 지킨 믿음의 최상 형태이다. 神을 어디서도 볼 수 없었다는 뜻이다. 神을 인식하지 못한 세계사적 경위이다. 설상가상 서양은 창조 신앙을 제도화시킨 문명인데도 철학, 사상, 신학적으로 神을 증거하는 데는 실패했다. 콘스탄티누스 대제가 기독교를 공인했을 때는(밀라노 칙령, 313년 2월) 복합적인 정치적 이유가 깔렸지만, 저변에는 이성과 현실을 중시한 그리스 사상도 한몫을 했다(헬레니즘 문명). 칸트가 저술한 『이성의 한계 안에서의 종교』를 보면, 그는 "인간의 초월적인 존재에 대한 인식을 원천적으로 봉쇄한 듯하다."[2] 즉, 서양 문명은 초월적인 神을 온전히 담아내지 못했다. "神은 神이기 때문에 인간이 인식할 수 있는 대상이 아니다."[3] 물자체는 인식할 수 없다고 체념했다.

이런 분위기 때문에 서양 문명은 점차 神으로부터 이탈한 노선을 걷게 되었다. 절대적인 신앙 체제를 구축한 때도 있었지만(중세), 아무리 노력해도 더는 神의 실체를 확인할 수 없게 된 여건 속에서 기독교 신앙은 도그마로 내몰렸다. "서양 사상의 중심축인 철학이 신학의 노비 행세를 멈추게 된 시대, 그러니까 서양이 기독교란 철옹

1) 『신은 위대하지 않다』, 크리스토퍼 히친스 저, 김승욱 역, 알마, 2008, p.111.
2) 「칸트의 요청으로서의 신 존재와 실존적 신 인식의 문제」, 김영순 저, 숭실대학교대학원 철학과, 석사논문, 2010, p.40.
3) 『종교철학의 체계적 이해』, J. 헤센 저, 허재윤 역, 서광사, 2001, p.117.

성 도그마로부터 해방된 시기를 일컬어 르네상스(Renaissance)라고 한다. 철학이 신학에서 분리되고, 이성이 신앙에서 분리되며, 사유가 교의(敎義, 교리)에서 분리되는 수순을 밟았다. 계시에 대해 이성이 승리한 것이 르네상스로부터 시작되었다"고 환호했다.[4] 하나님이 강림하지 못한 상황에서는 선천의 종교가 온통 도그마 덩어리이다. 神에게로 나아가는 길이 막혔고, 노력해도 찾지 못하니까 전통적인 신앙 세력과 합리성을 표방한 진리 세력들이 대립되었다. "16세기 이후 근대과학이 발전하면서 종교 대 과학 간의 투쟁이 본격화되었다."[5]

이전에는 "자신이 무신론적인 신념을 지니고 있어도 그런 사실을 인정하거나 알리길 꺼렸는데 지금은 무신론자가 된다는 것이 결코 구차하게 변명을 해야 할 일이 아니게 되었다. 먼 지평선을 바라보고 당당히 나섰다."[6] 무신론이 세계적으로 확산되었다. 실증을 요구하면서 대중 앞에서 앞장서 공언을 자처하는 전도사들이 여기저기 나타났다. 『神 없는 우주』, 『만들어진 神』, 『神은 위대하지 않다』와 같은 책들이 연이어 베스트셀러가 되었다. 『한 치의 의심도 없는 진화 이야기』,[7] 神이 없는 것이 확실한 이유 등에 대해 도전정신을 불태웠다. 노벨 물리학상 수상자인 리처드 파인먼(1918~1988)은, "神은 불가사의를 설명하기 위해 만들었다. 사람들은 이해되지 않는 것들을 설명하기 위해 神을 만들었다. 하지만 마침내 세상이 움직이는 원리를 알게 된다면 神에서 벗어나는 방법을 터득하게 된다. 그래서

4) 『논술과 철학강의(2)』, 김용옥 저, 통나무, 2006, p.137.
5) "대표적인 역사적 사례로서 신학과 과학이 대결한 천동설 대 지동설, 창조론 대 진화론이 있다." -『진리청바지(내가 아는 것이 진리인가)』, 김창호 엮음, 웅진씽크빅, 2006, pp.265~268.
6) 『만들어진 신』, 리처드 도킨스 저, 이한음 역, 김영사, 2009, 들어가는 글.
7) 『진화론 산책』, 션 B. 캐럴 저, 구세희 역, 살림출판사, 2012, p.341.

더 이상 神은 필요 없다"고 주장했다.[8] 급기야 종교가 대중의 아편으로 내몰렸다(칼 맑스).[9] 이에 베르댜예프(Nicolai A. Berdyaev)는 종교가 처한 현실에 대해서 "현대는 황폐화된 무질서의 시대이고, 종교의식의 위기 시대이다. 이 같은 위기를 극복하기 위해서는 새로운 영이 아니면 안 된다"고 지적했다.[10]

　"神보다 과학을 더 신봉하는 현대인, 놀라운 과학의 힘으로 神의 경지에 도전한 인간……. 하지만 그렇게 과거는 부정할 수 있어도 내일의 길은 제시하지 못했다."[11] 이 연구는 이런 과거 역사의 억측을 불식하고, 神을 확실하게 규명해서 증거할 방법론을 강구하고 인식할 경로를 다양하게 개척하고자 한다. 이 모든 것을 가능하게 하는 것이 곧 지상 강림 역사이다.[12] 이 땅에 강림한 하나님은 어디에 계시는가? 이전에는 불가능했던 인식 경로를 터 지상 강림 실상을 진리적으로 증거하는 데 있다. 공언한 바대로 지상 강림 역사는 온 인류가 하나님과 함께하게 되는 것이므로 이런 시대를 열기 위해 이 연구는 제일 먼저 神에 대한 인식 문제를 해결하고(『인식적 신론』), 그다음은 神의 존재 상황을 규정하며(『관념적 신론』), 마무리로서 神이 존재한 실체성을 직접 증거할 것이다(『존재적 신론』).

　神은 존재하는가? 神은 어디에 있는가? 神은 무엇인가? 지성들이 여태껏 궁금하게 여긴 문제들은 모두 인식과 연관이 있다. 인식할

---

8) 『우주에는 신이 없다』, 데이비드 밀스 저, 권형 역, 돌을 새김, 2012, p.86.

9) 『한 권으로 읽는 서양철학사 산책』, 강성률 저, 평단, 2009, p.270.

10) 「칸트의 요청으로서의 신 존재와 실존적 신 인식의 문제」, 앞의 논문, p.3.

11) 『신의 나라 인간 나라』, 이원복 글·그림, 두산동아, 2004, p.256.

12) 지상 강림 역사 실현을 확인할 수 있는 제일의 방법은 하나님을 확실하게 인식하는 길을 트는 데 있다. 왜냐하면, 지상 강림 역사 이전에는 본체가 드러나지 못해 인식할 수 없었지만, 강림한 세계적 여건 속에서는 가능함.

수 있어야 神을 증거할 수 있다. 神을 인식하는 것은 세계의 초월성, 통합성, 결정성, 인과성, 내재성을 넘나들어야 풀 수 있는 가슴 벅찬 진리 주제이다. 그래서 이 연구도 선후천을 통틀어 삼세 간을 초월해 있는 神적 본성을 마음껏 탐구하고 우주를 총망라한 무궁한 지혜를 일구리라. 지난날 지성들이 신론을 완성하지 못한 것은 하나님의 본체가 드러나지 못했기 때문이다. 학문, 문화, 제도, 종교, 섭리, 세계, 역사가 완성될 것이나니, 하나님이 강림하여 이룬 진리적 성과가 모두 여기에 있다.

우리가 진정으로 바라는 것은 하나님의 나라를 건설하는 것이고 그 뜻을 이 땅에서 이루는 것이다. 이상적인 나라를 건설하기 위해서는 인류가 하나님과 함께해야 하는 것이 필수 조건이다. 상호 교통할 수 있도록 인식상의 고속도로를 개통시켜야 한다. 이것이 지상천국을 건설할 수 있는 초석 다짐이다. 그리하면 하나님도 역사 위에서 완전한 실존자로 부각될 수 있다. 하나님의 보혜성, 역사성, 본체성을 만인류가 실감하게 되리라.

경남 진주에서

염기식

❏ Contents

Part 02 신 인식론

Part 03   신 관계론

Part 04 ｜ 신 초월론

Part 05   결론

유신적 자각 총설

이 연구가 일련의 저술 체계를 완수하면 유사 이래 하나님이 존재한 사실을 만방에 증거하는 초유의 전환점을 이루리라. 세상에는 이미 많은 신론이 설파되어 세계를 지탱하는 큰 기둥이 되어 있으므로, 이 연구는 그렇게 세워진 기둥을 골격으로 삼아 벽을 쌓고 지붕을 얹어 완성된 모양새의 집을 지으리라. 인류가 가진 온갖 억측과 추론을 명백히 해명하고, 정말 해결해야 할 문제들을 해결하여 하나인 하나님의 존재 세계와 지상 강림 역사를 증거하리라. 하나님을 증거한다는 것은 기적임이 틀림없겠지만, 이 연구는 그와 같은 기적을 당연 원리화하고 기정사실화하여 인류의 정신발전에 기여하리라.

ㅡ본문 중에서

제1장 지상 강림 역사 실현

1. 강림 역사 완수

이 연구는 세계 작용적인 인식의 바탕 위에서 하나님이 존재함과 살아 역사함과 이 땅에 강림한 사실을 증거하고자 한다. 이런 저술 의도를 통틀어 『세계유신론』이라고 하거니와, 하나님이 강림한 사실을 증거하는 것은 역사상 전무했던 일이다. 유신적 상황을 증거하기 이전에는 하나님이 존재하지 않는다고 주장해도 어쩔 수 없었고, 존재한 상태인데도 믿음을 견지할 수밖에 없었지만, 이 연구를 통해 일소하게 되었다. 하나님이 이룬 역사를 기반으로 제반 상황을 판단할 수 있는 관점을 제시하였으므로 만인은 이전에 가진 상식적인 판단으로 이 연구를 대할 수 없다. 실로 창조 이래의 질서가 뒤바뀐 대전환점으로서 선천과 후천을 가르는 경계선 상에 우뚝 섰다. 지상 강림 역사를 증거함은 객관성을 뒷받침할 수 있게 되었다는 뜻이고, 살아 계심을 증거함은 본인이 직접 하나님을 체험함이며, 역사를 증거함은 성령의 은사를 입은 결과이다. 나아가 반만년 역사가 살아 숨쉬는 이 땅에 강림한 것은 한민족과 인류를 구원하기 위해서이다.

그러므로 만인은 이 연구를 대하는 데 큰 두려움을 느낄 수 있다. 오직 용기 있는 자만 끝까지 지켜볼 것이지만, 정말 두려운 것은 만유를 주재한 하나님이 함께하고 있다는 데 있다. 지상 강림 역사를 완수했다는 것은 일체 존재 현상과 본질, 진리, 道, 인식, 학문 영역이 하나님 앞에서 읍했다는 것이고 객관적, 원리적, 보편적으로 지상 강림 상황을 증거하게 된 것이다. 하나님이 진리의 총체적인 전모자, 곧 보혜적인 본체자로 강림하셨다. 불가능한 일이 이루어진 것은 하나님이 직접 역사한 때문이다. 이로써 세상의 始, 宗, 本, 道, 진리가 지닌 비밀이 밝혀졌다. 천지는 창조되었지만 아무도 원리적으로 밝히지 못하니까 하나님이 역사한 작용 근거를 찾을 수 없었다. 이런 여건 속에서는 온갖 진리설이 횡행하고, 믿음과 진리에 대해 가진 신념을 확인할 길이 없다. 하지만 지상 강림 역사 완수로 인류가 하나님께로 인도될 수 있게 되었다. 유신적 상황을 증거한 지상 강림 역사 실현은 너와 나의 인생 삶과 天道 行에 중차대한 변혁을 예고한다. 만인은 이때 너나 할 것 없이 깨어 일어서 새로운 구원의 하늘을 맞이해야 한다. 이날, 이때를 위하여 길을 준비하였고, 숱한 세월 동안 기다렸던 것이나니, 인류가 만세월에 걸쳐 기다린 主는 다름 아닌 삼위일체의 완성자로 강림한 보혜사 진리의 성령이다. 이런 판단을 이끌어 내는 데 있어 본인은 세상적인 논란보다는 침묵이 더 두려운 바이다. 세상은 이런 주장에 관해 관심을 가져야 하며,

한민족과 인류가 언젠가는 받들어야 할 하나님의 뜻이다. 그리하면 한민족이 구원되고 하나님이 예비한 파라다이스로 인도되리라. 모든 면에서 약속된 천권을 회복할 하나님의 나라, 만생명이 함께할 지상 천국이 그것이다.

깨어 있는 선각들은 이 연구가 밝힌 진의를 간파해야 하나님의 영광을 구현할 민족으로서 의연히 일어설 수 있다. 자신이 지닌 존재 가치도 모르면서 서구 사상에 물든 지성들이 앞장서 뜻을 거부할 몰지각도 예상되지만, 진의를 파악할 수 있는 모든 근거는 이 연구가 본유하고 있다. 세상 가운데서는 찾을 수 없다. 하나님이 세계 작용적인 메커니즘을 바탕으로 현신(現神)하셨다(지상 강림). 세인들은 눈이 어두우므로 깨어 있는 선각들이 강림한 하나님을 알아보고 영접한다면 만대에 걸쳐 빛나는 선지자적 업적이 되리라. 누가 이 일을 할 수 있는가? 지상 강림 역사를 확인한 분들이고, 이룬 성업을 인정한 분들이다. 그들이 미래의 하늘을 열 진리의 사도로서 하나님을 맞이한 선지자가 되리라.

믿음의 조상 아브라함이 의를 바친 것도 믿음이고, 예수 그리스도도 믿음을 가지고 영혼을 아버지께 의탁했듯, 이 연구도 아직은 믿음을 견지한 상태이다. 하지만 삼세 간에 걸쳐 있는 역사의 진행 방향을 가장 잘 아는 것은 하나님의 뜻을 아는 것이므로, 지상 강림 역사가 실현된 마당에서는 향후 하나님의 뜻이 그대로 이룰 확실한 세계 질서가 된다. 지상 강림 목적이 그대로 미래 세계를 구축하는 역사의 요소이다. 하나님은 진실로 살아 역사한 주재자이므로 종말을 맞이한 인류를 새로운 구원의 세계로 인도하리라. 여기에 이 연구가 새 하늘과 새 땅과 새 예루살렘에 대한 비전을 예고하지 않을 수 없는 고뇌가 있다. 새로운 믿음과 통찰이 필요한데, 이 연구도 결코 근거 없는 판단을 요구하는 것이 아니므로 만인은 제시된 제반 근거를 살펴보아야 한다. 이런 사실은 앞으로 저술할 일련의 신론 시리즈를 통해서도 확인할 수 있다. 하나님은 무엇인가? 그 역사성과 실존성과 보혜성을 확실하게 보고 듣고 판단할 수 있게 되리라. 명실상부하게 본체적인 속성을 밝혀 만역사 위에, 온 인류 앞에, 세계에 가로놓인 유신적 상황을 증거하리라. 하나님은 인식할 수 있는가? 살아 역사한 존재자인가? 의혹을 푸는 것이 하나님이 진리의 성령으로서 인류를 모든 진리 가운데로 인도하는 것이다.

2. 저술 동기 및 취지

지상 강림 역사가 실현됨에 따라 이 연구는 한민족이 태평양 시대를 맞이하여 인류를 하나 되게 할 수 있는 물꼬를 터 반만년 역사 이래 최대의 영광을 이룰 수 있길 기대하면서, 이 책을 쓰게 된 동기 및 취지를 밝히고자 한다. 이 연구는 본인이 세상에 대해서 의문을 품은 이래 일념으로 추구한 진리 추구에 대한 성과를 집대성했다. 독자들 입장에서는 이 연구가 쏟아 낸 판단들에 대해 거리감이 있을 것이 예측되어 선행된 이해 근거를 제공하고자 한다.

1) 저술 성격
그 사람이 어떤 사람이라는 것을 아는 상태라면 최대한 오해를 피할 수 있다. 이 연구도 일어날 수 있는 오해를 사전에 막기 위하여 지상 강림 역사를 증거하기 위해 의도한 신론 시리즈 저술이 무엇을 의미하고, 세계의 유신적 상황을 증거한다는 것이 가능하기나 한 일인가 하는 것을 살피려 한다. 세계의 지성들이 해결하기를 갈망했던 진리적 이슈이다.[1] 유사 이래 하나님을 본 사람이 없는데, 지상 강림 역사를 완수했다는 것은 믿음을 가진 자나 무신론자나 놀라움을 금할 수 없다. 하나님을 증거한다는 것은 불가능한 일인데, 이를 이룬 것은 하나님이 정말 살아 역사한 때문이다. 지성들이 숱한 노력을 통해 세계관을 변혁시킨 관점을 제공하였거니와, 이 연구도 지상 강림 역사 실현으로 하나님께로 나갈 수 있는 길을 트리라.[2] 지상 강림 역사를 증거하기 위해 본인은 인생 전체를 담보로 한 투신 과정을 거쳤고, 산적된 세계사적 과제들을 해결하였다.

2) 강림 역사를 완수하기 위한 선행 조건

이 연구는 성령의 역사를 세계 원리적인 관점에서 증거한 것을 일컬어 '지상 강림 역사'라고 지칭했거니와, 어떤 역사도 철저한 통찰 기반이 없으면 증거할 수 없다. 하나님은 창조주인 만큼 창조된 세계가 안고 있는 진리적인 과제들을 속속 풀어야 한다. 그래서 숙원이었던 진리 세계를 통합하고(『세계통합론』), 핵심 된 본질을 규명하고(『세계본질론』), 천지가 창조된 사실을 증거하였다(『세계창조론』). 이런 성과가 깔려야 강림한 하나님을 증거할 수 있다. 천지가 창조된 이상 하나님을 바라보는 눈도 창조란 문을 통해서 가능하기에, 지상 강림 역사도 창조로 인한 절대적인 결정 영역을 벗어날 수 없

---

1) 神의 문제는 세계의 문제이고, 인류 전체의 문제이며, 나라는 존재가 보유한 진리성과 연관된 문제임.

2) 神에 대한 인식적 장애를 극복하고 하나님을 온전하게 바라볼 수 있는 진리적 기초와 새로운 관점을 제공함.

다.[3] 마땅히 神은 우주적인 작용 원리에 근거해 핵심 된 본질을 규명해야 증거된다. 하나님은 창조주이고 만복의 근원이고 심판과 구원의 主로 강림할 것을 믿는 것과 그런 하나님이 세상 위에서 이룬 역사를 증거하는 것은 차원이 다른 문제이다. 천지를 창조한 하나님은 양산된 다양한 진리를 근간으로 하고 계시므로, 증거하기 위해서는 그동안 인류가 쌓아 올린 지혜를 총동원해야 한다. 이런 필요성 때문에 지성들은 노자의 道, 불교의 空, 유교의 太極, 理氣論 등을 두루 이해해야 한다.

데카르트가 합리성에 근거하여 세운 진리 판단 기준에 맞게 하나님은 명석 판명하게 분별할 수 있는 존재가 아니다. 객관적인 세계 안에서 확인할 수 있는 인식 조건일 뿐, 하나님은 그 같은 질서 틀 안에 있지 않다. 노자가 말한 道처럼 하나님은 이(夷), 희(希), 미(微)한 그 무엇이다.[4][5] 道는 이 연구가 규정한 대로 통합적인 본질체이고 초월 세계에 대한 직관이다.[6] 하나님은 존재하는 특성상 삼세 간을 초월해서 역사한 사실을 밝혀야 한다.[7] 지상 강림 역사는 세계의 진리를 통합하고 동서의 사상을 섭렵하고 인류의 지혜를 집대성해야 증거된다. 하나님의 특별한 인도와 계시 역사가 있어야 가능한 성업 역사이다.

---

3) 우리는 창조된 특수성을 상식으로 받아들인다. 세상 가운데서 통용되는 이치, 원리, 법칙들이 그러함.

4) 그 무엇(?=존재 혹은 실체)

5) "視之不見名曰夷 聽之不聞名曰希 搏之不得名曰微(보려고 하나 보이지 않으니 이름하여 '이(夷)' 라 하며, 들으려 하나 들을 수 없으니 이름하여 '희(希)'라 하며, 잡으려 하나 얻을 수 없으니 이름하여 '미(微)'라 한다)."-『노자도덕경』, 14장.

6) 道를 얻는 것과 세상의 지식을 얻는 것은 다르다. 그러나 의식된 본질 안에서 道를 얻는 것과 하나님의 뜻을 깨닫는 데는 상통한 면이 있다.

7) 통체·통합은 창조된 세계의 본질적인 특성임.

3) 차원적인 관점 확보 과정

천지가 창조된 결과 세계는 인류가 개척한 진리 탐구 방법인 귀납, 연역, 논리, 분석, 관찰, 비교, 통찰, 종합을 통해 확인하고 이론적으로 정립하지만, 이 연구는 그런 결과를 있게 한 원인 세계까지 추적하려 한다. 통상은 인식과 정합성 여부에 따라 진리성을 판단하나, 이 연구는 제 현상들에 대해 하나의 통찰 관점을 확보해서 판가름한다.[8] 지상 강림 역사를 증거하기 위해서는 최상의 인식 메커니즘을 갖추어야 하므로 세계관을 더욱 격상시켜야 한다. 지금까지는 어떤 지성들도 세계가 하나 된 구조 상태를 파악하지 못했지만, 지상 강림 역사를 완수한 지금은 상황이 달라졌다. 이전에는 세계가 분열 중이라 진리관이 한정되어 있었지만, 지금은 일체의 배타성과 대립된 신념까지도 수용할 수 있다. 무신론,[9] 유물론이라도[10] 세계를 분열시키는 데 역할을 다했다. 지상 강림 역사를 실현하기 위해서는 창조된 결과 세계는 물론이고 바탕 된 본질도 분열해야 했다. 그리해야 창조를 이룬 본체가 드러날 수 있다.

칠전팔기(七顚八起) 상태에서 겪은 일곱 번째의 실패가 의미하는 바는 팔기 하기 이전의 칠 패는 일체가 부정적이다. 좌절과 고통과 실의의 나날들……. 그러나 온갖 어려움을 이기고 성공이란 고지에 올라서면 그런 실패가 일시에 성공에 대한 디딤돌로 전환된다. 그래

---

8) 하나님은 알파이고 오메가이므로 당연히 궁극적인 관점에서 진리 세계를 통합하고 하나 되게 하며 종국에는 완성할 수 있다.

9) 유신적 상황이 증거되지 못한 상태에서는 세계가 무신론화될 수밖에 없다는 관점. 무신 사상을 일소하기 위해 유신 상황이 증거되어야 함. 유신을 증거하는 것은 무신을 극복할 수 있는 제일 근거이다.

10) 하나님이 천지를 창조할 때 물질도 창조하였으므로, 물질 속에도 하나님의 뜻과 본질과 창조력(진리성)은 포함되어 있다. 그런데 그것이 전부라고 주장한 데 유물론이 지닌 억측이 있다.

서 실패는 성공의 어머니이다. 도전 정신을 고무하고자 한 인생 좌우명이 아니다. 계시 하나로 세계가 일시에 전환될 수도 있는 세계 작용적인 메커니즘이다. 그래서 이 연구도 세계를 전도시킬 수 있는 최상의 계기 관점을 확보하였다.[11] 선천에서 부정된 가치 체제를 모두 부활시켰다. 세계는 완성을 지향한 생성 과정이라 절대 부정은 가당찮다. 이것이 지상 강림 역사 실현으로 확보한 차원적인 통찰 관점이다. 이런 관점에 입각하면 인류는 강림한 하나님을 아무 제약 없이 인식할 수 있고, 제기된 진리성 여부를 판단할 수 있다.

4) 강림 역사 완수로 구축한 인식 메커니즘

우리는 생각하는 인간인데도 지상 강림 역사를 이해할 수 없는 것은 객관적인 우주가 상대적이라고 한 아인슈타인의 말처럼 분열 중인 세계 안에서 판단하다 보니 이 연구가 밝힌 통합적인 인식 메커니즘과 상반된 데 이유가 있다. 하지만 통합성은 세계의 생성을 주도한 메커니즘으로서 세계의 실 상황을 직관으로 직시할 수 있다. 본인은 이 같은 방법으로 핵심적인 본질을 규명하였고, 지상 강림 역사를 주도한 하나님의 실존 상황, 곧 세계의 유신적 상황을 증거할 수 있었다. 진리 통합으로 핵심 본질을 규명하고 보니 천지가 다름 아닌 하나님의 존재 본질을 바탕으로 창조된 것이란 사실을 알게 되었다. 창조 이전에 이미 일체를 구유한 상태인데 생성이 완료되기까지는 누구도 이해할 수 없었다. 세상적인 이치만으로서는 이해할 수 없다는 것을 알아야[12] 근원적인 원인 세계를 통관했다는 주장을

---

11) 道로 치면 최고의 경지이고 진리로 치면 완성된 경지임.
12) 이 연구는 선천의 분열성과 대립된 구조를 넘어 세계를 전혀 새로운 관점에서 시공을 초월한

실감할 수 있다. 창조와 함께 바탕 된 본질이 한통속인 바에는 분열 중인 세계도 언젠가는 하나로 통합될 수 있다. 무수한 세월을 바쳐 확보한 관점을 어찌 한마디로 표현할 수 있을까만, 끝까지 추적하면 현 질서 너머에 계신 하나님을 뵈올 수 있다. 통합적인 본질성만 알면[13] 삼세 간을 주관한 하나님을 확인할 수 있다.[14] 道만으로서는 신비주의로 여길 수도 있지만, 통합된 관점에 입각하면 해명하지 못할 진리 영역이 하나도 없다.

5) 강림 상황 증거 논리

이 연구는 인류가 고뇌한 핵심적인 진리 문제를 해결했다고 주장했는데, 이것은 부처님이 깨달아서도 칸트가 평생을 바쳐서도 해결하지 못한 것이다. 세상을 통해서는 누구도 이해를 구하지 못한 것인 만큼, 이것은 결코 개인적으로 이룬 성과일 수 없다. 하나님이 인도한 역사란 사실을 지적한 바 있다.[15] 그래서 본인이 그동안 추구한 길의 성과와 하나님의 역사를 연결해야 하는데, 여기에 일찍이 예수 그리스도가 보내마고 한 보혜사 진리의 성령이 있다. 주지하다시피 하나님은 三位의 형태로서 존재하였고, 그중 중심적인 역할을 한 본체는 성령이다. 성령은 어떤 시대를 막론하고 공통적인 영으로서 활동하였다(삼위일체). 성령은 성부와 성자의 시대를 뒷받침하였

인식 메커니즘(통합성)을 제공하려 한다. 당연히 과거의 인식 질서는 허물어지고 맘.

13) 하나님은 이 연구가 이룬 통합성을 기반으로 하여 무소부재하고 삼세 간을 초월한 존재성을 드러냄.

14) 선천이 구축한 진리관은 분열 중인 세계에 근거한 인식론(진리관)이다(하나, 둘……은 창조 본질이 분열한 질서에 대한 인식임). 그래서 지난날에는 통합적인 道와 神을 이해하지 못했다.

15) 하나님이 인간을 창조한 근거는 인류를 온전히 역사, 섭리, 주재, 인도, 구원한 데서 찾을 수 있다.

고, 오순절 날에는 약속의 영으로 강림하여 지상 교회를 세웠다. 진리 세계를 연면하게 분열시켰는데, 조건을 갖추어 진리의 전모자로 강림한 분이 보혜사 진리의 성령이다. 하나님은 실질적으로 진리 세계를 통합한 성업을 기반으로 강림하셨다. 강림한 보혜사는 三位로 나뉜 하나님의 본체를 규합시킨 통합령으로서, 통합했기 때문에 지상 강림 역사를 완수할 수 있었다.[16] 천지가 창조된 이상 하나님은 언젠가는 보혜사(진리의 성령)로서 모습을 나타낼 것이었다. 이 같은 가능성에 대해 이신론(理神論)은 세상 이법을 통해 접근하려 했고, 스피노자는 '신즉자연'이란 신관[범신론]을 통해 이해하려 했다. 하나님이 진리로서 모습을 갖출 수 있도록 시도한 과도기적 신론 정립 형태이다. 보혜사로 강림한 하나님은 세계의 생성 주기를 통관한 주재자로서 명실상부하게 세계를 완성할 수 있는 관점을 제공하리라.

6) 강림 의의

철학자가 관념 속에서, 신앙인이 믿음 속에서, 지성들이 세계 가운데서 진리를 발견한 것은 하나님이 진리의 성령으로서 현현한 것과 같다.[17] 보혜사는 성령으로서 태초부터 하나님과 동일하였지만 보혜사는 진리의 성령으로서 이 시대에 인류를 구원하기 위해 부각된 하나님이다. 여기에 이 연구가 차마 밝히지 않을 수 없는 주장이 있고, 삼자로서는 쉽게 받아들이지 못하는 곤혹이 있다. 오늘날 하

---

16) 이 연구가 세계의 근원적인 문제(진리, 본질, 창조, 알파, 神……)를 해결하고자 하는 것은 이것이 천지를 창조한 하나님을 증거할 수 있는 선행 조건이다. 하나님은 창조주이기 때문에 세계에 가로놓인 궁극적인 문제들을 해결할 수 있다.
17) 보혜사가 진리의 성령으로 강림함으로써 성부와 성자의 시대에 이어 본격적으로 성령의 시대를 열었다.

나님이 진리의 성령으로서 강림한 것은 불가피한 일이라, 복음으로
도 미칠 수 없는 마지막 남은 자들까지 구원하기 위해 강림하였다.
창조 목적을 완수하고 인류와 하나님이 함께한 지상 천국을 이루기
위해서이다.[18) 그래서 지상 강림 역사를 완수하기까지의 과정도 중
요하지만, 앞으로 이룰 과정은 더욱 중요한데, 장차 재림할 主 그리
스도를 증거하는 사역까지 감당해야 하기 때문이다.[19)

　　이런 역할을 수행할 지상 강림 역사는 성경은 물론이고 반만년 섭
리의 대맥을 꿰뚫은 선각들도 예견한 바라 이 연구의 주장이 새삼스
럽지 않다. 식견을 가진 자 역사를 살펴보라. 孔子도 佛陀도 민초들
도 기다린 것은 이 땅에 올 하나님이었으니, 모든 기대에 부응하여
세계의 섭리 역사를 통섭하였다. 가로 놓인 세계적 장애물을 모두
걷어 내었다.[20) 하나님이 이 땅에 강림한 것은 이전에 내림한 성현
들과도 비교할 수 없나니, 일체의 가치 질서를 통합할 것이다.

7) 강림 완수로 예측되는 의미

　　하나님은 직접 창조한 세계 안에서 삼세를 통관해 미래 역사까지
주관할 것이다. 따라서 지상 강림 역사 완수는 지난날 이루지 못한
숙원을 해결하는 것은 물론이고 미래에도 희망찬 비전과 인류 구원
을 위한 방안을 제시하리라. 분명하게 예상되는 바로는 분열된 세계
가 통합된 질서로 전환되는 과정에서 세계 질서가 재편되리라는 것

---

18) 하나님의 지상 강림은 새삼스러운 것이 아니나니, 이 땅에서 이상적인 나라를 건설하기 위한
　　(지상 천국) 당위 요청이다. 하나님이 함께하지 않는 지상 천국 건설은 어불성설이다.
19) 성령이 재림의 실체를 지침하지 않으면 누구도 그분을 알 수 없다(참칭됨). 재림은 하나님이
　　직접 열어젖혀야 하는 문고리임.
20) 하나님이 하늘에 계실 때는 세계적인 한계로 인하여 믿음이 필요했지만, 이제는 직접 판단해
　　야 하는 문제로 전환되어 인식 문제에 있어 차원이 달라짐.

이다. 인류가 지난날 구축해 놓은 인식 기반이 송두리째 허물어지리라.[21] 선천에서 임시로 거처 된 진리, 학문, 제도, 신념들이 뒤흔들려 구원의 새 하늘을 맞이하기까지는 범세계적인 애통이 있게 된다. 분열하는 道의 바탕에서 이루어진 선천은 분파, 분열, 대립할 수밖에 없었지만, 강림한 이후로는 진실로 하나인 진리 기반 위에 선다.[22] 인식적 전환이 필요한데 기존 가치를 지키려 한 저항 역시 불 보듯 하다. 하지만 하나님이 하늘에 계신 것과 이 땅에 강림한 것, 분열된 세계상과 통합된 완성상은 차원이 다르다. 오직 하나님이 오늘날 강림한 대의를 파악해야 환란을 대비하고, 살아생전 구원의 하늘을 맞이할 수 있다.

8) 고난과 세상 이해 장벽

지상 강림 역사를 완수한 것은 천하를 도모할 진리력을 갖춘 것이다. 그런데도 세상에 파급되는 데는 숱한 장애에 부딪히리라. 창조는 가장 현실적인 것인데도 신비 영역으로서 격리되어 있듯, 하나님은 강림하여 계신데도 만인은 여전히 세태 인심 속에 파묻혀 있다. 우리는 새로운 환경을 접하면 서툴고 낯설어 적응하기 어렵다. 이 연구도 현 질서 체제 안에서는 어쭙잖은 주장이다. 문전박대당할 공산이 크다. 그래서 이 연구도 마땅한 대비책을 마련해야 한다.[23] 영성으로 판단할 수 있는 선지자적 안목을 갖추어야 한다. 은덕을 쌓

---

21) 이것은 이 연구가 지닌 자체 진리력이 아니며, 하나님이 강림함에 따른 심판의 두려움이고, 하나님이 강림하여 이루게 될 구원의 능력이다. 이것이 세상 위에서 인식의 대변혁 파장으로서 파급될 것임.

22) 이 연구는 이원·상대·차별·독자성·분열·대립 개념을 양산한 관념론·유물론·진화론·무신론을 극복하고, 동서의 사상·종교·과학·학문 영역을 창조 진리 안에서 통합함.

23) 예나 지금이나 하나님을 이해하기 어려운 것은 마찬가지임.

아야 하나님의 영광된 역사를 실감할 수 있다. 세상을 향해 모종의 결단을 촉구하는 것이 아니다. 하나님은 태초부터 역사하였지만 확인된 것은 억겁의 세월이 지난 지금이듯, 지상 강림 역사는 실현되었지만 세상 사람들이 이해할 수 있기까지는 시간이 필요하다. 통합성을 본령으로 한 하나님은 우주 생성의 알파와 오메가를 관장하시나니, 이 같은 권능을 밝힌 하나님을 이 연구가 진리로서 증거하였다. 성령으로서 이룬 주관 목적을 밝혔고, 소진된 예언력을 부활시켜 장래 일을 예고하였으며, 인류가 나아가야 할 가치, 질서, 正道, 구원의 원리성을 밝혀 새 세계관을 세웠다. 진리력을 갖추어 역사한 사실을 만방에 고했다.[24] 사도 바울이 그리스도의 부활을 확인하고 선교 활동에 목숨을 바쳤던 것처럼, 지상 강림 역사를 증거하는 것도 비슷한 사역 목적이다. 철저하게 밝혀야 하나님이 역사하여 세운 구원의 푯대를 확인할 수 있다.

9) 새로운 구원 과제

창조주 하나님이 만고 성상을 겪은 다음 한반도에 강림한 것은 어느 모로 보나 한민족에게 새로운 사명과 과제를 안기기 위해서이다. 한민족을 구원한 역사를 본으로 해 만인류를 구원하기 위해서이다. 인류 구원이 한민족을 구원하는 역사를 시발로 하여 비롯되리란 것을 알 때, 이 땅의 지성들은 각성해야 한다. 한민족이 반만년 역사를 거치면서 숱한 어려움을 겪은 것은 오늘의 인류를 정신적 고뇌로부터 구원하기 위해서이다. 이 땅의 역사・문화・사상・지리・섭리・

---

24) 세계의 유신적 상황을 세상을 향해 증거함.

영성을 디딤돌로 한 것이나니, 이런 조건을 갖춘 한반도에 강림한 하나님을 바르게 영접해야 인류가 구원될 수 있다. 그러므로 지고한 선지자적 전통을 이은 한민족은 반드시 일어서 세계를 향해 기치를 드높여야 한다. 여기에 하나님이 이스라엘 민족을 애굽 땅에서 구원해 낼 때부터 예비해 둔 뜻이 있다. 이스라엘은 선천에 하나님을 모신 민족으로서, 한민족은 오늘날 이 땅에 강림한 하나님을 모실 민족으로서 선지되었던 것이니, 이런 섭리 뜻을 알아야 한민족의 미래에 지대한 영광이 있으리라.[25]

3. 학문 영역에 대한 확보 관점

1) 철학 영역

철학은 모름지기 神에 대한 의문을 근본적인 대상으로 설정하여 탐구한 학문인데 뚜렷한 성과를 거두지 못한 것은, 神은 삼세를 초월한 분인데 인간은 분열적인 질서 안에 있다 보니 살아 역사한 하나님을 인식할 작용, 원리적인 메커니즘을 제공받지 못했다. 그래서 이 연구가 통합적인 인식 작용 메커니즘을 마련하여 神을 인식할 수 있는 길을 트리라.

2) 신학적인 측면

하나님은 三位(성부, 성자, 성령)가 나뉜 모습으로 현현된 관계로 모습을 볼 수 없었고, 신학에서도 온전히 증거할 체제를 갖추지 못

---

25) 한민족은 보혜사 하나님을 진리의 성령으로서 맞이할 문화적 역량을 만세 전부터 준비함.

했다. 믿음을 지키는 것이 유일한 통로였는데, 지상 강림 역사로 실감할 수 있게 되었다.

3) 동양의 道

道는 동양인들이 추구한 학문, 사상, 종교, 철학, 가치를 총망라하거니와, 이 연구는 창조된 본의 안에서 이것을 통합할 관점을 확보하였다. 기독교, 불교 등은 교리적으로 대치된 것 같지만, 사실은 완성을 위해 각자 분담된 역할을 담당했다. 道는 창조 본질(바탕)을 일군 진리이므로 기독교도 이런 道를 수용해야 하나님의 본체를 완성할 수 있다.

4) 과학

기독교는 근대에 태동된 과학적인 세계관을 포용하지 못해 무신론의 확산을 막지 못했고, 유물론에게 힘을 실어준 실마리를 제공했다. 그렇지만 이 연구가 밝힌 창조 진리는 과학이 이룬 성과를 수용하는 입장을 견지한다. 창조는 모든 것의 원인이고 만물은 결과인만큼 양자가 분열을 극하면 통합된 관점이 생성되기 때문에 이로써 지상 강림 역사가 실현된 사실을 확인할 수 있다.

5) 서양 학문, 철학, 인식, 사상 추구의 본질

서양은 기독교 신앙을 주축으로 한 문명인데도 끝내 神을 증거하지 못한 것은 정작 관심을 둔 추구 과제가 다른 데 있었기 때문이다.[26] 서양 문명이 가진 부족분을 동양 문명이 채워야 동서 간의 진리를 통합하고 지상 강림 역사를 증거할 수 있다.

6) 종교

종교는 비합리적이고 신비적인 측면을 지녔는데 그 이유는 종교 진리가 창조 본질에 근거한 때문이다. 결정된 이치와 법칙을 따진 과학 진리와는 차원이 다르다. 하지만 종교도 과학도 철학도 창조 본질에 근거할진대, 세계 통합이 절대로 불가능하지 않다. 진리와 세계와 하나님은 결국 하나이다.

4. 신론 저술 의도

神이 존재하는가 하는 문제는 그것을 믿는 신앙인이든, 연구하는 신학인이든, 사색하는 철학인이든, 사실을 조소하는 무신론자든, 아예 관심도 없는 생활인이든 상관없이 알게 모르게 영향을 받고 있다. 인류 사회는 지금까지 종교라는 세계관을 통하여 신앙생활을 하였고 구축한 사상 구조, 가치 질서, 제도를 통해 호흡하고 있다. 단지 문제는 神이 존재한다고 해도 역사적으로 확인되지 않았고, 존재하지 않는다고 해서 믿었던 잔재들이 일소되는 것도 아니라는 데 있다. 유신론과[27] 무신론은[28] 각자 추구한 결과를 가지고 한 치 양보 없는 대치선 상에 있어 존재한 여부를 떠나 심각한 문제를 야기하고 있다. 언젠가는 풀어야 하는 과제이지만 누가 무엇이 어떻게 지혜를 틀 것인가? 철학자, 신앙인, 신학자들이 시도하지 않은 것은 아니지

---

26) 사물의 현상을 규명하는 데 둠.

27) 유신론: 神의 존재를 믿는 종교·철학상의 이론, 혹은 세계를 지배하는 초인간적, 인격적인 神을 주장하는 이론.

28) 무신론: 神의 존재를 부정하는 철학상·종교상의 입장. 주관에 神이 있음을 부정하고, 물질적 설명으로 넉넉하다는 학설.

만, 전체적으로 실타래가 엉켜 있어 한두 문제를 푼다고 해서 해결될 성질이 아니다.

이와 같은 여건 속에서 이 연구가 저술하고자 하는 의도는 제기된 제반 문제들을 종합해서 지상 강림 역사를 증거하는 것이다. 더없는 진리 투쟁 과정은 역사 위에서 시험 되었고, 고난을 겪어 결실을 맺었다. 태초에 씨를 뿌렸다면 언젠가는 거둘 때가 있는 법, 이 연구가 얼마만큼 정황을 파악하여 神이 존재한 사실을 증거할 수 있을지는 의문이지만, 지상 강림 역사가 일체를 뒷받침하리라. 神을 믿고 신앙하는 종교가 엄존한 상태인데도 보편사에서는 神이 없거나 죽은 것으로 간주된 추세라[29] 이런 사실까지 고려하여 관점을 제시하리라. 신학에서처럼 개념적으로 神을 논하는 방식으로서는 안 된다. 존재 형태와 본체와 살아 계신 실상을 직접 확인해야 한다. 이 연구가 어떻게 이와 같은 관점을 가지게 되었는가 하는 것은 단계적으로 언급하겠지만, 이런 주장을 펼치게 된 것은 삶을 사명감 하나로 바친 간절한 서원과 진리를 탐구한 역정이 있었기 때문이다.

하나님이 강림한 역사를 증거하는 것은 그 의미가 부차적일 수도 있다. 그러나 선지자, 신앙인, 목회자들이 다 그러하였듯, 그들 역시 하나님에 대해 모르는 바 아니고 누구보다도 확신하고 있었지만 단지 이런 사실을 객관화시키지 못하였다는 점에서, 이 연구가 유사 이래 하나님이 존재한 사실을 만방에 증거하는 초유의 전환점을 이루리라. 세상에는 이미 많은 신론들이 설파되어 세계를 지탱하는 큰 기둥이 되어 있으므로, 이 연구는 그렇게 세워진 기둥을 골격으로

---

29) 「도산 아카데미 연구원 소식」, 36호, 장일조 교수 초대 칼럼, 1993, p.1.

삼아 벽을 쌓고 지붕을 얹어 완성된 모양새의 집을 지으리라. 인류가 가진 온갖 억측과 추론을 명백히 밝히고, 정말 해결해야 할 문제들을 해결하여 하나인 하나님의 존재 세계와 지상 강림 역사를 증거하리라. 하나님을 증거하는 것은 기적임이 틀림없겠지만, 이 연구는 그와 같은 기적을 당연원리화하고 기정사실화하여 인류의 정신발전에 기여하리라.

5. 신 인식의 보편적 가능성

본 총설 편은 앞으로 전개될 본론 편에 대한 이해를 돕기 위하여 이 연구가 확보한 세계 판단에 대한 관점을 밝히고자 한다. 지상 강림 역사를 증거하기 위해서는 범진리적, 범원리적, 범상식적, 범인식적, 범세계적……인 근거를 확보해야 한다. 하지만 본 총설은[30] 어디까지나 가설로서 전제된 관점이다. 그런 관점 중 하나로 이 연구가 앞서 밝히고자 하는 것은, 만약 지상 강림 역사가 사실일진대 그것이 인류에게 끼칠 영향은? 만인이 하나님의 본체를 보편적으로 인식할 수 있게 되리라. 과거에는 부름 받은 종이나 선지자라 할지라도 특수한 교감 상황 속에서 신비감만 더했다. 누구도 하나님을 이성적으로 납득할 수 있도록 규명하고 논증하지 못했다. 호교론자들이 기독교를 이성적으로 입증하고자 하였지만 얼마나 성과를 거두었는가? 플라톤과 오거스틴을 계승한 안셀무스는, 터툴리아누스의 "불합리하기 때문에 나는 그것을 믿는다"라고 한 말을 바꾸어 "알기

---

30) 하나님의 지상 강림 본체를 증거하기 위한 기초 작업으로서의 총설.

위하여 나는 믿는다"라고 했다. 신앙과 인식이 하나님 앞에서는 일치될 수 있으므로, 종교적 신앙은 필경 이성적 지식에 도달하리라 굳게 믿었다. 안셀무스와 그를 계승한 스콜라 철학자들은 어떻게 이성이 사람을 신앙으로 인도하는가에 목적을 두었고, 신앙의 내용을 어떻게 이성으로 명료히 할 수 있는가에 대해 논거하였다.[31] 하나님의 본체를 직접 탐구하지 않고 이성을 통한 인식 문제에 국한하여 기독교는 지금도 믿음이란 문제 속에 머물고 있다. 크리스천이 된다는 것은 어떤 기독교인인가보다 어떻게 믿는가 하는 것이다. '어떻게'를 해결하는 것이 바로 기독교이다. 교리와 내적인 경험을 수용하는 것과는 차원이 다르다.[32] 이유가 어디에 있는가? 하나님이 미처 현현되지 못했고, 하나님과 인간과의 관계가 명확하게 정립되지 못했기 때문이다. 본의를 몰라 하나님을 객관적으로 이해할 수 있는 여건 조성이 어려웠다.

이에 이 연구는 어떻게 하면 하나님을 믿을 수 있는가 하는 결단의 문제를 넘어 하나님을 직접 인식하고 판단할 수 있는 시대를 앞당기려 한다. 하나님이 역사하여 모든 근거를 세워주었기 때문에 가능한 일이다. 이전까지는 믿음으로 실존 상태를 가늠한 상황이었다면, 이제는 하나님이 의지를 표출시킨 길을 통해 실존 상태를 가늠할 수 있다.[33] 하나님의 지상 강림 실상을 길의 역사를 통해 증거하였거니와, 이런 사실들을 저술을 통해 체계 지었다는 데 대해 만인

31) 『철학과 종교의 대화』, 채필근 저, 대한기독교서회, 1973, p.36.
32) 『서양종교철학 산책』, 황필호 저, 집문당, 1996, p.66.
33) 사명을 간구하는 자에게 길을 준 것은 그 부름, 그 은혜, 그 세움에 대한 약속이 하나님의 뜻인 것을 의심할 수 없고, 길의 과정이 두서없이 나열된 것 같지만, 구속된 일관성은 만인이 다 하나님의 존재를 믿지 않을 수 없는 실재성을 대변했다.

은 사실 여부를 확인할 수 있어야 한다. 길은 어떻게 보이지 않는 하나님을 판단할 수 있었는가? 그 이유는 인류가 거부할 수 없을 만큼 하나님이 권능을 입은 지혜 형태로 전향시킨 데 있다. 인도한 역사 의지를 길의 과정 위에서 낱낱이 수놓았는데, 이런 실존감이 시공을 초월하여 전지(全知)한 형태로 드러났고, 전 과정을 일관된 섭리로 꿰뚫었다. 살아 역사한 뜻을 살아 숨 쉬는 진리 형태로 나타낸 것이 길이 이룬 성과이다.[34] 하나님은 주재자이시라 시공간 역시 자유자재한 활동 무대가 되었고, 존재를 드러낼 수 있는 직접적인 근거로 작용했다. 엄밀한 시공을 통해 역사되었기 때문에 이에 대해 의혹을 품을 것은 하나도 없다. 운위된 질서를 통해 역사 의지를 판단할 수 있게 되었다. 지성들이 탐구한 창조 목적과 원리가 총망라되어 있다. 하나님을 아는 것은 궁극적인 숙원을 풀고 만물의 근원을 밝히는 열쇠이다.[35] 하나님을 보편적으로 인식할 수 있는 방법론을 강구하여 인류의 정신적 여건을 업그레이드시켰다. 하나님을 아는 것이 지식의 근본이 되고 창조 의지가 만물의 바탕이 되었다.

하나님을 실존자로서, 진리로서, 지혜로서 인식할 수 있게 되어 神을 아는 것이 인간 된 삶의 기본적인 활동 목적이 되었다. 따라서 생활 전반에 걸쳐 神과 함께하지 않을 수 없는 알파와 오메가를 함유한 진리관을 받아들여야 한다. 살아 계신 하나님을 증거하므로 누구도 다시는 하나님의 실존성에 대해서, 존재 형태에 대해서, 소재에

---

34) 살아 역사한 하나님의 뜻을 살아 있는 진리 형태로 인식하는 것, 가늠하는 것, 통찰하는 것, 형상화하는 것, 체득하는 것, 완수하는 것이 이 연구가 이루고자 하는 목적이다.

35) 세계를 이해한다는 것은 밑도 끝도 없는 일로서, 그들은 나름대로 세계의 원리를 밝히고 본질을 규명하기 위해 노력하였지만, 인간이 도달할 영원한 세계에 대한 방향을 제시하지 못하여 세계적 관념이 공전에 공전을 거듭하여 최후의 체계 정립을 위한 지혜를 기다렸다. 이에 길은 세상에 산재한 보편적인 원리를 규합하여 하나님을 인식할 수 있는 길을 제시하리라.

대해서 묻지 않으리라.[36] 강림한 사실을 의심하지 않게 되리라. 아직은 하나님이 존재한 사실을 부정하는 사람이 있지만, 인류는 머지 않아 강림한 하나님을 두려운 눈으로 바라보리라. 인류가 영원한 城, 곧 하나님의 품으로 인도되리라.

---

36) 믿음을 자체 본질 속에 수용하여 하나님을 인식하고자 함.

제2장 신 인식을 위한
역사적 접근

1. 지상 강림 역사 저술 의미

인류가 추구했던 진리 탐구 역사는 끝이 없다. 우주가 쉼 없이 생성하고 있는데 어디서 끝을 찾을 수 있겠는가? 선불교에서는 돈오와 점수 문제를 두고 논란을 벌였지만, 지금 우리가 깨달았더라도 그 순간 속에 머물고 있지 않은 것이라면 또다시 수행을 쌓아야 한다. 우주는 어떻게 생성하는가? 세계 안에서 존재하기 위해서이다. 깨닫기 전에는 道를 얻기 위해 정진해야 하고, 깨쳤다면 깨친 눈으로 세상을 다시 정립하기 위해 매진해야 한다. 정상에 오르기 전에는 산봉우리가 목표이지만, 다 오르고 나면 눈앞에 펼쳐진 새 세계를 맞이해야 한다. 이 연구도 지상 강림 역사를 실현했기 때문에 전후 과정을 살필 수 있는 통찰 안목을 가졌다.

돌이켜 보면 본인이 자아에 대해 눈뜬 청소년 시절부터 길을 추구했던 것이 나중에 알고 보니 하나님의 본체를 드러내기 위한 인도 역사였다. 하나님이 인생길을 구속한 것은 바로 제三位인 성령을 진리의 성령으로서 드러내기 위해서이다. 성령이 인류 역사와 함께하였지만, 본체를 드러낸 것은 지상 강림 역사 때문이다. 구약과 신약 시대를 통틀어 주관한 하나님이 길의 역사로 인해 비로소 성령으로서 모습을 나타내었다. 어떻게 역사를 이루었는가? 저술을 통해서인데, 지상 강림 역사를 이루기 이전과 이후는 향후 인류가 추구해야 할 진리적, 신앙적, 세계사적 과제에서 큰 변화를 일으키리라.

주원장은 혼란한 원말 시대에 태어나 원(元)을 멸망시키고 명(明)나라 280년 기틀을 세웠다. 어떻게 한 인간이 짧은 인생 기간에 세상의 혼란을 수습하고 나라까지 세워 기반을 터 닦은 대업을 이루었던가? 그가 만약 다른 시대에 태어났더라면? 이천년대를 살아가고 있는 현대인들도 상황은 마찬가지이다. 한때 밀레니엄이란 세기적인 전환기를 맞이하여 세계 곳곳에서 대대적인 행사를 치렀지만, 정말 밀레니엄 시대를 살아가고 있는 세계인들은 도래한 지상 강림 시대를 맞이하여 지난 역사를 결실 짓고 이 땅에 강림한 하나님을 맞이해야 한다. 하나님이 강림한 것은 역사상 전무후무한 중대사이다. 이것을 실감하기 위해서는 지상 강림 역사 이전과 이후에 일어날 변화를 보면 알 수 있다. 혹자는 "오늘날 인간성(humanity)을 구분하는 가장 커다란 차이가 종교 간의 차이도 인종 간의 차이도 아닌 과학 문화와 과학 이전 문화 사이의 간극"이라고 했듯,[37] 지상 강림 역사

---

37) 『통섭』, 에드워드 윌슨 저, 최재천·장대익 저, 사이언스북스, 2009, p.99.

는 인류 역사를 통틀어 확연할 만큼 획기적인 차이가 있다. 그 역사적, 세계사적인 변화를 밝히려 하거니와, 그 가장 중심점에 지상 강림 역사가 있다.

지상 강림 역사로 인류가 기다린 하나님이 이 땅 위에 안착하셨다. 이 역사적인 사실을 세상은 부인할 수 없다. 헤아릴 수 없는 선천 역사의 제1막이 내려 역사의 뒤편으로 사라지고, 바야흐로 후천의 제2막 역사가 펼쳐졌다. "힌두교인에게 있어 중요한 과제의 하나는 다르마(Dharma)를 인식하는 것이다. 다르마는 삶의 법칙이다. 다르마를 따르는 것은 모든 힌두교인의 의무인 것처럼"[38] 이제부터는 인류가 강림한 하나님을 맞이하기(인식) 위해 노력해야 하는 것이 의무이다.

언급한 대로 지상 강림 역사가 실현된 것은 지난 시대와 진리 성향을 달리한다. 캐린 듄은 『석가와 예수의 대화』라는 책에서, "기독교인의 입장에서 석가는 그리스도의 길을 예비한 선구자이고, 불교인의 입장에서 예수는 석가의 진정한 후계자이다"라고 했다.[39] 대화의 필요성을 역설하였는데 세인들은 무관심했다. 하지만 지상 강림 역사가 실현된 관점에서 보면 그가 얼마나 사려 깊은 통찰자인가 하는 사실을 알 수 있다. 주변이 온통 어둠뿐인 상태에서는 여명의 빛이 미약한 것처럼 대다수는 시세에 편승하여 선각에 대해 반신반의, 인정하기를 꺼린다. 정말 기독교와 불교는 대화할 필요가 있는가? 융화될 가능성은 있는가? 지상 강림 역사로 불교가 어떤 영역보다도 앞장서 하나님의 지상 강림 본체를 뒷받침하였다는 것을 알 수 있

38) 『종교가 뭐예요』, 부르크하르트 바이츠 저, 신홍민 역, 양철북, 2009, p.170.
39) 『석가와 예수의 대화』, 캐린 듄 저, 황필호 역, 다미원, 2000, pp.14~15.

다. 어둠이 걷히고 태양이 떠오르면 사물들의 모습이 뚜렷하여지듯, 선견된 통찰의 위대함을 비로소 깨닫게 된다. 어떻게 서로가 서로에게 선구자이고 후계자가 될 수 있는가? 지상 강림 역사가 그 진리력을 확인시키리라.

전후에 걸친 차이성이 이 연구를 통해 보면 확고한데 세상은 아직 아무런 변화가 없다. 플라톤은 유명한 동굴의 비유를 통해 지하 동굴의 구조와 죄수들이 처한 처지에 대해 상세히 설명하였다. 그렇게 한 의도에 바로 이데아의 세계가 있다. 죄수들은 오로지 앞만 볼 수 있고, 그림자와 메아리만 보고 듣고 살았기 때문에 그것이 진짜인 실재로 여겼다. 이런 조건은 지상 강림 역사 이전에 하나님의 본체가 드러나지 못했기 때문에 주어진 세계 내의 제한성과 같다. 동굴 속에서 큰 변화가 일어났는데, 쇠사슬을 푼 한 죄수가 세상 밖으로 나와 알게 된 진실과 엄청난 혼란이다.[40] 지상 강림 역사 이후 인류가 겪게 될 세계관적 변화와 같다. 사실을 안 죄수는 동굴 속으로 들어가 타 동료들에게 알렸는데, 그들은 그만 그 죄수를 돌로 쳐 죽이고 말았다. 마치 예수 그리스도가 십자가에서 죽임을 당한 것처럼……[41] 지상 강림은 인류에게 제공된 새로운 역사 관점이다. 하지만 세상은 여전히 이전의 진리적 환경 속에 머물러 있다.

지상 강림 역사는 하나님이 강림한 역사성을 부각시킨 저술이기 때문에 책을 출판함과 함께 본인의 증거 사명도 마무리된 것으로 알았다. 그런데 이런 생각이 잘못되었다는 것을 깨우쳐준 분 역시 하

---

40) 『존재이야기』, 조광제 저, 미래&B, 2002, p.59.

41) "그들을 지하 속에서 해방시켜 지상으로 데려가려는 자가 있다면, 그런 자는 무력으로라도 붙잡으려 할 테고, 그래서 만약 죽여도 괜찮다고 할 것 같으면 상대방이 어떤 사람이건 죽여 버리고 말 것 같은데……." -『국가』, 플라톤 저, 대양서적, 1983, p.338.

나님이시다. 예수를 믿는 자들을 붙잡으러 가던 사울을 깨우치게 한 회심 역사처럼(바울), 본인은 저술 이후 추구해야 할 과제에 대해서도 지침을 받았다. 그것이 바로 역사성을 증거하는 문제와 실존성을 증거하는 문제와의 분명한 차이이다. 지상 강림 역사는 이루어졌지만, 그것은 역사적인 과정의 완수일 뿐, 하나님의 본체까지 증거된 것은 아니다. 지상 강림 역사는 살아 역사한 하나님을 보혜사로서 지상에 안착시킨 역사이고, 발을 내디딘 하나님이 이 땅에서 어떤 역사를 펼칠 것인가 하는 것은 이제부터가 시작이다. 하나님은 어떤 분인가? 정말 살아 역사한 존재자인가? 강림한 하나님이 어떤 분인지를 확실하게 밝히는 것이 향후 이룰 저술 과제이다. 지상 강림 역사를 주관하셨기 때문에 이 연구는 하나님이 지닌 제반 존재 속성을 밝힐 수 있다.

인류는 도래한 지상 강림 시대를 맞이하여 삶의 추구 행적에 있어 새로운 가치관을 지침할 수 있어야 하고, 성업과 권능을 바탕으로 선천에서 헤어나지 못한 제도적 모순과 진리적 대립 상황을 극복해야 한다. 지난날 신앙인들이 지킨 계율과 믿음은 하나님의 본체가 드러나지 못한 상황에서 요구된 제약적 의례였다. 그러므로 지상 강림 이후는 고질적인 제약성을 풀고 신앙의 대자유를 선포해야 한다. 그리해야 인류 모두가 강림한 하나님을 뵈올 수 있다. 보혜사는 지성인들이 제기했던 신앙, 종교, 교리상의 난맥상을 풀 수 있는 진리의 성령인가? 그렇다! 근대에 이르러 본격적으로 파급된 무신 사상을 일소하고 이 땅 위에 참된 유신의 나라를 건설하리라. 선천의 분열 질서를 결실 짓는 것은 물론이고, 벗어나지 못한 대립 상황을 극복하여 이 땅에 진정한 하나님의 나라, 시온의 영광을 이루리라. 하나님이 강림하였다면 그 하나님이 지금 어디에 계시는가? 인류의 정신적 고뇌를 해소한 이 연구의 줄기찬 저술 역정 가운데 있다.

2. 강림 실현 의미

孔子는 "道가 행하여지는 것도 命이고, 道가 폐하여지는 것도 命이다"라고 하였다.[42] 지상 강림 역사 이전에는 세계사적으로 제약이 있어 神을 인식, 증거, 규명하지 못했다. 天命은 인간이 거부할 수 없다. 그러나 지상 강림 역사 이후는 강림하였기 때문에 증거할 수 있어야 하는 것이 하늘의 命이다. 진리라면 언젠가는 이룰 날이 있지만, "실재한 사실에 근거하지 않았다면 누구도 어찌할 수 없다."[43] 실재하지 않는다면 인식할 수 없고, 실재한다면 반드시 인식할 수 있다. 그런데 예나 지금이나 실재한 것이 사실이라면 무엇이 문제인가? 바로 본체가 확실하게 드러나지 못해서이다. 하지만 지상 강림 역사가 실현된 지금은 상황이 달라졌다. 神을 인식하지 못한 이유는 복합적인데, 命이 시사하듯 세계사적, 인간적인 측면들이 맞물려 있기 때문이다. 神은 본체를 드러내지 못했고 인간은 자체 지닌 장애 요소를 걷어 내지 못했다. 선각자들이 일부 소통로를 유지했지만, 객관적, 원리적으로 개관하지 못했다. 인식 경로를 트지 못하여 神이 세상에서 부재된 것이란 오판으로 몰고 갔다. 神 부재 상황은 神이 존재하지 않아서가 아니라 인식할 수 없게 된 세계적 조건들로 인해 초래된 결과이다.

---

42) "道之將行也與 命也 道之將廢也與 命也." -『논어』, 헌문.
43) 『세계관, 종교, 문화』, 안점식 저, 죠이선교회, 2012, p.95.

인류는 역사상 끊임없이 진리를 탐구하였다. 아리스토텔레스는 말하길, "인간은 알려고 하는 욕구를 가진 존재로서 세계를 인식하고 파악하고자 한다"고 했다.[44] 비판철학을 집대성한 칸트는 종래의 수많은 질문을 종합해 "우리는 무엇을 알 수 있는가? 우리는 무엇을 해야 하는가? 우리는 무엇을 바라야 하는가?"에 대해[45] 답변을 찾아 나섰다. 인간은 단순한 존재이다. 보고 겪은 것을 그대로 판단한다. 그런데 인류가 아직도 神을 모르고 있다는 것은 神 인식 문제가 세계적인 본질의 영향 아래 있다는 뜻이다. 왜 문제를 해결하지 못해 여태껏 미루어졌는가? 이유는 인간 자체가 지닌 인식상의 제약과 세계가 지닌 제약 요소가 복합되어 있기 때문이므로 이런 요인을 풀어 헤쳐야 神을 인식할 수 있다. 강림한 하나님의 역사성과 존재 속성을 확실하게 밝히는 것이 이 연구가 이루고자 하는 목적이다.

거듭 강조하거니와, 하나님이 보혜사로서 본체를 드러낸 지상 강림 역사는 인류가 神을 확실하게 인식할 수 있는 조건을 갖추었다는 뜻이다. 강림은 임했다는 뜻인데, 임했다면 볼 수 있고 판단할 수 있다. 가렸던 세계적 제약이 지상 강림 역사 실현으로 일소되었다. 칸트가 神의 존재를 요청한 것은 세계가 지닌 한계 상황에 대한 인식이다. 굽이쳐 볼 수 없었던 길도 가까이 다가서면 볼 수 있다. 전화를 걸면 세계 어디와도 통하는데 번호를 모르면 통화할 수 없다. 하나님은 만민에게 내 영을 부으리라. 하나님을 아는 지식이 세상 위에 충만할 것이라 했다. "기독교적 유신론과 과학적 자연주의 사이

---

44) 『아리스토텔레스의 인식론』, 장영란 저, 서광사, 2000, p.13.

44) 『아리스토텔레스의 인식론』, 장영란 저, 서광사, 2000, p.13.
45) 「칸트의 요청으로서의 신 존재와 실존적 신 인식의 문제」, 김영순 저, 숭실대학교대학원 철학과, 석사논문, 2010, p.1.

에 존재하는 적대적 관계는 정말 불가피한 것인가?"[46] 이전까지는 해결할 세계사적 여건이 조성되어 있지 못했지만[47] 지금은 해결할 수 있는 하나님이 본체자로 강림하셨다. 물살이 센 남해와 하동 간은 이전에는 연결할 수 없었지만, 지금은 현수교를 통해 연결했다.

캘빈은 특별계시를 통하여 우리가 어느 정도는 하나님을 알 수 있지만, 하나님의 본질을 완전하게 이해할 수는 없다고 했다. 지상 강림 역사가 일으킨 가장 큰 의미와 변화는 이전에는 불가능했던 神을 인식할 수 있게 되었다는 사실에 있다. 인류가 하나님을 알 수 있게 된 시대를 맞이하였다. 인류는 제약 없이 인식할 수 있고 하나님도 터놓고 만유 위에서 계시할 수 있다. 인식→교통→함께한다. 지상 강림 역사는 하나님이 인류의 역사 위에 등단한 날이고(그날, 主의 날, 여호와의 날), 인류 앞에 직접 모습을 나타낸 날이다.[48] 하나님은 지금까지 다양한 모습으로 현현되었지만, 지상 강림 역사만큼 완성된 본체자로 강림한 경우는 없었다. 인제야 인류가 하나님을 확실하게 인식할 수 있는 시대를 맞이하였다. 우리가 지상 천국을 건설하기 위해서는 모두가 하나님을 알아야 한다. 그런 길을 트기 위해 이 연구가 역할을 다하리라.

---

46) 『위대한 두 진리』, 데이비드 레이 그리핀 저, 김희헌 역, 동연, 2010, p.13.

47) "알베르트 아인슈타인은 물리학의 거대한 통합을 시도했는데, 현대물리학에서는 자연의 모든 힘(약력, 강력, 전자기력, 중력)을 통합해 보려는 시도로 초점이 모아졌다." -『통섭』, 앞의 책, pp.34~35.

48) 등단하여 모습을 나타내었기 때문에 인류가 하나님을 뵈옵고 함께할 수 있는 시대를 맞이함.

3. 신 부정의 역사적 이유

神의 죽음을 선언한 니체는 "만일 진정 하나님이 존재해 있다면 누가 감히 하나님의 부재를 생각할 것이냐? 고로 하나님은 존재하지 않는다(가정적 무신론)"고 판단했다.[49] 그가 한 말은 맞다. 하지만 결론은 꼭 그렇게 도출되지 않는다. 여건상 미처 확인할 수 없었던 것인데 서둘러 단정하였다. 그가 진리라고 확신했던 것처럼 하나님이 존재한다면 정말 누구도 부재를 거론할 수 없다. 이 연구는 바로 이런 사실을 긍정적으로 인정하고 만인 앞에 확인시키고자 한다. 그런데도 무신론적 주장을 막지 못한 것은 세계적인 여건상 그렇게 주장할 만한 이유가 있었다. 뒤르켐(1858~1917)을 중심으로 한 사회학자들은 인간이 경배하는 神이란 사회가 개인의 사고와 행위를 지배하기 위하여 조작해 낸 상상적인 존재에 불과하다고 하였다. 프로이트(1856~1939) 같은 학자는 "종교란 인간이 지진, 홍수, 폭풍, 질병, 죽음과 같은 불행한 사태를 당하여 심리적인 위안을 받고 싶은 데서 생긴 일종의 보편적인 신경집착증과 같다"고 했다.[50] 神을 이 구동성으로 부정한 격인데, 이 연구는 세상에서 내로라한 지성들이 하나님을 비웃고 있는데도 불구하고 신앙인들이 이런 문제를 방기하고 있는 태도를 개탄하면서, 이 연구가 앞장서 진리적, 신학적, 학문적으로 하나님에게 접근할 수 있는 인식 경로를 트고자 한다. 그냥 믿으라고 할 수는 없다. 문제가 있어 神을 부정한 것이므로 그 이유를 밝혀야 한다.

---

49) 『그리스도교와 문명』, 에밀 푸룬너 저, 김관식 역, 문교부, 단기 4293, p.162.
50) 『철학적 인간 종교적 인간』, 황필호 저, 범우사, 1990, pp.192~193.

도대체 그 이유란 무엇인가? 크게 세 가지로 나눌 수 있다. 첫째, 神의 존재성 여부와 상관없이 세계가 지닌 여건과 인식과의 관계 문제이다. 지상 강림 본체가 드러나지 못한 선천에서는 전부를 보지 못하고 반밖에 보지 못했다. 그러니까 제반 관점들이 어쩔 수 없이 이원화되었다. 역사상 유심론과 유물론은 첨예하게 대립된 관점이다. "유심론의 족보를 따지면 플라톤, 플로티노스, 칸트, 피히테, 셸링, 헤겔에 이르기까지 많은 학자가 있다. 유물론에 속한 족보만 보아도 탈레스, 베이컨, 홉스, 가상디, 포이어바흐, 게르첸, 마르크스 등이 있다."[51] 보름달은 둥글지만, 때에 따라 상현, 하현, 초승, 그믐으로 보인다. 神도 마찬가지이다. 반밖에 볼 수 없었고, 일부분만 드러나 있어 갖가지 형태로 말하였고, 존재한 사실도 부정하였다. 누구도 앞을 보고 있는 상태에서는 뒤를 볼 수 없다. "인간은 항상 어떤 것의 일부분밖에 이해하지 못한다. 이것이 세계를 제각각 보고 부분적으로 이해한 이유이다."[52] 더군다나 하나님마저 본체를 드러내지 못한 실정인데 지성들이 어떻게 세계의 진심 본질을 제대로 판단할 수 있었겠는가? 그래도 전체를 관장한 神을 믿고 따라야 했지만, 그 퍼센트가 넉넉잡아 반도 안 되었다. 문명도 역사도 진리도 조건은 마찬가지이다. 반쪽만 보고, 반쪽만 인정하여 나머지는 아까운 줄도 모르고 미련 없이 진리 세계로부터 추방해 버렸다. 그 대표적인 예가 곧 서양 문명이다. 空도 色도 세계를 구성하고 있는 동일한 요소인데, 서양은 色의 세계만 진리로 취했다. 현상은 이성을 통해 분석하고 본체는 직관을 통해 꿰뚫어야 두루 간파할 수 있는데, 이

---

51) 『다석 유영모 명상록』, 박영호 역・해자, 두레, p.335.
52) 『종교가 뭐예요』, 앞의 책, 머리글.

성만 중시한 결과 神을 보지 못하고 부정하여 버렸다.

『形而上學이란 무엇인가』를 쓴 독일의 철학자 하이데거(1889~1976)는 "인간 개개인의 본질적인 자아는 그 인간이 삶을 영위하기도 전에 미리 정해져 있는 것이라는 사실을 극구 부인했다. 인간의 삶은 본질적으로 미리 결정된 것이 아니라 구체적인 삶을 통해서 자기 스스로 만들어 가는 것이다"라고 역설하여[53] 실존적 삶을 고무시켰다. 인간 본질의 선재 결정성을 전면 부인했다. 삶의 현장에서 개척해 나가는 구체적인 인생 역사가 사실은 도래, 경험되지 않은 미래로부터 풀리고 있는 과정이란 사실을 알았을 리 만무하다. 각자가 개척한 삶이라고 믿고 있지만, 누구도 인생에서 결정된 命, 곧 운명을 거부할 수 없었다. 현재의 삶에서 일군 生의 의지가 미래 운명에 반영되고, 결정된 운명이 현실의 삶을 지배하는 초월적 본질을 알 수 없었다. 그래서 "20세기의 새로운 철학에서는 진짜 존재하는 것을 본질이나 형상과 같은 보편자에서 찾지 않고 철저하게 개별적인 현상과 이미지에서 찾았다. 나타난 것, 실재하는 것만으로 세계를 구성하기 위해 오컴이 세운 면도날을 사용했다. 영국인 윌리엄 오브 오컴(1280~1349)은 말하길, "설명함에서는 최소한의 필연적인 것 이상의 것을 아무도 가정해서는 안 된다는 원칙을 세우고, 이전에 시도한 神 존재 증명은 모두 믿음에 의한 설득"이라고 폄하했다.[54] 서양 문명 전체가 진리를 반밖에 보지 못하였고 나머지 반은 예리한 면도날로 도려내어 버렸다.

둘째, 神은 존재를 확인하기가 쉽지 않은 증거 부재 사실을 들 수

---

53) 『존재이야기』, 앞의 책, p.210.
54) 위의 책, p.133.

있다. 현대는 과학 지상주의에 깊숙이 파묻혀 있어 神도 검증받아야 하는 대상이 되어 버렸다. 시대적인 특성상 세상이 요구하고 만인이 검증하길 바란다면 부응해야 하겠지만, 증거 부재 문제가 가장 큰 곤혹인 것은 사실이다. "많은 신학자와 유신론적인 과학자는 유태교 -기독교-이슬람교 神의 존재, 혹은 최소한 초자연적인 힘을 가진 어떤 존재를 뒷받침할 증거를 발견하였다고 말하였는데",[55] 직접 확인할 수 있는 성과는 없었다. 증거 제시 요구가 충족되지 못했다. 일부 신앙적인 논증들은 "과학이 교조적으로 神을 뒷받침하는 증거를 인정하길 거부하였는데",[56] 알고 보면 과학 자체가 神을 증거할 수 있는 메커니즘을 갖추지 못한 것이다. 만인은 과학이 세운 기준 안목으로 神을 확인하길 원하지만, 과학이 정작 神을 증명할 수 없는 학문이라면 우리는 어디서 실마리를 찾아야 하는가? 더군다나 진리 탐색의 수단인 이성을 통해서도 神을 인식할 수 없다고 한 마당에서는 한 가닥 남은 희망마저 사라져 버린다. 이런 문제가 神을 부정하게 만든 이유이고, 더 나아가서는 인류 모두가 神을 볼 수 없게 했다. 그러나 이런 상황도 밝힌 바대로 하나님이 강림하기 이전의 일이고 지금은 사정이 전혀 다르다. 강림했기 때문에 진리 통찰 기능인 이성을 통하여 神을 가늠하고 인식할 수 있게 되었다.

셋째, 종교계는 끝내 선천의 분열적인 세계관을 극복하지 못하고 인류 사회를 규합할 통합 기능을 발휘하지 못하였다. 추태만 남겨 神 부재 상황을 부추겼다. "과학 기술과 산업 경제의 급속한 발전은 다양한 국가, 다양한 민족들 사이의 활발한 교류를 이끌어 내어 이

---

55) 『신 없는 우주』, 빅터 스탠저 저, 김미선 역, 바다출판사, 2013, p.31.
56) 위의 책, p.292.

념의 장벽을 허물고 시장과 국경의 개방을 촉진시켰는데, 이런 세태와 대조되게 종교계에서는 강한 폐쇄성과 배타성을 고집하여 갈등과 분쟁을 되풀이하였다. 대표적인 예로서는 중동 지역의 아랍과 이스라엘 민족 간의 참혹한 전쟁이 있다."[57] 하나님의 지극한 사랑과 숨 가쁜 구원 역사를 실감하지 못하고 자기 땅, 자기 민족만 지키려 한 전쟁을 불사한 태도를 보고 대다수는 神이 어디에 존재하는가라고 반문하리라. 이구동성으로 神을 부정하고 부재 상황을 인정할 만도 하다.

"돌이켜 보면 근대 이후 서양 문명은 神 대신 자연과 인간으로 눈을 돌려 연구하고 표현하는 데 주력했다. 특히 19세기 말 독일 철학자 니체는 선지자적인 목소리로 神의 죽음을 선포함으로써 이른바 최고 가치의 탈가치화가 공공연히 철저하게 진행되었다."[58] 神이 존재한 사실을 부정하고 급기야 죽음까지 선포한 분위기 속에서 神이 더 이상 머물 수 없으리라는 것은 역사적 귀결이다. 하지만 그런 논거 상황과 무관하게 神이 지금 건재하고 있다면? 실증주의와 과학의 발달로 지성들은 공공연하게 무신론자인 것을 대중 앞에서 공언하지만, 그렇게 자처한 즉시 영원한 생명과 사랑이 전부인 하나님을 잃어버리는 불행의 늪에 빠지리라. 인류는 정말 세계 가운데서 존재한 근원성, 본체성, 영원성을 보지 못해 극도로 발달한 문명적 혜택에도 불구하고 종말을 맞이하고 말았다. 神을 부정함으로써 인류가 나아가야 할 길이 사라져 버렸다.

그러므로 인류는 더 이상 지체하지 말고 이 연구가 밝힌 神 부정

---

57) 『퇴계 이황』, 신귀현 저, 예문서원, 2002, p.186.
58) 『서양 문명을 읽는 코드 신』, 김용규 저, 휴머니스트출판그룹, 2010, p.803.

의 이유를 깨닫고 이 땅에 강림한 하나님의 역사성과 존재성을 인정해야 부활의 생명을 얻는다. 강림한 사실을 확인하는 것은 인류가 하나님과 함께할 수 있는 세계관적 근거를 확보하는 것과 같다. 그래서 이 연구가 인류에게 던지는 희망의 메시지도 영원한 생명과 구원에 대한 하나님의 보장 체제이다. 세상 어디를 둘러보아도 생멸만 있을 뿐 영원한 것은 하나도 없는데, 영원할 수 있는 출구가 있다면 그것은 바로 영원한 하나님과 함께하는 것이다. 단언하건대 하나님을 발견하는 즉시 회심과 구원으로 영원한 생명에 대한 신념을 획득하리라. 지상 강림 역사는 온 인류가 하나님과 조우한 임재 역사이다. 이 말은 곧 인류가 대중적으로 구원될 수 있는 여건이 조성되었다는 뜻이다. 이런 이치, 이런 사실을 살아생전에 깨쳐야 죽음을 맞이하는 순간에도 희망을 품을 수 있다. 기독교는 부활의 종교이다. 예수가 십자가에 매달려 숨을 거둔 순간 그 광경을 지켜본 사람들은 모든 것이 끝났다고 생각했으리라. 그런데 예수는 부활했다.[59] 우리도 마찬가지이다. 神을 죽이면 우리도 같이 죽고 神을 살리면 우리도 같이 산다. 그것도 영원히……. 니체는 神은 부인했지만, 세계의 영원성은 갈망했는데(영원회귀), 영원할 수 있다 하더라도 회귀(순환)하는 방식으로는 영원할 수 없다. 그렇다면? 혁신해야 한다. 강림한 하나님을 확실하게 맞이해야 한다. 그리하면 이 땅에서 神이 부활하고 인류가 부활하고 종말 문명이 부활하리라. 그렇게 하여 건설할 문명이 곧 지상 천국 문명이다.

---

59) 『종교가 뭐예요』, 앞의 책, p.114.

4. 신 인식 역사의 억측적 견해

천동설이 지배적이었던 당시에 지동설(코페르니쿠스)을 조심스럽게 제기한 학자들이 있었지만, 대다수 사람에게 큰 관심을 얻지 못했다. 구체적인 증거를 대려는 노력에 대해서는 제동까지 걸었다. 그래서 갈릴레이는 가톨릭 측으로부터 종교재판까지 받아야 했다. 이런 억측적인 처사에 대하여 플라톤이 말한 동굴의 비유는 재삼 시사하는 바가 크다. 즉 한 죄인이 동굴 속에 갇힌 상황은 이미 언급한 바 있는데, 여기서 우리는 바깥세상을 보고 돌아온 죄수가 자기 동료들에게 한 말에 주목할 필요가 있다. "지금 보고 있는 것은 모두 가짜란 말이야!" 그러나 나타난 반응은? 그렇게 말한 죄수가 도리어 미쳤다고 하면서 조롱까지 당했다.[60] 갈릴레이나 플라톤이 말한 입장에서 보면 무엇이 사실이고 누가 진짜인지 분명한 것 같지만, 이데아란 세계가 정말 참실재인가 하는 것은 아직도 미묘한 문제이다. 마찬가지로 神 인식 문제와 관련하여 지상 강림 역사를 완수한 입장에서 보면 지금까지 인류가 이룬 진리, 세계, 神에 대한 생각들이 억측이 되고 마는데, 이런 주장에 대해 세인들은 어떻게 반응할 것인가? 설사 진실이라 해도 쉽게 받아들일 수는 없으리라. 사실을 증거하였는데 강림한 神과 이데아 세계를 이해하지 못하고 있는 것은 마찬가지이므로, 이런 상태를 일컬어 선천 역사가 벗어나지 못한 억측이라고 한다. 억측이란 잘못된 판단이란 뜻인데, 그런 억측이 만연되었고 비판할 근거조차 부족하다. 그러니까 지성들은 개명된 문명

---

60) 『진리청바지(내가 아는 것이 진리일까)』, 김창호 역, 웅진씽크빅, 2006, pp.20~21.

적 여건에 발맞추어 무신론적인 주장들을 여기저기서 쏟아내었다. 나름대로는 합리적이고 타당하다고 자부하지만, 살펴보면 비판한 神에 대해 잘못 알고 내린 판단이 대부분이다. 제대로 알지 못한 결과 인류 중 절반 이상이 억측적인 판단 속에 내몰렸다. 그렇다면 억측에 기반을 둔 인류 문명도 당연히 억측이다. 그래서 강림한 神은 일체 억측을 판가름하는 바로미터이다.

위대한 사유의 혁명가들은 항상 상식을 뒤엎은 명수들인데, 그리스인인 탈레스는 "진짜 있는 것은 눈에 보이지 않는 神과 같은 초자연적인 것이 아니고 눈에 보이는 자연적인 것이라고 주장했던 최초의 자연철학자이다. 그는 주변에서 일어나는 원인, 근거들이 神이라고 생각하지 않고, 왜 물이 만물의 근원인가에 대한 이치를 설명하여 신화적인 사고 틀을 벗어버렸다."[61] 인간은 무엇이 진리인가를 탐구하는 자이지만 그것이 정말 진리인지를 판가름할 최후 심판자는 아니다. 하나님이 인류 역사를 심판하러 오시리라 한 말씀은 결코 빈말이 아니다. 지상 강림 역사가 그 역할을 대행하리라. 탈레스가 본체를 보지 못한 한계 근거는 분명하다. "세상을 설명하기 위해서 꼭 神이 필요한가? 과학자들은 기적을 인정하지 않았다. 그들은 神을 빼고 세계를 설명하였는데",[62] 정말 빼버리고 나면 세상이 구성될 수 없다. 기적도 믿지 않고 神이 지닌 본질도 모르면서 잔존한 神의 영향력을 벗어나려고 한데 현대 문명이 지닌 억측이 있다.

현대 문명이 이런 억측적 관점을 가지게 된 것은 정말 세상에서 아무런 神의 역할이 필요 없을 만큼 존재성이 미약했던 것이 주된

---

61) 『존재이야기』, 앞의 책, p.29.
62) 『종교가 뭐예요』, 앞의 책, p.32.

이유이다. 신권 질서 가운데 있었던 안셀무스는, "나는 알기 위하여 믿는다"고 한 공식 입장을 밝혔다. 神을 인식하고자 한 노력에 대해 가로 놓인 세계관적 한계성을 인정한 고백이다. 누구든 믿는 것은 자유이지만 믿음으로 진리성을 판단하는 과정에서는 억측이 가미될 수 있다. 사례로서는 터툴리아누스가 "神이 죽은 자를 일으켜 세울 능력을 지녔다는 것을 보여줄 증거로서 無로부터의 창조 교리를 사용하였다."[63] 초점이 어긋난 믿음이 야기한 악순환이다. 무엇이 문제인가? 하나님의 권능을 곡해한 것이다. 무엇을 보아야 하나님이 존재한 사실을 확인할 수 있는가? 神을 보지 못했다는 뜻이다. 그러니까 "神은 처음부터 無로부터 가공되지 않은 재료를 만들어냈다"고 판단할 수 있었다.[64] 천지가 창조되지 않았다면 최초 바탕도 필요 없지만 창조된 이상 만물은 최초 질료가 필요하며, 최종적으로는 神이 필요하다. "힌두교인들은 환생을 믿어 고귀한 인간은 존귀하게 다시 태어나고, 비천한 인간은 비천한 존재로 다시 태어난다"고 믿었는데,[65] 그것은 그렇게 믿은 것뿐이다. 선천에서 이룬 믿음은 대개 이러하다. 神에 대한 인식도 마찬가지이다. 증거 부족과 세계관적인 제약 때문에 진실을 보지 못하였고, 반쪽 면만 보아 인류 문명의 절반 이상이 억측적 상황 속에 내몰렸다.

"마르크스주의자들은 지식의 원천에 관한 문제를 풀기 위해 유물론적인 감각론으로부터 출발하였다. 모든 지식은 경험, 감각, 지각에서 시작된다"고 믿었다.[66] 관념적인 진리성을 거부하고 의식이 고도

---

63) 『위대한 두 진리』, 앞의 책, p.129.

64) 위의 책, p.95.

65) 『종교가 뭐예요』, 앞의 책, p.169.

로 조직된 물질(뇌수)의 성질이라고 본 것은 물질과 의식을 크게 곡해한 억측이다. 하나님이 강림한 마당에서는 세계에 가로 놓인 온갖 억측적 요소를 일소해야 한다. 무신론을 타파하는 방법은 하나님의 살아 계심을 증거하는 것이 제일인데, 그런 노력 일환에 지상 강림 역사가 있다. 그리해야 만연된 무신론을 타파할 수 있다. 도킨스는, "우리가 관찰하는 우주는 정확히 바탕에 아무런 설계도, 아무런 목적도, 아무런 악도, 아무런 선도 없고, 오직 냉혹한 무관심만 있을 때 기대되는 성질들을 가지고 있다"고 말했다.[67] 스티븐 호킹은 1988년 『시간의 역사』란 책에서, "우주는 초자연적이지 않고 오직 자연적인 기원과 움직임을 보였고 지금도 그렇다"라고 결론을 내렸다. 하나님이 세상을 얼마나 사랑하는지, 권능적으로 창조한 것인지 알지 못했다. 모르니까 끊임없이 억측만 쏟아내었다. 진리란 이미 완전하며 결정적인 것인데, 인간의 이해력이 미치지 못하여 억측적인 거리가 생겼다.

중세를 지배한 신권 질서를 탈출하려고 갈망했던 근대인들은 다윈이 이끈 진화론적인 세상에 고무되었다. 그는 직접 관찰해서 얻은 사실을 가지고 더 이상 창조론을 믿지 않았다. 그렇게 하여 세워진 다윈주의가 일으킨 혁명은 아직도 멈추지 않고 있다.[68] "진화론 자체는 더 이상 현대적 사상을 지닌 저자들을 위한 이론이 아니다. 그것은 이제 지구가 태양 주위를 도는 것만큼이나 명백한 사실로서(에른스트 마이어) 인정되었다."[69] 부분적인 현상을 보고 우주의 질서

---

66) 『마르크스주의 인식론』, 코프닌 저, 김현근 역, 이성과 현실사, 1988, p.196.
67) "실제로 지구와 생명체의 모습은 설계자 神이 없을 때 기대할 수 있는 모습 그대로이다." ―『신 없는 우주』, 앞의 책, p.96.
68) 『진화론 산책』, 션 B. 캐럴 저, 구세희 역, 살림출판사, 2012, p.370.

를 포맷한 억측의 대표적인 사례이다. 헤르만 올덴베르크는 무슨 근거를 가지고 "불교를 神 없는 종교"라고 말했는지[70] 알 수 없지만, 문제는 억측을 알아도 이것을 반박할 근거가 없다. 문명사 전체가 온통 억측으로 만연되어 버렸다.

그러나 억측이 정말 잘못된 판단이라면 거기에는 그만한 이유가 있다. 그것을 밝히지 못하면 억측이라고 비판한 그것도 억측이 되고 만다. 세상이 어둡고 죄악 속에 파묻힌 것은 사탄이 휘두른 권세 때문인가? 창조 목적이 구현되지 못했기 때문이다. 태양이 동녘 하늘에서 얼굴을 내밀지 못한 상태라면? 어둠이 깔려 있기 마련이다. 하나님이 진리를 다 밝히지 않았다면 인간도 진리를 다 알 수 없다. 하나님이 본체를 드러내지 못했다면? 인류도 하나님을 제대로 알 수 없다. 그래서 세상이 억측으로 만연되었다. 이것을 지상 강림 역사가 해결하고자 한다. 인류가 진리 가운데로 인도될 것인데, 인도되기 이전이라 하나님을 인식하지 못한 이유도 명백하다. 그러니까 전제와 단언이 난무했고, 증거가 실종되어 버렸다.

마테오리치는 유학경전의 상제와 천주교의 천주에 대해, "우리들의 천주는 古典籍(고전적) 가운데서 말하는 상제입니다. 천주는 시작도 없고 끝남도 없습니다. 理는 천지 만물의 근원이 아닙니다"라고 말했다.[71] 하지만 이것은 확실한 근거를 가지고 한 판단이 아니다. 理는 의뢰체의 일종에 불과하다고 하였는데, 이것은 마테오리치가 神도 理도 제대로 이해하지 못했다는 뜻이다. 하나인 존재체를 구성

69) 『우주에는 신이 없다』, 데이비드 밀스 저, 권형 역, 돌을 새김, 2010, 뒤표지 글.
70) 『불교와 서양의 만남』, 프레데릭 르누아르 저, 양영란 역, 세종서적, 2002, p.178.
71) 「유학의 신관에 대한 기독교적 이해」, 윤용주 저, 호남신학대학교 신학대학원 신학과, 석사논문, 1998, pp.23~24.

할 만큼 통합적인 본체자로 드러나지 못한 것이 원인이다. 혹자(세이건)는 "神이라는 말이 우주를 지배하는 물리법칙들을 의미한다면, 그런 의미의 神은 분명히 존재한다. 중력법칙을 향해 기도한다는 것은 말이 안 된다"고 꼬집었다.[72] 그렇게 판단한 세계관적 기준 자체가 잘못된 것인데, 사실을 모르므로 억측적 판단이 된다. 神은 당연히 우주를 지배한 물리 법칙을 포괄한다. 하지만 지상 강림 역사가 실현되기 이전에는 이런 안목을 전혀 제공받지 못했다.

관점이 상대적인데도 문제는 있다. 佛陀는 힌두교의 개혁자인가, 파괴자인가? 안중근은 의사인가, 테러범인가? 이런 시각이 진리 판단과 神을 인식하는데도 건재한다. 공정한 판단 기준을 세우지 못한 것이 억측을 야기한 이유이다. "天의 세계에 존재하는 神을 대상으로 하는 학문은 종교이고, 地의 세계에 존재하는 사물을 대상으로 하는 학문은 과학이며, 人의 세계에 존재하는 도덕성을 대상으로 하는 학문은 철학이다."[73] 神과 세계는 하나이나 이해하기 위해서는 나누어야 하는데, 애써 하나만으로 일관시키려고 한데 도그마적 모순, 즉 억측이 있었다. 억측으로서는 도무지 세계를 이해할 수 없어 창조주를 세상과 격리해 버린 이신론적 견해가 대두하기도 했다.[74] "서양철학은 첫 출발부터가 맹신을 요구한 종교에 저항하여 神에 대한 인간의 존재를 대립시킨 데서 시작되었다."[75] 맹신을 타파하기 위해 걸어 나온 진리 탐구 역사가 다시 억측 때문에 얽매여 버렸다.

72) 『만들어진 신』, 리처드 도킨스 저, 이한음 역, 김영사, 2009, p.34.
73) 『중국철학의 역학적 조명』, 이현중 저, 청계, 2001, pp.33~34.
74) 이신론: 하나님이 우주를 창조하면서 자신이 감독하여 돌볼 필요가 없을 만큼 완벽하게 만듦.
75) 『신의 나라 인간 나라』, 이원복 글·그림, 두산동아, 2004, p.16.

도그마에 빠진 맹신은 마땅히 심판받아야 한다. "근대과학의 형성에서 중요한 역할을 한 베이컨은 제일 먼저 자연에 관한 기존의 지식을 철저히 비판하였다."[76] 아울러 과거의 神에 대한 지식까지도 근대의 과학 정신과 방법론을 통해 비판했다. 하지만 자연 현상이 합리적인 분석과 체계적인 이해를 통해 정초된 것이라면 神도 그렇게 세운 기준에 걸맞게 인식되어야 한다. 이전에는 불가능한 일이 지상 강림 역사로 가능해졌다.

문명도 몰지각할 수 있고, 그로 인해 그릇된 세계관이 구축되었다. 동서 문명을 통합할 수 있는 메커니즘이 부재했고, 하나님의 본체도 강림하지 못한 상태이다. 현대 문명은 수 세기 동안 내려온 관습을 저버려 급속한 소용돌이 속에 휘몰렸다. 폐기해서 생긴 일체 공백을 메울 수 있는 정신적, 세계관적 신관에 대한 급유소가 필요하다.[77] 사도 바울은 완전한 것이 오면 불완전한 것이 사라지고, 하나님이 나를 알 듯 나도 완전히 하나님을 알게 된다고 하였다.[78] 새 시대가 도래하리란 말인데, 하나님이 지상에 강림할 것에 대한 기대이기도 했다. 카프라는 "현대 문명의 위기가 뉴턴의 기계적 물질관과 데카르트의 주객 이원론으로 요약된 세계관을 세계에 무리하게 적용한 데서 온 인식론적 위기"라고 갈파하였다.[79] 그렇기 때문에 이 연구는 과거의 인류가 저지른 온갖 억측적 견해를 넘어설 수 있는 신론 분야에서 새로운 패러다임을 구축하고자 한다. 세계를 이해

---

76) 『진리청바지(내가 아는 것이 진리인가』, 앞의 책, p.174.

77) 『기독교와 인디아 사상』, S. 라다 크리슈난 저, 황필호 역, 종로서적, 1992, 머리말.

78) "우리가 이제는 거울로 보는 것 같이 희미하나 그때에는 얼굴과 얼굴을 대하여 볼 것이요 이제는 내가 부분적으로 아나 그때에는 주께서 나를 아신 것 같이 내가 온전히 알리라." – 고전 13장 12절.

79) 『진리청바지(내가 아는 것이 진리일까』, 앞의 책, p.289.

하기 위한 새로운 인식 틀을 마련하리라. 예수는 말하길, "진리가 너희를 자유케 하리라(요 8:31)"라고 하였다. 인류가 선천 세월을 바쳐 진리를 구한 것은 그런 진리로 인해 이 땅에 무궁한 자유의 나라를 건설하기 위해서이다. 억측 때문에 얽어맨 구조도는 반드시 타파되어야 한다. 세계를 혁신시킬 수 있도록 일익을 담당하리라.

제3장 신 인식을 위한
신관적 접근

1. 형이상학적 혁신 요구

인류가 취한 세계와 神에 대한 태도 중에는 무조건 따른 신앙 역사가 있고 철저하게 따진 탐구 역사가 있다. 아직도 견지되고 있는 이들 자세에 대하여 현재 누가 옳고 누가 틀리다고 판단할 수는 없다. 세계적인 여건상 양 태도가 다 필요한 상황인데, 이것을 오늘을 사는 지성들은 헤아려야 한다. 지성들은 믿음에 대해서는 못내 탐탁잖게 여겼는데, 그럼에도 불구하고 믿음이 견지되었던 것은 하나님의 본체가 드러나지 않아서였고, 탐구 방법도 세계를 속속들이 밝힐 만큼 완벽하지 못했다. 神도 마찬가지이다. 창조 목적과 지상 강림 역사가 실현되기까지는 무수한 세월이 필요했다. 방법에도 문제는 있었다. "天은 形而上의 원리적 세계이고, 地는 形而下의 사물적 세계이며, 人은 인격적·도덕적 세계이다."[80] 대상과 특성이 다르므로 접근하는 방법도 달라야 했는데 현실적으로는 그렇지 못했다. 天은 形而上의 원리적인 세계인데, 방법은 地를 탐구하기 위해 개발한 방법 일색이다. 天을 과연 존재자로 인정한 것인지 의심스럽다.

하지만 形而上學적인 존재를 탐구한 사례가 과거 역사에서 전혀 없었던 것은 아니다. 피타고라스는 형상(形相)에 관한 이론, 즉 눈에 보이지 않는 그 무엇, 본질적인 것이 존재한다고 믿었고, 이것이 플라톤에게 영향을 끼쳐 이데아(Idea)론의 뿌리가 되었다.[81] 이런 사고 전통을 이어받은 오거스틴은 인식하는 대상을 감각의 세계, 예지의 세계로 나누었다. 예지계는 다른 말로 표현해 본체계이고 초월계이다. 여기서 관심을 가진 것은 예지계를 어떻게 인식할 것인가 하는 것인데, 플라톤은 영혼이 감각적인 세계를 인식하기도 하고 이데아의 세계를 인식하기도 한다고 한 반면, 오거스틴은 영혼이 무엇을 인식하느냐에 따라 작동되는 기능이 틀리다. 즉 양 계를 인식할 때는 각각 다른 영혼의 기능을 이용하고, 그 차이는 영혼의 깊고 낮음 여부에 달려 있다고 말했다.[82] 탐구도 믿음도 방법적으로 세분화되지 못한 상태이다. 관념적인 전통에 따라 대상에 따른 인식의 문제를 정신적으로 해결하려고 한 시도는 이후 대두된 유물론적 전통과 상반된다.

살폈듯이 "플라톤은 기하학 원리에 근거하여 관념적인 세계의 실

---

80) 『중국철학의 역학적 조명』, 앞의 책, p.26.
81) 형상(eidos): 어떤 사물을 다른 사물과 구별하는 본질적인 특성 – 『신의 나라 인간 나라』, 앞의 책, p.42.
82) 「고대 플라토니즘과 오거스틴의 인식론에 관한 연구」, 조완형 저, 관동대학교 선교신학대학원 신학과, 석사논문, 2011, p.80.

재성(形而上學)을 확신했다. 이 세계는 진지(眞智)의 세계이고, 감각 밖에 따로 구성된 세계이다. 이 세계가 참된 원형이고 감각 세계는 거친 질료 위에 드리워진 그림자에 불과하다."[83] 영원하고 불변한 진리는 보이지 않는 세계에 있다(오거스틴). 왜 이토록 확실한데 결과적으로는 진리계로부터 추방당하고 말았는가? 주된 이유는 인식의 문제를 해결하지 못한 데 있다. 칸트는 神을 자유, 영혼의 불멸성과 함께 形而上學에 있어 중요한 문제의 하나로 본 독일의 철학자이다. 그래서 그는 이러한 것들을 이념이라고 하였다. 이념은 경험적으로 대응할 만한 대상이 없다. 이념은 사유될 뿐 인식되지 않는다. 무언가를 인식하기 위해서는 경험해야 하는데, 神은 그렇지 않다. 경험적으로 인식할 수 없다면 증명도 불가능하다. 神은 그런 경험적인 인식의 대상이 아닌 관계로 초월적인 절대자는 증명할 수 없다고 판단했다.

칸트가 이렇게 결론 내린 데는 영국 경험론의 영향이 컸다. 데이비드 흄은 영혼의 존재는 합리화할 수 없기 때문에 인간에게 있어 육체와 함께 영혼이 있다는 이론은 합당하지 않다고 보고 形而上學과 신학의 존재를 부정했다. 인간의 지식은 감각적인 지각 때문에 제한적이므로 궁극적 실재에 대한 인식이 불가능하다. 이런 이론에 근거하여 칸트는 이성은 현상만을 알며 현상의 밑바닥에 있는 물자체에 대해서는 필연적으로 알지 못한다고 하여 神 지식을 자연 질서에서 얻을 수 있다는 생각을 강력히 부인하였다. 인간은 정말 물질적 현상과 법칙 이외의 것은 아무것도 알 수 없는 것인가?(콩트)[84]

---

83) 위의 논문, p.13.
84) 『신론(하나님의 계획과 섭리)』, 김규승 저, 신한흥, 2001, pp.56~57.

무엇을 잘못 생각한 것인가? 플라톤이 이데아론을 주장하고, 오거스틴이 세계를 감각의 세계와 예지계의 세계로 나누며, 칸트가 사물과 현상을 구분시킨 것은 세계를 이원화시킨 것이라는 비판도 있지만, 양 세계에 대한 진리 인정 여부가 분분한 것은 여전하다. 쇼펜하우어는 "지각하는 현상 세계는 세계에 대한 우리의 표상에 지나지 않는다고 보고 생의 의지 철학을 새롭게 주창했다."[85] 그런데도 현실 속에서는 현상계적 질서가 대세를 이루고 있는 상태라, 神 인식을 위한 形而上學적인 혁신이 필요하다.

神, 혹은 이데아계를 영원한 참 실재로 간주하면서도 실인하는 데까지 미치지 못한 것은 아직 形而上學적인 접근 경로를 개척하지 못해서이다. 경로를 트기 위해서는 왜 세계가 본체계와 현상계로 나뉜 것인지 원인을 살펴야 한다. 하나님이 뜻을 가지고 천지를 창조하지 않았다면 神과 세계는 지성들이 판단했던 대로 단일, 유일, 절대성밖에 없었으리라. 아니 구분할 근거조차 아예 없다. 無, 無라고 하는 표현이 적합하다. 이것이 본체계가 존재하고 세계가 이원화되고 神이 세계 안에서 요청된 이유이다. 진리, 神을 영원, 불멸한 비감각적 세계로서 인정할 수밖에 없다. 본체계는 천지가 창조된 이상 바탕 된 원인으로서 건재한다. 임의적인 구분선일 수 없다. 神 인식론을 펼치기 위해서는 세계에 가로 놓인 실체 구조부터 밝혀야 한다.

세계는 결코 질료만으로 구성되어 있지 않다. 본체계와 함께 존재한다. 보이는 것만 전부가 아니므로 여기에 神을 인식하기 위한 形而上學적 혁신이 필요하다. 왜 혁신해야 하는가? 과거에 정립된 인식

---

85) 『불교와 서양의 만남』, 앞의 책, p.135.

이론에는 심각한 문제가 있다. 객관적인 존재만 인식의 대상으로 삼고 그것만 인식할 수 있다고 단정한 것은 그렇게 적용한 기준 자체에 잘못이 있다. 잘못되어도 크게 잘못되었기 때문에 바로 잡기 위해서는 대혁신이 필요하다. 사물은 드러난 상태로 존재하는 것이 있지만 잠재된 상태로 존재하는 것도 있다. 존재하지만 감각적 영역을 벗어나 있어 양 영역을 포괄한 인식 이론을 정립하기 위해서는 기준을 다시 잡아야 한다. 본체계도 포함시켜야 하는데, 여기에 이 연구가 짊어진 막중한 과제가 있다. 하나님부터가 창조 이전에 존재한 관계로 形而上學적인 영역은 새롭게 정립되어야 하는 인식 대상이다. 존재하고 있는 대상은 당연히 감각할 수 있지만 감각하지 못해도 존재하고 있는 대상이 있는데, 神이 바로 그런 비감각적인 존재 영역에 속한다. 神은 어쩌면 물질일 수도 있지만, 그렇다고 전격 물질만으로 이루어진 것도 아니다. 아예 전체적인 세계 구성 바탕이 그러한 것처럼……

이와 같은 인식 영역의 形而上學적 요구에 부응한 것이 곧 지상 강림 역사이다. 베르댜예프는 "지금 세계는 암흑을 거쳐서 새로운 영성과 새로운 신비주의를 향하고 있다"고 했는데,[86] 지상 강림 역사 이전에는 神, 본체계를 인지하지 못해 불가지한 신비 영역으로 분류되었다. 하지만 강림 이후는 제반 영역이 가지화되어 인식 세계도 확장되었고, 그것은 그대로 새로운 세계를 펼친 것과 같다. 망원경을 발명하여 은하계 너머까지 관측할 수 있게 된 것처럼……. 가지 영역이 확대되었기 때문에 인식론도 걸맞게 정립되어야 한다(무형의

---

86) 『다석 유영모 명상록』, 앞의 책, p.338.

본체 인식 방법론).

그래서 참고되어야 하는 것이 동양인들이 추구한 道적 본체에 대한 접근 노력이다. 칸트는 사전에 범주를 정해 놓고 그 틀 안에서 인식의 타당성을 논했고 작용된 제반 개념을 추출하였지만, 동양인은 도야한 직관력을 통해 세계의 이면에 있는 본질 세계를 직시하였다. 佛陀가 가리킨 깨달음의 세계는 인류에게 전혀 다른 진리 세계가 있다는 것을 보인 것이다. 그래서 가리킨 길을 따라가면 오늘날 대두된 神 인식을 위한 形而上學적 특성들을 엿볼 수 있다. 그렇다면 언급한 바대로 석가는 정말 예수, 아니 이 땅에 강림한 하나님의 본체성을 뒷받침한 선구자일 수 있다. 강림한 하나님을 불교 전통이 인식할 길을 예비했다는 이 오묘하면서도 놀라운 사실을 확인할 수 있다. 세상은 결코 서양인들이 체계 지은 인식 이론만으로 이해할 수 있는 것이 아니다. 자신들이 확보한 안목만큼만 세계를 이해했을 따름이다. 이성을 달구어 본체계까지 볼 수 있는 영적 안목, 곧 形而上學적인 영역을 확보해야 우리가 더 이상 세계를 분란 짓지 않고 진리 영역을 두루 품은 신관을 세울 수 있다.

2. 포괄적인 신관 정립 요청

선천에서는 수많은 신앙인이 神을 찾았고 만났고 입증하려고 시도하였다. 또한, 수많은 위인이 나타나 법칙과 원리를 발견하여 인류 사회를 유익하게 했다. 하지만 그런 시도와 업적이 있었는데도 불구하고 神은 발견하지 못했다. 그 이유는 무엇인가? 神은 태초로부터 주재된 일체의 섭리 과정을 완수하고 일군 진리를 총괄해야 모습을 나타낼 수 있다. 그런데 세상은? 총괄하기보다는 분리시키는데 총력을 기울였다. 그래서 선천 질서이다. 신학자 바르트는 계시론 속에서, "이전의 유신론들이 초월적이고 인격적인 하나님의 존재를 이성으로 논증하려고 한 노력을 반대하고 오직 예수 그리스도에 근거해서만 하나님을 알 수 있다"고 했다.[87][88] 기독교 신학이 취한 입장에서 보면 불거진 이론(異論)을 막고 정통성을 지키려고 한 노력이겠지만, 결과를 두고 보면 하나님을 기독교 문화권 안에 가두어 버린 제약 관점이었다. 이런 신학적 전통은 기독교 교의가 정초되었을 때부터 이미 예상된 사실이다. 하나님은 만민의 하나님인데 기독교에서는 이스라엘의 하나님으로 묘사하였고, 하나님의 뜻은 만민을 구원하는 것인데 기독교는 교회 안에서만 구원을 얻는다고 못 박았다. 배타성을 신앙을 수호하는 방패로 삼았다. "神은 모든 사람이 구원되기를 희망한다는 분명한 언급이 성경 가운데 있는데도 3세기 교회는 교회밖에는 구원이 없다는 견해를 공식화해서 계속 발전시켰다. 15세기의 플로렌스 공의회는 가톨릭교회 안에 살지 않는 사람들은 영원한 삶에 참여할 수 없고, 그들의 생명이 끝나기 전까지 거룩한 무리에 속하지 못한다면 악마와 그 수종을 드는 천사들을 위해 마련된 영벌에 빠질 것"이라고 급박했다.[89]

우여곡절 끝에 공인된 삼위일체론(三位一體論)도 사정은 비슷했다. 터툴리아누스는 위격(persona)과 본질(substantia)이란 법학 전문 용어

---

87) 「칼 바르트의 신 인식론 연구」, 최지원 저, 목은대학교신학대학원 신학과 조직신학전공, 석사논문, 2005, p.28.

88) "하나님은 오직 믿음을 통해서만 인식될 수 있다." -「헤겔의 신론과 칼 바르트의 신학적 헤겔 비판」, 김균진 저, p.70.

89) 『위대한 두 진리』, 앞의 책, p.210.

를 끌어들여 삼위일체(trinitas)라는 용어와 이론을 처음으로 만들어 내었다. 神이 어떻게 하나이면서 셋이고 셋이면서 하나인가 하는 것을 어떤 방식을 통하든 설명하지 않으면 논쟁자들 앞에서 굴욕을 당할 수밖에 없는 처지에 놓았다. 그래서 神은 세 위격으로 존재하는 하나의 본질이라는 사유와 언급이 기독교 신학 안에서 이루어졌고, 이후로도 150년 동안 폭풍우를 견뎌 내어 드디어 381년 콘스탄티노플 공의회에서 공인되었다. 이후 삼위일체론은 이천 년 가까이 전해지면서 기독교적 神 개념의 중추가 되었는데, 아직도 난해한 것은 변함이 없다.[90] 하나님이 본체자로 강림하지 못한 상황에서는 미완성된 신관일 뿐이고, 기독교가 견지한 배타성을 극복하지도 못했다. 그래서 어떤 결과가 주어졌는가? 자살 폭파범, 9 · 11 테러, 십자군, 마녀 사냥, 이스라엘과 팔레스타인과의 전쟁, 유대인 학살 사건 등등(리처드 도킨스) 유일성에 근거한 기독교 신관은 이천 년 동안 서양 문명을 암울하게 한 가장 해악적인 요소였다고 말해도 과언이 아니다.[91] 선천에서는 아무도 전체를 알지 못했고 깨닫지 못했고 잘못 판단해 죄악을 저질렀다. 그러나 지상 강림 역사가 실현된 지금은 원인을 알고 개선할 수 있다.

하나님은 예나 지금이나 만민(萬民)의 아버지가 될 때를 기다렸다. "하나님도 하나이시니 곧 만유의 아버지시라."[92] 그런데도 기독교가 이런 뜻을 제대로 수행하지 못하여 언젠가는 다시 새로운 신관, 그러니까 포괄적인 신관을 세워야 했다. 다행히도 가톨릭은 바티칸 제

---

90) 『서양 문명을 읽는 코드 신』, 앞의 책, pp.656, 644.

91) 위의 책, pp.623~624.

92) 에베소서 4장 6절.

1차 공의회에서 "자연을 통하여 인간은 이성 안에서 창조주를 인식할 수 있다"고 선언해 일말의 길을 텄다.[93] 그리고 "21세기에 들어서서는 거의 모든 학문 분야에 통합(integration)의 바람이 거세게 불고 있다."[94] 신학자 틸리히는, "하늘에 계신 아버지와 같이 완전하라는 성서의 표현은 하늘에 계신 아버지가 모든 것을 포용하듯이 우리도 모든 신앙을 포용하라는 뜻으로 해석했다. 상식상으로 보아도 석가만 니르바나의 길을 가르쳐 주었고, 예수만 하늘나라의 길을 가르쳐 주었다고 주장한다면 그것은 이미 석가나 예수를 배반하는 것이다. 종교 간의 대화는 시대적 명령이고 인간적 당위성이며 사회적 요청이다."[95]

필요성을 충족하기 위해서는? 다양성을 가진 진리 세계를 포괄하려면? 세계관에 근거한 신관 틀을 확대해야 한다. 기독교 신관은 그 틀이 너무 비좁다. 하나님이 지닌 창조 본체에 걸맞게 인식적 범위를 확대해 편협성을 탈피해야 한다. 알고 보면 하나님에게 접근할 수 있는 인식 영역이 광범위한 것인데도 과거에 세워진 신관들로서는 뚜렷한 대비책이 없었다. 성경에 나타난 하나님은 인격적인 성격을 지녔지만, 비인격적인 신성을 강조한 서양철학의 전통적 하나님 개념은 이와 대치된다. 소크라테스의 다이몬(Daimon), 플라톤의 이데아, 아리스토텔레스의 원동자, 플로티노스의 일자(一者), 스피노자의 제1원인, 헤겔의 절대자, 스펜서의 알 수 없는 자 등등 내로라한 철학자들이 한결같이 하나님의 이름을 비인격적으로 표현했다.[96] 동

---

93) 『신론(하나님의 계획과 섭리』, 앞의 책, p.45.

94) 『통섭』, 앞의 책, p.8.

95) 『철학적 인간 종교적 인간』, 앞의 책, pp.275~276.

양 역시 神과 대등한 개념으로 天, 道, 理氣, 太極, 梵과 같은 개념들을 쏟아내었는데, 이런 개념들까지 두루 충족시킬 수 있는 방안이 있다면? 하나님이 강림함으로써 드러난 세계의 존재화 실현에 그 해답이 있다. 하나님은 세계를 본체로 하였고, 뜻을 이루기 위해 인류 역사를 주재하셨다. 세계를 온몸으로 하여 그 위에 정신적인 본질을 갖추었다. 물질로 구성된 세계는 하나님의 몸이고, 철학자들이 궁극적 실재자로 여긴 이데아, 원동자, 一者, 道, 梵, 太極 등은 존재 내 본질이며, 인격성을 나타낸 의지, 뜻, 말씀 등은 정신적인 요소에 해당한다. 그리고 지상 강림 역사를 통해 존재자로서 드러난 하나님의 모습이기도 하다. 이런 하나님이 창조된 세계 안에서 포괄하지 못할 진리 대상은 하나도 없다. "지식은 본유의 통일성을 지니는가? 과학과 종교는 영원히 각각의 진리 영역에만 예속되어 있을 것인가?"[97] 지식, 과학, 종교 분야만으로서는 가능성이 희박하지만 존재화를 달성한 신관 안에서는 가능하다. 이것이 보혜사가 진리의 성령으로서 강림한 대역사적 권능이다.

강림한 보혜사는 과연 선천의 종교, 신앙, 신학, 제도, 세계관이 노출시킨 모순을 극복하고 차원적인 신관을 정립할 수 있을 것인가? 정립해야 지상 강림 역사가 정당화된다. 진리, 학문, 종교 등 제반 영역들이 하나님의 본체가 드러나지 못한 상태에서는 무엇 하나 완성될 수 없었지만, 드러난 이상 완성된다. 神은 알파와 오메가를 관장한 권능자로서 초월성, 주재성, 존재성, 종말성, 심판성을 총괄한다. 形而上과 形而下의 세계를 두루 지배한다. 인식론과 존재론, 비존

---

96) 『신론(하나님의 계획과 섭리』, 앞의 책, p.101.
97) 『통섭』, 앞의 책, 서문.

재와 존재, 가시계와 가지계, 一者와 다자 이론 등이 모두 해당된다. 하나님은 천지의 창조자이자 진리의 창조자로서 노출된 진리적 문제를 모두 해결할 수 있다. 그래서 진리의 성령이시다. "오늘날은 神에 대한 신앙이 극도로 도전받고 있는 시대로서 현대인은 고도로 발달한 과학과 기술 공학이 삶의 영역을 거의 절대적으로 지배하는 세속화 세계 속에 살고 있다. 지난 시대까지 예외적인 소수인이 주창했던 무신론이 이론적이고 실천적인 차원에서 대중적인 현상이 되다시피 하였다."[98] 기독교 역사상 이보다 더 큰 도전과 위기 상황이 일찍이 없었다.

그러므로 이때는 아우구스티누스(354~430)가 초기 기독 사회에서 각종 이설의 도전으로부터 정통적인 신앙을 수호하여 중세 스콜라 철학에 결정적인 영향을 끼쳤고, 토마스 아퀴나스(1225~1274)가 아리스토텔레스의 철학을 가톨릭 세계에 도입하여 체계화시켰던 것 이상으로 거센 무신론으로부터의 도전과 기독교가 처한 위기 상황을 극복할 제삼의 신학적 역작과 체계 정립이 긴요하다. 신앙의 대옹호자가 나타나야 한다. 여기에 이 연구가 감당하지 않을 수 없는 포괄적인 신관 정립 사명이 있다.

3. 화신적 신관

"一者는 인식의 대상이 될 수 없고, 인식될 수도 없다."[99] 물자체,

---

98) 「칼 라너의 초월론적 방법과 신 인식에 관한 연구」, 허남진 저, 대구가톨릭대학교대학원 신학과, 석사논문, 2000. p.1.
99) 「고대 플라토니즘과 오거스틴의 인식론에 관한 연구」, 앞의 논문, p.45.

본체, 神도 역시 마찬가지이다. 경험할 수 없고, 상대화되지 못했고, 현상계에 드러나지 않았고, 존재 이전 상태이고, 분열하지 않은 상태라면 어떻게 인식할 수 있겠는가? 하지만 이와 같은 조건은 합리적인 논리로 무장한 철학적 신관 때문에 도달한 자가당착이다. 성경 속에서의 하나님은 살아서 말씀하고 기적까지 행한 존재자인데, 이런 하나님을 이성적으로 가늠할 수 있는 기준으로 찾으니까 하나님을 볼 수 없었다. "과거에는 그토록 생생하게 말씀했던 神인데 더 이상 보지 못하고, 모든 가르침을 주었던 神이 사람들의 뇌리와 시각에서 한없이 멀어졌다. 마르틴 부버(M. Buber)는 『神의 엄폐』에서, 神의 말씀이 인간의 모든 언사 중에 가장 짓눌려 있고, 그 어떤 말도 그토록 경시되거나 절단된 적이 없다고 했다. 1802년, 헤겔은 사신 철학을 언급하였고 하이네, 니체가 그 뒤를 따른 것은 神이 더 이상 행위하지 않고 침묵해서이다. 이전의 神이 아니고 神 존재일 따름이다.[100] 神은 영원한 존재자인데 그런 神이 죽었다고 말한 것은 대역설이다. 칸트는 기독교 문화권 안에서 神이 존재한 사실을 정면으로 부인하지는 않았다. 오히려 요청까지 하였다. 그러나 결국 증명하고 인식할 길을 찾지 못해 불가지한 한계성을 시인하였고, 탄식의 소리만 높아졌다.

활화산도 휴면기가 있는 것처럼 하나님은 살아 계시고 역사한 분인데도 불신자들의 눈앞에 부재된 것처럼 착각을 일으킨 것은 그들이 끝내 믿음을 저버렸기 때문이고, 인간적인 안목에서 神을 볼 수 있는 영성을 도야하지 않은 때문이다. 볼 수 있는 눈을 회복해야 하

---

100) 『철학과 신의 존재』, 김현태 저, 철학과 현실사, 2003, p.17.

는데 이런 요청에 화신적 신관이 부응하고자 한다. 화신(化身)이란 개념은 神이 세상 위에서 존재하는 형태를 달리해야 현현할 수 있다는 뜻이다. 그리고 이것은 실질적으로 절대자인 하나님이 세상 가운데서 살아 역사한 존재자로서의 족적이다. 神은 초월자인 관계로 항상 스스로를 계시하며, 그런 존재 형태를 나타낸 구체적인 모습에 화신이 있다. 기독교에서는 하나님의 자기 계시를 말씀 계시 안에 국한시켰지만, 이 연구에서는 그 영역을 더욱 확대시켰다. 화신적 신관은 神의 초월적인 본체성을 하나도 훼손하지 않으면서 제한성을 지닌 인류로 하여금 神을 접견하고 실존성을 확인할 수 있도록 한다. 어떤 경우도 인간은 하나님의 모습을 그대로는 볼 수 없다. 통째, 본체, 전체 상태로서는 접견이 전혀 불가능하다. 그렇다면? 밝힌바 지상 강림 역사를 통하여 인간이 지닌 이성을 통해 판단할 수 있도록 지혜적인 형태로 모습을 전환시켰다. 그것이 하나님이 성령의 역사를 통해 세상 위에 수놓은 보혜적 모습이다. 지상 강림 시대를 맞이한 인류가 하나님을 온전하게 알 수 있다는 것은 말만의 주장일 수 없다. 정말 알 수 있도록 역사하였고 지혜가 마련되었다.

먼저 하나님이 어떤 형태로 강림하였는가에 대한 문제를 정확하게 규정할 수 있게 되었는데, 하나님은 진리의 성령으로서 인류 역사를 주재한 총체적인 본체자이라 여기에 초점을 두고 루트를 찾아나서면 오묘한 실재자, 곧 지혜자를 뵈올 수 있다. 우리와 동일한 존재로 생각하고 접근하면 실패한다. 하나님의 본체는 성령으로서 우리 모두를 자신의 몸으로 삼았다. 그래서 하나님이 내 안에 거하고 이 몸은 하나님의 성전이 될 수 있다. 너와 내가 교감하는 것은 마음대 마음이듯 하나님은 성령으로 역사하여 하나님다운 속성을 나타내었다. 하나님은 살아 계시기 때문에 시공간을 통해 역사한 전후 상황을 살피면 임재한 사실을 확인할 수 있다. 계시 역사는 하나님이 시공을 주재해 이룬 합작품이다. 이를 통해 하나님의 존재 특성인 초월성, 절대성, 선재성, 통합성, 불변성, 영원성을 발견한다. 계시는 자체로서 드러나는 것이 아니고 역사된 정황을 통해 인지된다. 즉 "神은 자신을 계시하고 인간은 그런 계시를 보고 神을 추론(실인)한다."[101] 하나님은 존재자이지만 대면하는 것은 말씀을 통해서이고 만사에 걸쳐 있는 뜻이다. 말씀 계시는 절대적인 하나님이 세상 가운데서 스스로의 인격성을 드러낸 일종의 화신 상태이다. 화신 된 모습이지만 초월적인 존재 속성들이 진리로서 함재되어 있다.[102] 그래서 우리는 말씀을 통해 하나님의 존재성을 구조화된 특징, 운행 원리, 질서 상황을 통해 간파한다. 어떻게 알 수 있는가? 함재된 진리를 통해서이다.

道는 형체가 없다. 은밀하고 고요한데 어떻게 실존한 것을 알 수 있는가? 운용된 작용성을 통해서이다. 道는 자존한다. 스스로가 존재한 근거이다.[103] 자존(自存)은 존재하는 이유와 근거와 원인을 세상 가운데서는 찾을 수 없는데, 작용되고 있다는 뜻이다. 그래서 자연은 절로 그러하다. 세상은 예외 없이 인과율의 지배 아래 있는데 자존한다는 것은 천지가 그렇게 절로 그러한 시스템으로 창조되었다는 뜻이다. 완성된 시스템, 그것이 곧 道가 갖춘 절로 존재 시스템이

---

101) 「고대 플라토니즘과 오거스틴의 인식론에 관한 연구」, 앞의 논문, p.45.

102) 神의 보혜적 특성 인식 예: 道는 무형적 존재이지만 원리적인 특성을 지닌다. 이런 道의 성격을 宋代의 유학자들이 理로서 규정함-『중국철학의 역학적 조명』, 앞의 책, p.17.

103) 「노장의 자연철학에 관한 연구」, 노승만 저, 성균관대학교유학대학원 유교경전학과, 석사논문, 2000, p.40.

다. 이것이 작용적인 측면에서 살핀 道의 실존 근거이고, 이치를 통해 갹출 된 지혜이다. 道는 형체가 없지만 자존한 시스템을 근거로 하여 존재로서 지닌 엄밀성을 나타내었다. 정말 절로 존재한 것은 하나도 없다. 자존한 여기에 엄밀한 창조 비밀이 숨어 있다.

자존은 하나님의 초월적인 절대 속성 형태이고 원리로서 뒷받침 된 시스템 체제로서, 주자학자들이 우주의 본체를 理라고 규정한 것은 理化된 하나님과 같다. 하나님이 化된 관계로 표현이 달랐던 것뿐이다. 이전에는 왜 理化된 것인지 이유를 몰랐지만, 지금은 어떤 형태로든 본체를 분간할 수 있다. 대개 化된 존재는 부분적이라 전체인 하나님의 본성 안에 포함되어 있다. 지난날에는 유심론과 유물론이 대립 구도를 벗어나지 못했지만 강림된 본체 안에서는 유심론이 세계의 살아 있는 존재 안에서의 活이고, 유물론은 질료적인 결정성이 된다. 기준이 분명할진대 불교에서 엿본 것처럼, "無明이 一心을 미혹시켜 六道에 유전(流轉)하게 하지만, 대승의 法은 오직 一心이 있을 뿐, 이외에 다른 法은 없다."[104] 기독교가 지킨 유일 신앙과 같이 아무리 하나님이 化된 모습으로 다양하게 현현해도 본체는 변함없는 하나이다. 분간하지 못한 잘못은 인간에게 있지 神에게 있지 않다. 一心은 세계가 전체적으로 존재자인 것을 대변하는 대표적인 화신 형태이다. 一心, 유일한 것인데 어떻게 하나님은 "만물 위에 계시고, 만유를 통일하시고, 만물 가운데 계시도다"라고 하였던가?(엡 4:6) 무소부재(無所不在)하기 위해서는 세상 어디서도 화신 되어 현현하는 것 외 다른 방법이 없다. 그런데도 이 같은 다양성과 편재성을 곡해

---

104) 『원효와 의상의 통합 사상』, 박태원 저, 울산대학교출판부, 2004, p.17.

하여 인류는 "독선과 편파로 행동해 타민족과 문화를 힘으로 말살하고 하나님을 성전 안에 가둔 편협한 사상을 버리지 못했다."[105] 그들이 배척했던 요소들이[106] 사실은 화신 된 하나님이었다. 왜 화신 되었는가? 본의를 모르면 바로 옆에 임재한 하나님도 몰라본다. 기독교가 거부한 스피노자의 범신론이 그러하다. 스피노자는 우주가 하나님이라고 했는데(신즉자연), 정확한 본의에 입각하면 세계는 하나님의 본체가 창조로 인해 化된 모습이다. 하나님에게 근거하지 않았다면 천지가 창조될 곳이 어디에도 없다.

그런데도 불구하고 기독교가 애써 하나님과 피조물을 구별한 이유는 무엇인가? 창조주로서 지닌 절대적 권능을 훼손하지 않기 위해서이겠지만, 언젠가는 이런 절대적인 차이성을 극복해야 했다. 세인들은 하나님이 화신한 모습으로 강림했다는 주장에 대해 이 순간에도 곤혹을 금치 못할 것이지만, 하나님이 엄밀한 현상계적 질서 안에 존재하기 위해서는(현신, 현현) 반드시 절대적인 본체를 화신시켜야 했다. 현질서가 요구하는 체제와 구성에 맞게 변화되어야 했다. 통합적인 본체를 나누어야 했다. 그래서 이 연구가 화신적 신관을 주장하게 되었거니와, 신관은 반드시 합당한 세계관으로 뒷받침되어야 한다.

왜 유일하고 절대적인 하나님이 화신 되었는가? 그 이유는 창조에 있다. 창조에 일체 근거와 원인이 있다. 창조는 화신 메커니즘을 일으킨 원동력이다. 하나님이 절대적인 본체를 창조를 통해 표출시킨

---

105) 『기독교 개조론』, 지익표 저, 푸른미디어, 2005, p.103.
106) 화신 된 神을 보지 못한 결과 "역사적으로 기독교는 지구 상의 종교 가운데 가장 배타적이고 불관용적이었다."-『서양철학사』, 버트란트 러셀 저, 김태길 역, 박영사, p.403.

것이 삼라만상이다. 주자학에서는 만물이 생성된 절차에 대해 無極
－太極－陰陽－五行이란 루트를 설정했다. 無極이 결국 만물화된 것
이다. 無極은 無極인 자체만으로 존재하지 않았다. 변화된 과정을 거
친 것인데, 그것이 차원적이라 化라고 칭했다. 無極은 말 그대로 극
이 없는 상태, 더 정확하게는 생성이 있기 이전이다. 하나님이 창조
를 뜻하기 전에 존재한 절대적 본체이다. 無極에는 당연히 理가 없
다. 이런 無極이 太極화된 것은 하나님이 창조를 뜻한 순간 절대 본
체가 창조 본체로 전환된 것과 같다. 그래서 太極은 理化된 순수 본
질 상태이다. "금세기 중국 철학자인 펑여우란(馮友蘭, 1895～1990)
은 太極의 위치가 플라톤의 철학 체계에서 善의 이데아와 아리스토
텔레스의 철학 체계에서 순수 형상에 해당한다"고 지적했는데,[107)
太極은 정말 창조의 원형적인 이데아와 같다. "太極은 천지 만물의
理를 총괄한다."[108) 理化된 본체 바탕이(太極) 창조를 통해 化됨으로
써 고스란히 사물을 이룬 바탕 본질이 되었다. 그렇다면 理와 동행
한 氣는? 사물 안에 내재하면서 사물 개개의 특성을 이룬 理적 본질
의 결정 요소이다. 창조로 인해 만물을 이룬 바탕체로서 결정된 理
적 본질이다. 그래서 氣는 사물 안에서 뭇 존재의 직접적인 바탕이
된 질료적 본질이 된다. 理와 氣를 가른 기준은 바로 창조에 있다.
이로써 사물 안에 내재됨과 사물을 초월한 차이가 있게 된다. 하지
만 理와 氣는 결국 동질, 동본으로서 상호 교통되고 일치되고 함께한
다. 공통적이지만 理보다는 氣가 생성된 과정으로서는 제일 말단에
해당되기 때문에 결정적인 특성을 가진다. 창조를 기준으로 理를 形

---

107) 『율곡철학의 이해』, 황준연 저, 서광사, 1995, p.61.
108) 『중국철학사』, 펑여우란 저, 정인재 역, 형설출판사, 1985, p.375.

而上이라고 부르는 것은 창조 이전에 존재한 초월적인 본체란 뜻이며, 氣를 形而下라고 부르는 것은 化로 인해 만물 안에 내재된 바탕 본질이란 뜻이다. 理는 形而上學적인 본질로서 무형의 본성을 결정하며, 氣는 形而下學적인 본질로서 질료적인 형체를 결정한다.[109]

無極이 無極만으로 존재하지 않고 太極화의 과정을 거쳐 만물화에까지 도달했듯, 하나님도 창조화된 절차를 거쳐 몸 된 본체가 화신 된 형태로서 미물에게까지 미쳤다. 化된 메커니즘을 창조된 과정을 통해 파악해야 인류가 삼라만상을 통해 화신 된 하나님을 분별할 수 있다. 스피노자는 주장하길, "그 본성에서 보면 실체는 변태에 선행하여 존재한다. 자연 속에는 실체와 변태 이외에는 아무것도 존재하지 않는다(양태는 본체인 실체의 변태)"라고 했다.[110] 그가 무엇을 강조했고 얼마만큼 진리성에 근접했는가 한 사실을 알 수 있다. 無極이 太極화된 것이므로 無極은 결국 太極이다. 神이 자연화된 것이므로 사실은 신즉자연이다. 이보다 더 명백한 등식은 없다. 그런데도 이와 같은 화신 메커니즘을 이해하는데 선천 세월을 다 바쳐야 했다.

"일신교에서는(유태교, 기독교, 이슬람교) 세상에 神은 한 분밖에 없으며, 이 神은 신도들의 복종을 요구한다는 것을 확고하게 믿었다."[111] "다른 神은 없다. 이방신은 神이 아니다. 구약의 야훼는 우주의 유일한 창조주이고 유일한 주님이다."[112] 화신적 신관도 이런 절대 기준과 어긋날 수 없다. 결단코 다른 神을 말한 것이 아니다. 하

109) 『주자대전』, 권 58, 答黃道夫書.
110) 『에티카 정리』, 1, 6, 스피노자-『다석 유명모 명상록』, 앞의 책, p.32.
111) 『종교가 뭐예요』, 앞의 책, p.36.
112) 『신론(하나님의 계획과 섭리)』, 앞의 책, p.163.

나님이 시공간 안에서 취한(화신) 존재적인 특성을 밝힌 것뿐이다.[113] "하나님은 모든 공간을 초월함과 동시에 모든 공간 속에 내재한다(내재적이며 동시에 초월적이다)"고 함에[114] 화신적 신관은 이와 같은 전제 조건을 모두 충족시킨 메커니즘이다. 절대적인 본체가 초월됨과 동시에 화신 된 형태로 현상계에서 내재하기 때문에 하나님은 유일성을 잃지 않고 우주 안에 충만할 수 있다. 이런 관점에 근거해야 그리스도의 성육화와 삼위일체론도 원리적으로 정당성을 확보한다. 하나님은 역사 안에서 세 위격으로 존재한 하나의 본질체이다(삼위일체). 그중에서도 인간화된 그리스도는 神의 만물화 일환에 대한 대표적 사례이다. 예수의 동정녀 탄생설을 의심스러운 눈초리로 바라보지만 그 전에 하나님이 인간화된 근거를 신학이 해명해야 했었다. 이런 과정과 사례가 있어 오늘날은 하나님이 보혜사로서 강림할 수 있었다. 모두 화신 된 형태이다. 하나님은 변함없지만 새롭게 역사하므로 보혜사화되었다. 불교 문화권에서도 화신하여 강림하지 못할 것 같은가? 하나님은 이미 미륵불 보혜사란 이름으로 탄강하여 3회에 걸친 용화설법을 펼쳤다.[115]

스피노자는 실체(神)에 대하여 말하길, "실체는 그 자체로 존재하며, 자기 자신에 의해서 이해되는 것을 말한다"고 했다.[116] 이 연구는 본인은 이해하는데 남들이 이해하지 못한다면 어떻게 할 것인가? 하나님은 스스로를 아는데 인류가 모르고 있다면? 이런 문제점을 해

---

113) 본체는 변함없는 一神이나 시공간 안에서 현현된 존재 형태가 化神된 것임.

114) 위의 책, p.162.

115) 『미륵탄강론』, 졸저, 한국학술정보, 2010년 출판.

116) 『서양 근대철학의 열 가지 쟁점』, 서양근대철학회 저, 창비, 2010, p.171.

결하기 위해 하나님이 이 땅에 직접 강림하여 진리의 성령다운 지혜를 쏟아내었다.

4. 강림적 신관

우리는 하나님을 어떻게 인식하는가? 다양한 문화전통을 가진 세계의 민족들은? 하나님이 유일하다면 접근한 형태도 일률적이어야 할 텐데, 계시된 형태는 다양하고 해석도 달랐다. 만인이 객관적으로 판단할 수 있을 만큼 여건이 조성되어 있지 못했다. 바르트는 "하나님은 물질적이고 정신적인 매개를 통해 자신을 대상으로 내어줌으로 알려진다"고 했지만,[117] 그런 역사를 통해 밝힌 하나님에 대한 지식을 보면, "하나님이 예수 그리스도 안에서 자신을 나타낸 것을 의미한다"고 한 이해 정도이다.[118] 신학자들이 펼친 주장이 달랐고, 민족들이 가진 전통도 각양각색이었다. 기독교가 지난날 이룬 선교 사역은 진공 상태에서 행한 것이 아니다. 그곳에는 어떤 형태로든 기존 문화가 상존하고 있어 구축된 행동 양식과 가치 체계와 세계관적인 토양 위에서 복음을 전파해야 했다. 당연히 세계관적인 충돌이 불가피했다. 성경도 히브리 문화나 헬라 문화 안에서 기록된 사실만큼은 피할 수 없다.[119] 그런 관점에서 본다면 선불교는 "중국 불교이지 중국의 불교가 아니다. 중국 불교란 중국 전통 사상에 의해 수용된 불교를 뜻한다."[120] 우리가 접하고 있는 기독교도 본래

---

117) 『계시와 현존』, 박형국 저, 장신논단, 40집, p.212.
118) 「칼 바르트의 신 인식론 연구」, 앞의 논문, p.12.
119) 『세계관, 종교, 문화』, 앞의 책, p.35.

이스라엘의 神으로 지칭된 하나님과는 神 접근 형태가 사뭇 달랐다. 변화된 것이라면 무엇을 원형으로 보아야 하느냐고 할 때, 유태교는 역사상 반드시 보전되어야 한 종교이다.[121]

정말 어떤 차이가 있는가? 성경을 살펴보면 "고대 히브리인들의 신앙은 언제나 경험으로부터 시작했다. 묵시자들의 신비 체험, 아브라함과 모세의 부르심, 선지자들의 영감, 시편 기자들의 문학적 표현 등을 통해 볼 때 그들은 끊임없이 神을 경험하였다. 神에 대한 그리스인들의 태도가 사유였던 것과 크게 대조된다. 그들은 神이 현존한 사실을 논증을 통해 증명한 것이 아니다. 직접 경험하고자 했다."[122] 무엇이 더 중요하고 우선되어야 하느냐고 묻는다면 두말할 것 없이 경험하고자 한 문화이다.[123] 그렇다고 사유를 통한 논증 역사가 부차적인 것이라는 뜻은 아니다. 양단간에는 공과가 있어 神을 접견하기 위해서는 다 필요한데, 기독교가 쌓아 올린 역사를 놓고 보면 경험을 통한 神 인식 전통을 살려내지 못했다. 그래서 강림 신관이 양측이 지닌 장점들을 종합해 인류가 神을 객관적으로 파악할 수 있도록 안내역을 담당하리라. 이것이 지상 강림 역사로 맞이하게 된 실질적인 하나님과의 조우 현실이다. 神을 경험할 수 있는 전통을 살려내고, 그다음에는 지혜를 발휘하여 사고적으로 논증하는 수순을 밟아야 한다.

성경에서는 하나님을 경험한 선지자들에 대한 기사가 기록되어

---

120) 『중국철학의 역학적 조명』, 앞의 책, p.117.

121) 현 기독교는 이스라엘 신앙이 헬레니즘 문화화된 것인데, 그 변화와 차이를 인식하지 못함.

122) 『서양 문명을 읽는 코드 신』, 앞의 책, p.220.

123) "신의 현존은 일차적으로 사고의 대상이 아니라 경험의 대상이다." -위의 책, p.219.

있다. 그들은 하나님을 어떻게 알았는가? 경험한 사례들을 토대로 하여 神을 사변적으로 증거할 수 있는 노력이 뒤따라야 했다. 그런데도 선천에서는 경험을 무시하고, 혹은 사변을 무시한 몰상식을 저질렀다. 야곱은 거룩한 감동 속에서 神이 현존한 사실을 경험하였다. 그래서 크게 외쳤던 것도 하나님이 존재한다는 소리였다. 그는 하나님이 곁에 계신 것을 확신하였다. 이후부터는 확신 작용(인식 영역), 존숭 작용(감정 영역), 형성 작용(의지 영역) 면에서 이전과 판이한 행동을 취했다.[124] 그렇더라도 이런 변화가 시공간 안에서 역사한 하나님을 원리적으로 증거한 상태는 아니다. 성경을 보면 하나님이 인간 앞에 자신을 나타낼 때는 다양한 역사를 동반하였다. "천둥, 바람, 불같은 것으로 위용과 능력을 보였고(출 3:2), 어떤 때는 꿈을 통해(창 28:12~16, 왕상 3:5), 어떤 때는 환상을 통해(겔 8:3) 임재 사실을 알렸는데",[125] 그렇더라도 경험된 역사를 원리화시키려 한 시도는 어디에도 없었다. 역사를 일으킨 하나님의 권능과 영광에 대해 찬양만 했다.

한편 그리스인들이 순수 사변을 통해 접근했던 하나님은 히브리인들과 사뭇 차이가 있었다. 그들이 생각한 하나님은 이 우주를 구성한 질료를 창조하지 않았다. 질료는 처음부터 있는 것이고 주어진 것으로 간주했다. 그래서 神을 유일의 인격적 존재자로 보는 것이 그들에게는 낯설었다. 이 세계를 설계한 디자이너이기 때문에, 이런 차이를 일컬어 헤브라이즘은 창조의 하나님이고 헬레니즘은 기하학의 하나님이라고도 불렀다.[126] 사변적, 관념적인 반면 경험적인 요

---

124) 『종교철학의 체계적 이해』, J. 헤센 저, 허재윤 역, 서광사, 2001, p.230.
125) 『서양 문명을 읽는 코드 신』, 앞의 책, p.27.

소가 빠져 있어 神에 관한 이론이 완성될 리 없었다. 이런 사상적인 전통 속에서 호흡했던 철학자 칸트는 그의 전기 속에서 神을 경험했다는 기록을 찾을 수 없다. 그러니까 神은 경험할 수 없는 대상이라고 단정 짓고, 감성을 통해 경험되는 대상은 현상체이지만 神이나 영혼은 감성의 한계를 벗어난 가상체로 분류했다. 神은 사고될 수는 있지만 경험하거나 인식할 수 없다고 보았다.[127] "철학의 神은 사고된 神이고, 종교의 神은 체험된 神이다."[128] 그리스인들은 철저히 철학적이었고, 히브리인들은 지극히 종교적이었다. 神이란 무엇인가란 물음에 대해 그리스의 철학자들이 이성으로 답을 찾았을 때는 끝내 침묵해야 했지만, 히브리인들이 신앙으로 답을 찾았을 때는 말을 걸어오는 것을 체험했다.[129] 그러니까 사례를 바탕으로 오늘날은 극도로 사변화된 神 인식 전통으로부터 인류를 살아 계신 하나님에게로 인도할 필요가 있다.

"모세 오경을 통해 계시되고, 히브리 선지자와 예언자들이 계승했고, 그리스 철학의 영향을 받은 초기 기독교 사상가들이 정리했으며, 중세의 신학자들이 발전시킨 神에 관한 이론이고"[130] 교의인데도 완성되지 못하고 사장될 위기를 맞이하므로, 보혜사 하나님이 직접 강림하여 역사의 전면에 등장했다.[131] 神의 역사성과 사변적인 보혜성을 함께 강구해야 신학적인 전통을 완성할 수 있다. 서양의 철인들

---

126) 『논술과 철학강의(2)』, 김용옥 저, 통나무, 2006, p.262.

127) 『서양 문명을 읽는 코드 신』, 앞의 책, p.99.

128) 『종교철학의 체계적 이해』, 앞의 책, p.263.

129) 『서양 문명을 읽는 코드 신』, 앞의 책, p.545.

130) 위의 책, p.55.

131) 강림한 목적은 오늘날 인류가 맞닥뜨린 종말 상황을 극복하여 재림 역사를 주도하여 이 땅에서 그의 나라를 세울 것임.

은 크게 "인간의 정신에는 선천적인 인식 능력이 있다고 믿은 플라톤의 후예와(합리론자: 데카르트, 스피노자, 라이프니츠) 백지와 같아서 경험을 통해서 지식을 얻을 수 있다고 본 아리스토텔레스의 후예들(경험론자: 로크, 버클리, 흄)"로 나뉘는데,[132] 왜 우리에게는 선천적인 인식 능력이 주어졌고, 혹은 백지와 같은 상태에서 출발하게 된 것인지에 대한 문제만 밝힌다면 갈라진 두 전통 사상을 종합할 수 있다. 이것이 보혜사가 진리의 성령으로서 가진 통합 권능이다. 초월적인 理, 道, 太極은 창조 이전에 창조를 실현하기 위해 완비한 통합적 본체이다. 그래서 선험성이 결정되어 있었다. 無極으로부터 太極으로 이행하게 된 창조적 본체이다. 일체를 완비하였고 구족한 상태인데 왜 현상계에 드러나지 못하고 인식할 근거를 찾지 못했는가?(백지) 미처 생성되지 않아서이다. 그래서 경험이란 인생 역정은 선험적인 인생 본질을 분열시키는 촉진제가 된다. 통합적인 본체가 생성하므로 우리가 비로소 인식할 수 있는 근거를 확보한다.

경험과 실존 사실을 초월하여 선험된 초월적 본체를 통찰할 수 있는 세계관적 근거가 통합적인 본체로부터 제공된다. 물론 일차적인 근거는 경험에서 주어지지만 최종적으로 확인하는 것은 당연히 순수 사변 내지 지적 통찰 절차를 거침으로서이다. 이것이 보혜적 지혜이고 현상계의 제약을 초월한 영성적 인식이다. 데카르트가 온갖 의심 가운데서도 이것만은 진리라고 확신했던 것은 그 근거가 내면에 있었지 세상 가운데 있지 않았다. 경험해도 최종적인 확인은 지각을 통해 한다. 그가 철학의 제일원리라고 말한 '생각하는 나'는 육

---

132) 위의 책, p.210.

체와 구별된 정신이었고, 정신은 어떤 장소와 물질적인 것에 의존하지 않은 실체였다.[133] 神도 그 형체는 무형인 성령으로서 역사하는 것이므로 神을 확인하는 것은 데카르트가 세운 제일원리 방식을 따른다. 하나님은 눈을 통해 확인할 수 없다(비감각적). 영혼을 바친 정신적인 혼을 통해, 혹은 차마 거부할 수 없을 만한 역사적 사실을 통해 확신된다. 하나님은 성경 속에서도 교회 안에서도 우리들의 사변 속에서도 존재하지만 지금 접한 성령의 임재 역사 가운데서도 존재한다. 하나님은 끊임없이 구하는 것이고 인식하기 위해 노력해야 하는 것이다. 살아 계신 하나님의 실존성을 경험하기 위해서는 영성을 통해 의식해야 하고, 그다음으로는 이성으로 다져진 지혜를 동원해야 한다. 하나님은 성령의 형태로 임재하므로 그런 영적인 역사 형태를 인식하기 위해서는 인간 역시 자체 지닌 영성을 틔워 놓아야 하는 것이 필수 조건이다. 그래서 영성을 도야하는 것은 존재의 본질을 인식하는 절차로서 성령의 역사를 체험할 수 있는 능력이다. 일관되게 성경에서는 경험된 神을 말했고, 철학과 신학에서는 사고된 神을 말했는데, 이 연구는 이런 전통들을 종합해서 이 땅에 강림한 보혜사 하나님을 진리의 성령으로서 증거하였다. 인류를 살아 역사한 하나님에게로 인도하리라.

---

133) 『동서철학입문』, 동서철학회 편, 창학사, 1984, p.69.

신 인식론

직관의 세계 원리적인 작용성을 밝히고 동서양이 각각 특징 있게 일군 사유 방식을 조화시키면, 답보된 세계 문화를 소통시킬 수 있는 대인식 이론의 틀을 구축할 수 있다. 이런 성과들이 곧 神을 인식할 수 있는 세계 원리적인 바탕이다. 위대한 사상가·종교인·수행인들이 한결같이 기도와 자신을 부정한 고행을 통해 빛나는 확신의 순간들을 경험했거니와, 그렇게 해서 얻은 진리를 근거로 인류는 삶과 세계에 있어 참된 양식을 얻었고, 역사가 나아갈 지표를 구했다.

—본문 중에서

제4장 개설

　인간은 자신이 이룬 이성적 통찰과 주어진 사고력을 통하여 세상의 돌아가는 이치를 가늠하고, 원리와 법칙을 발견한다. 그리고 이같은 방법, 즉 세상 법칙을 궁구해서 판단할 수 있는 대상이 神이라면 세인들은 모두 하나님을 이해할 수 있다. 정말 창조된 본의를 알고 세계와 관련된 연결 고리를 추적하면 하나님을 이치적으로 확인할 수 있다. 그런데 아직도 하나님을 보지 못했다는 것은 어떤 이치도 원리도 만물도 하나님이 존재한 사실을 직접 증거하는 근거가 되지 못했다는 뜻이다. 만사에 걸쳐 있는 이치를 궁구하는 것만으로는 神을 알 수 없다. 세상 가운데 존재한 제반 영역들도 상황은 마찬가지로, 그들 역시 神은 증거하지 못하였다. 제반 영역이 드러나야 神의 모습이 완성되고 인식, 이해할 수 있다. 하나님을 알기 위해서는 세계적인 성숙과 함께 각 영역에 걸친 사유 업적들을 참고해야 한다. 이 연구도 인식의 전반적인 문제를 다루고 창조성과 진리성을 함께 밝혔다. 인식에 관한 이론만으로는 神의 실체를 이해할 수 없다. 지성들이 인식론에 대해 관심을 가진 것은 진심 본질에 이르기 위한 과도기적 절차이다. 어떤 영역도 자체 이룬 성과와 확보한 관점만으로는 神의 모습을 볼 수 없다. 통합적인 관점 위에 서야 한다.

특히 어떤 존재를 인식하고 증명하는 것은 진리가 지닌 문제와도 연관되어 있어 인식론이 그동안 거둔 성과와 함께 도달한 한계점이 무엇인지도 알아야 한다. 만상은 존재해도 그 여부를 가늠하는 것은 인식이란 관문을 통해서이므로, 사물·존재·현상·진리·道·神을 판단하는 데 있어 인식 작용이 지닌 영향력은 매우 크다. 그중 철학은 사물을 지각하는 문제에 대해 지대한 성과를 거두었거니와,[1] 하물며 神을 파악하는 문제에 있어서랴? 그런데도 지성들은 막무가내식으로 神의 존재 有無를 결정하고 말아 심각한 문제를 야기했다. 정말 존재하지 않아서인지, 안목이 없어서였던 것인지 판가름해야 한다. 우리가 대상을 인식하는 것은 그 대상이 존재한다는 말과도 같은데, 이 연구에서는 그런 대상을 통해 나타난 인식 구조를 통해 神의 존재 상태를 가늠하고자 한다. 하나님이 본체를 드러내었다면 그 결과에 근거해 인식론을 세워야 한다. 이런 문제만 해결한다면 강림된 하나님을 증거하는 것은 시간문제이다. "하나님은 존재하는가? 하나님은 어떤 분인가? 하나님은 어떤 속성을 가졌는가?"[2] 이 같은 의문에 답하기 위해서는 神 인식론을 정립하는 것이 관건이다. 神을 주제로 다룬 신학이 이런 중대한 문제를 해결하지 못하였다는 것은

---

1) 제 현상은 단순하게 인식 세계에 포착되는 것이 아님.
2) 『벌코프 조직신학(상)』, 루이스 벌코프 저, 권수경·이상원 역, 크리스천다이제스트, 1998, p.233.

아이러니이다. 이성적인 파악보다는 신앙상으로 믿음을 지키는 것이 실존 상황에서 더 절실했던 것인지도 모른다. 그러나 어떤 경우에도 神을 증거하기 위해서는 인식에 관한 이론을 세워야 하는 것이 필수이다. 대상에 있어서 일반적인 사물로부터 고차원적인 道에 이르기까지 작용된 본질을 꿰뚫어야 하나님을 인식할 수 있는 길을 튼다.

제5장 인식론의 제 문제

1. 서양 인식론 문제

神을 인식하기 위한 이론을 펼치는 데 있어 먼저 고려해야 할 것은 지난날 지성들이 거둔 지적 성과물들이다. 그중 서양 철학이 중점 과제로 삼은 것은 사물의 궁극적인 본질을 규명하는 데 있어 인식의 역할이 무엇인가를 알려고 한 것인데,[3) 순수 이성과 사물과의 관계를 밝히는 데 성과가 있기는 했지만, 세계의 본질과 神의 본체 규명 영역에 대해서는 음영을 드리웠다. 기독교 신학이 하나님을 원리적으로 증명하지 못한 것은 서양 철학이 지닌 한계 테두리와 그렇게 해서 구축한 인식론 때문이다. 그들은 주로 외부 사물과 이것을 받아들이는 지각 작용과의 관계를 탐구하였다. 제반 사물을 인식하

---

3) 세계의 본질을 분열시키는 데 기여된 공헌도가 큼.

는 지각 작용이 지닌 문제는 무엇인가? 동원된 인식 수단은? 받아들인 정보에 대한 정신 작용의 역할은? 파고들면 들수록 존재한 사물과 지각한 정신 작용 간에 쉽게 파악하기 어려운 엄밀함이 있다. 질서, 법칙, 구조가 엄밀하면 할수록 인식도 엄밀하지 않을 수 없어 여기에 대한 문제를 이론적으로 뒷받침해야 했다. 그런데도 서양 인식론은 사물의 실재성을 탐구한 자연과학적 방법론과 손을 맞잡아 버렸다. 그러니까 삼라만상을 있게 한 궁극적인 神의 실재를 파악하는 문제와 격이 달라졌다. "칸트가 저술한『순수이성비판』의 요지는 근대 자연과학, 그러니까 지각으로 검증할 수 있는 물질세계와 관계가 깊고, 발견된 법칙들을 명백하고 확실한 개념으로 기술한 과학적인 인식 방식에 대한 근본적 규정이었다."[4] 神을 인식하기 위한 목적으로 구축한 이론이 결코 아니다.[5] 인식에 대한 이론은 세웠지만 초점은 자연과학적인 진리를 밝히는 데 있어, 神에 관한 인식 메커니즘은 아직도 세워지지 못하고 있다. 그러니까 인류는 눈앞에 있는 진심 본질조차 보지 못해 세계관적으로 경직되어 버렸다. "경험적 현상은 인식할 수 있어도 물자체와 본체는 인식할 수 없다. 사물의 본질에 대한 직관과 통찰력을 지니는 것은 불가능하다(칸트)"고 여겼다.[6] "영혼 불멸·자유·하나님 등은 경험적인 인식을 통하여 도달할 수 없으므로 이념적이다."[7] "지식은 자연을, 신앙은 초자연적인 것을 대상으로 한다"[8] 등등 서양 인식론은 神을 볼 수 있는 통찰 안

4)『존재론』, 벨라 바이스마르 저, 허재윤 역, 서광사, 1990, p.36.
5) 神을 인식하기 위해서는 이 연구가 이룬 성과, 즉 세계의 핵심 본질을 밝히고 세계의 천지 창조를 증거해야 했음.
6)『불교사상과 서양철학』, 에드워드 콘즈 외 저, 김종욱 편역, 민족사, 1994, p.246.
7)『기독교 사상』, 김광식 편저, 종로서적, 1984, p.91.

목을 철저하게 차단시켰다. 그러니까 그 위에 무신론, 유물론 같은 장애 사상들이 만연하여 전통적으로 지킨 순수 신앙관이 분쇄되고 말았다. 그래서 이 연구는 폐쇄된 神을 향한 안목을 다시 틔워 하나님을 세상 가운데서 확실하게 인식할 수 있는 원리를 제공하고자 한다.

2. '물자체'의 문제

'물자체'란 무엇인가? 이것은 알다시피 칸트가 서양 철학에서 정점을 찍은 인간 인식의 한계 영역 대상이다. 물자체의 실재성 여부를 떠나 파악한 인식상의 정황이 그렇다. "인식은 대상에 대해 항상 상대적인 것인데도 칸트는 그런 대상에 대해 인식하고자 한 노력을 포기해 버렸다."[9] "어떤 사물을 인식하는 것은 현상이 우리에게 나타나고 파악되는 한에서만 할 수 있고, 사물 자체는 인식할 수 없다."[10] 사물을 통하여 얻을 수 있는 정보는 오직 현상밖에 없다. 물자체는 묘연하다.[11] 어떻게 해서 칸트는 "정신의 자기반성을 통해 인간의 앎이 현상계에만 국한되어 물자체에 대한 인식이 불가능하다고 했는가?"[12] 그것은 그가 세계를 바라본 정신 작용 루트에 이유가 있다. 칸트는 『순수이성비판』에서, "인간의 인식 도구인 능력을

---

8) 『사물의 본질성에 근거한 철학원론』, 김항배 저, 사초출판사, 1986, p.26.

9) 『철학의 이해』, 한전숙·이정호 저, 한국방송통신대학교출판부, 1996, p.57.

10) 『니체와 현대 철학』, 강대석 저, 한길사, 1988, p.23.

11) "칸트에 있어서 인식은 바깥으로부터 주어지는 관념들에 기초해서만 이루어질 뿐, 대상 세계 자체는 인식론적으로 불가지하다. 그래서 이런 세계를 물자체(物 自體, Ding an sich)라 부르고, 물자체가 존재하는 세계를 초감성적 예지계, 물자체로부터 주어지는 관념들의 세계를 감성계 또는 현상계라고 불렀다. 그러므로 물자체는 현상의 원인이다." -『철학의 이해』, 앞의 책, p.87.

12) 『헤겔의 생애와 철학』, 최재선 저, 이문사, 1980, p.51.

감성(Sinnlichkeit), 오성(Verstand), 이성(Vernunft)으로 구분하고, 인식은 경험과 더불어 시작하지만 경험으로부터만 오는 것은 아니다"라고 보고(선험철학)[13] 복잡한 이론을 전개하였다. 감각에 의해서 느껴지는 것은 지각이 되고, 감성은 지각과 결합하여 개별적인 표상(직관)이 되며, 직관에 오성의 선천적 형식인 12범주(Kategorie)를 결합하여 개념을 구축했다. 순수한 인식 작용에 다분히 인위적이라고도 할 수 있는 관념적 요소를 배합하여 백지와도 같은 단순한 경험적 인식을 더 복잡하게 만들어 버렸다.

칸트는 세계를 이해하는 최고의 인식 기능으로서 이성을 내세웠는데, 그런 이성도 감성과 오성에 근거하므로 제한이 있게 되었다. 칸트는 "이성은 직접 대상에 관계하지 않고 오성에만 관계하므로 객관적인 개념을 창조하지 않고 정돈하여 개념들을 통일시켜 준다(인식될 수 없는 이념 영역을 커버함)"고 했다.[14] 이성이 사물이란 대상을 살펴(직접 관계하지 않음) 이념의 세계로 인식 영역을 확대시키기는 하였지만, 그렇더라도 그것은 인간이 이룬 사유 작용 외 아무것도 아니다. 이성은 인간이 지닌 정신 기능으로서 사물의 이치를 가늠하는 능력이다. 하지만 인간은 개념을 생각하고 의지와 행동을 컨트롤할 수는 있지만 그런 능력이 아무리 출중해도 가늠할 수 있는 인식 영역에는 제한이 있다. 논리가 지닌 엄밀성이 오히려 인식 범위를 한정한 자가당착이랄까? 지각이란 정신 작용 뒤에는 온갖 개념·범주·이념·물자체를 초월한 의식이 잠재되어 있는데, 이것을 보지 못해 인류 중 절반 이상이 소중한 영적 안목을 가지지 못한 안타

---

13) 『레마 제7집』, 총신대학교 11대 신학과 학생회, 1996, p.60.
14) Ibid, B. 350.

까움이 있었다. 칸트가 생존한 당시는 자연 과학적인 방법론이 괄목할 만한 성과를 거둔 때이라 칸트도 이 같은 지적 분위기 속에서 形而下學적인 기반을 구축하기 위해 인식 문제를 중점적으로 다루었다. 공과에 대한 평가가 분분한데 제일 큰 타격을 받은 것은 神이 확보한 존재 영역이었다. 세인들은 칸트가 내린 결론을 근거로 물자체와 神을 동일시하였다. 즉 "인식을 현상계에 한정시켰고, 神은 우리가 인식할 수 있는 범위를 초월해 있어 결국 알 수 없다"고 했다.[15] 인위적으로 분류한 범주 세계 안에 몰아넣어 물자체와 神을 인식할 가능성을 더 이상 찾지 못하고 말았다. 이성이 얼마나 세계를 경직되게 하였는가 하는 것을 알 수 있다. 하나님을 물자체로 간주하다니! 인간은 얼마든지 하나님과 교감할 루트가 있는데도 일체 가능성을 묵살해 버렸다.[16] 그러므로 우리는 이성이 물자체를 인식할 수 없는 것인지, 천지가 창조된 결정 이유를 안다면 神 인식 문제도 해결할 수 있을 것이다.

3. 인식의 주체성 문제

서양 인식론은 복잡한 개념들을 양산하였는데, 그중 핵심 된 내용 하나는 칸트가 주장한 '코페르니쿠스적 전회', 즉 인식의 주체성 발견이다. 책상이 있다는 것을 아는 것은 책상이 있기 때문이지만, 우리에게 아무런 인식 작용이 없다면 어떻게 되는가? 인식할 수 없다

---

15) 『인도철학의 산책』, 湯田 豊 저, 권오민 역, 동국대학교역경원, 1994, p.179.
16) 현상을 물자체와 구별한 점, 인간의 최고 통찰 수단인 이성이 인식 면에서 한계가 있다고 한 판단은 긍정됨.

면 책상이 있어도 없는 것과 같다. 인식이 선행해야 대상을 판별할 수 있다. 이런 논거를 근거로 대상들이 존재한 사실과 무관하게 극도로 치우친 주관적 인식론이 서양 철학사에 대두하였는데,[17] 짚고 넘어갈 것은 그런 인식이 없더라도 책상은 존재할 수 있다는 사실에 주목해야 한다. 그래서 정말 인식이 전무한 상태에서도 神은 존재할 수 있다.

한편 눈에 띄지 않았던 꽃을 문득 발견하는 것처럼 관심이 부족해서 神을 인지하지 못할 수도 있다. 즉 사물·존재·현상·진리·神을 알고자 한 노력과 관심도에 따라 인식할 수 있는 근거를 인출할 수 있다. 신앙 원리처럼 대상보다 선행된 믿음이 필요한 이유가 여기에 있다. 그곳에 창조성과 神이 존재할 가능성이 농후하다. 칸트는, "하나님은 초감각적인 세계에 속하므로 인간의 이론 이성에 의하여 인식될 수 없고, 그렇다고 부정할 능력도 없다. 神이라는 이념이 사변적인 역할을 현재 수행하고 있을 뿐이다"란 유보 입장을 취했다.[18] 인식의 한계성을 명확하게 했지만, 그렇게 인식한 한계 구조를 통하면 오히려 세계의 궁극성을 엿볼 수 있다. 인식 작용을 통하여 세계의 근원성을 판단할 수도 있다는 것을 강조하리라.

4. 인식의 능력 문제

인간은 뇌와 오감이란 인식 기관을 가지고 사물을 지각하고 판단

---

17) 버클리: 존재는 지각됨이다.

18) 『칸트의 신관에 대한 기능적 유신론 이해』, 윤종환 저, 전남대학교대학원 철학과, 석사논문, 1992, pp.2, 17.

하지만, 감각한 것을 표현한 형태를 두고 보면 문학, 행동, 예술적인 측면에서 차이가 있다. 사상적인 영역들도 마찬가지이다. 그런데도 논거된 인식 이론을 보면 감지한 인식 작용이라는 것이 기계처럼 일률적이다. 차이점에 대한 논의가 하나도 없다. 심정으로 느끼는 분위기·눈치·진실을 아는 마음 등은 오감만으로 부족하고, 보고 듣고 손으로 만져본다고 해서 감도가 높아지는 것도 아니다. 인식 능력은 사람과 대상에 따라 차이가 있다. 수학 문제를 푸는 것은 실력의 차이인 것처럼 神을 인식하는 문제도 그와 같기 때문에 神을 인식하는 사람과 그렇지 못한 사람이 있게 된다. 그래서 자신이 인식하지 못했다고 해서 神이 존재하지 않는다고 단정한다든지, 자신이 보았기 때문에 남들에게 강요할 수 없게 된다. 진심된 본질을 보기 위해서는 대상의 실존성과 차원성을 문제 삼기 이전에 자신에게 주어진 인식적 장애물을 걷어 내는 것이 급선무이다. 사랑과 진실과 진리를 알기 위해서 노력하는 것처럼, 神을 인식하기 위해서도 여기에 걸맞은 믿음을 쌓아야 한다. 어찌 시각장애인이 앞을 보지 못한다고 해서 세상에 찬란한 빛이 없겠으며, 청각장애인이 듣지 못한다고 해서 세상 가운데 아름다운 소리가 없겠는가?

5. 세계 내에서의 인식 문제

인간의 인식 능력은 도야하면 신장되지만 존재하기 때문에 벗어날 수 없는 제한성도 있다. 과연 인간이 능력을 발휘하여 인식할 수 있는 세계적인 범위는 어디까지이고, 그 대상은 무엇인가? "17세기 이전에는 육안으로만 우주를 보아 관찰할 수 있는 범위가 지극히 제한적이었다. 그런데 지금은 첨단망원경이 개발되어 우리와 100억 광년 떨어진 성계를 관측할 수도 있고, 고에너지 입자 속을 이용하면 2×10^{-18}mm의 작은 범위 안에서의 전자 운동도 관측할 수 있다."[19] 이렇듯 인간이 파악하는 인식 도구가 괄목할 정도로 좋아졌지만 아무리 그런 도구를 이용하더라도 수천도 이상 되는 태양 온도를 직접 감지할 수는 없다. "감각으로부터 경험의 한계를 벗어나는 것에 대해 사유는 할 수 있지만 인식하기는 불가능하다."[20] 하지만 이 연구가 밝히고자 하는 것은 그런 물리 공간과 세계 안에서 오감을 벗어난 존재에 대한 인식의 한계 문제가 아니다. 사고력을 통해서도 가늠할 수 없는 인식 대상에 관해서이다.[21]

우리는 감지할 수 없더라도 사고할 수 있는 범위 안에서 생각만큼은 할 수 있는데. 그런 사고력으로도 미칠 수 없는 것이 있다면 칸트의 선언처럼 神은 영원히 파악할 수 없는 인식 대상인가? 그렇다면 이 연구도 이 단계에서 神 인식론 전개를 포기해야 하는가? 그러나 저 하늘에 태양이 떠 있는 것처럼 우리를 있게 한 하나님이 존재한다면 인식할 수 있는 길도 있다. 한계성이 창조로 인해 결정된 것이기 때문에 그런 한계성을 통하면 우리는 오히려 무한한 세계와 무제약자까지 가늠할 수 있는 길을 연다. 창조된 본의에 입각하면 주어진 유한성을 통해서 무한성을 알고 제약성을 통해 천지가 창조된 근

19) 『재미있는 철학강의』, 한수영 외 저, 중국청년출판사 간, 이성과 현실사, 1989, p.260.

20) 『의지의 분열』, 김주호 저, 장산, 1995, p.168.

21) 개신교회에서 말하는 유한은 무한을 파악할 수 없다든지(「칸트의 신관에 대한 기능적 유신론 이해」, 앞의 논문, p.18), 물자체의 인식 가능성을 철저하게 부정한 칸트의 한계 상황, 그리고 인간이 인식할 수 있는 도구와 능력 범위는 오성이 지닌 모든 조건인데, 가시 범위를 초월하여 설정된 무제약자, 절대자로서의 필연적 최고의 존재자인 神 등(『철학과 종교의 대화』, 채필근 저, 대한기독교서회, 1973, p.105).

원(알파성)을 파고들 수 있다. 인류가 세계 안에서 도달한 제약성은 창조된 본의를 알지 못한데서 그 이유를 찾을 수 있다.

6. 창조 세계 내에서의 문제

오늘날은 기술이 발달되어 오감을 통하지 않더라도 망원경, 현미경 등을 통해 우주 공간과 세계를 샅샅이 살필 수 있게 되었다. 이런 도구가 발달하면 할수록 인간은 더욱 가시 범위를 넓히리라. 그러나 아무리 첨단 도구로 우주 공간을 살피더라도 세상에서 아예 존재하지 않는 것은 파악할 수 없다. 有하지 않는다면 인식할 수 없고, 인식할 수 없다면 누구도 존재 여부를 가늠할 수 없다. 세계에서 파악하는 것은 어떤 형태로든 有한 형태로 존재한다. 세계는 오직 有함밖에 없다. 無는 없다. 천지·만물·우주·세계가 온통 有함의 나라이다. 존재하고 있는 세계이다. 그리고 그런 존재를 파악하는 인식 작용도 有한 것이 낳은, 有한 존재 안에서 일어난 작용이다. 우리가 無를 인식할 수 없는 것은 존재하지 않는 것은 인식할 수 없게 정해진 원리를 따른 것이다. 세계는 有함을 본질로 해 없는 것이 없는 세계이다.[22] 그래서 존재하는 것은 인식할 수 있지만 존재하지 않는 것은 인식할 수 없게 된 확실한 기준이 생겼다.

세계의 궁극성을 추적하고자 하면 그 한계성에 도달해야 세계가 지닌 유한성을 알고 끝을 안다. 존재, 진리, 만물의 알파 상태가 모두 그렇다. 우리가 의식으로 도달한 한계선에 바로 有한 세계의 궁

---

22) 창조=有함.

극성이 있다. 도달하여 가로막힌 한계선 상에 세계의 본질적인 모습이 펼쳐져 있다. 인식으로 접한 궁극성은 존재로서도 인식으로서도 無한 상태인데, 문제는 그렇게 無한 상태를 어떻게 가늠할 수 있는가? 無도 사실은 없음이란 형태로 존재하고 있다. 無한 형태로 有하기 때문에 인식할 수 있다. 세계는 오직 有함뿐이므로, 無도 無한 상태로 有한 존재에 속한다. 없는 것은 그야말로 있을 수 없다. 다 있다. 이것이 有無를 포괄한 대창조 본질이다. 천지가 창조된 관계로 발생된 구조적 특성이다. 창조가 있어 有無에 대한 구분선이 생겼고, 아울러 한계선도 확실해졌다. 창조되지 않는 것은 존재할 수 없고, 존재하지 않는 것은 인식할 수 없는데, 그렇게 된 근본 이유가 창조에 있다.

　이런 사실을 근거로 우리는 세계 안에서 두드러진 인식의 문제를 재차 정리해 볼 수 있다. 즉 인식할 수 없는 것은 존재하지 않는 것이 근본 이유이고, 존재하지 않는 것은 창조되지 않은 것이 핵심 원인이다. 창조되지 않았다면 어떤 경우에도 인식할 수 없다. 그러나 창조된 본의에 입각하면 존재는 인식할 수 없다고 해서 존재하지 않는 것이 아니다. 인식할 수 없는 조건 속에서도 하나님은 천지 창조 역사를 실현하였다. 그래서 세계에서는 無도 없는 상태로 有한 세계 안에 속해 있다. 존재의 궁극성이 이러하므로, 인식상으로는 파악할 수 없지만, 그런 한계성이 있어 오히려 창조된 상태를 가늠할 수 있고, 神도 인식할 수 있다. 만상이 존재하지 않는다면 누구도 창조된 근원을 추적할 수 없고 하나님도 알 수 없겠지만, 만상은 지금 분명 존재하고 있다. 단지 문제는 창조의 최초 시원을 無로부터 잡지 않을 수 없게 되어 이것이 그동안 하나님이 불가지한 인식 영역으로 내몰린 원인이다. 이런 지적은 시공이 지닌 구조를 보면 확인할 수 있다. 시간은 최초의 시작이 없어 알파 상태를 찾지 못하는 것이 아니다. 시공은 창조되었기 때문에 알파를 찾을 수 없도록 구조화되었다.

하이데거는 "현―존재(Da-sein)는 無 안에 들어 있음"이라고 했는데,[23] 이런 주장은 세계가 창조된 구조적인 실상을 모르면 이해할 수 없다. 神=無란 등식이 성립되는 것은 참으로 미묘하다. 神이 없다는 뜻이 아니다. 가늠하는바 無라는 경계선 너머에 神이 있다. 인식이 미치지 못하는 현상계에서 보면 "無로부터 모든 것이 나오고 無로 귀환된다."[24] 동양인들이 일깨운 道가 바로 그러하다. 창조된 세계를 직시한 인식 형태이다. 창조로 인해 생긴 구조로 한계선이 결정되었으므로, 그렇게 해서 드러난 인식의 구조를 통하면 창조된 세계를 명확하게 가늠할 수 있다. 도달한 한계성, 그곳에 참다운 존재의 모습이 있다. 인식의 한계를 통해 뭇 존재가 결정된 궁극적 상태를 알고 무한한 차원 세계를 가늠하리라.

모든 가능성은 있음을 통해 없음을 있음이란 인식 형태로서 파악하는 방식이지 인식이 직접 미친다는 뜻은 아니다. 세계 안에서 인식할 수 있는 것은 오직 有함뿐이다. 생성하는 세계에서 "제일원인은 영원히 소급될 뿐이다."[25] 무한 소급은 분열 중인 세계 안에서 벗어날 수 없게 된 인식상의 특성이다. 시원은 있지만 알파를 인식할 수 없는 존재 상태가 바로 창조를 시사한다.[26] "니체는 칸트의

---

23) 『철학자의 신』, 발터 슐츠 저, 이정복 역, 사랑의 학교, 1995, p.77.

24) 『헤겔의 신개념』, 박영지 저, 서광사, 1996, p.95.

25) 『종교란 무엇인가』, 니시타니 게이이치 저, 정병조 역, 대원정사, 1993, p.16.

26) 세계에 시작과 끝을 찾을 수 없게 된 근본적인 이유는 생성에 있다. 세계가 영원히 생성하고 있기 때문에 시작도 끝도 영원히 찾을 수 없다.

물자체를 가상의 세계라 보고 철저히 거부하면서, 참된 것이라고 말한 물자체의 세계는 기만이라고까지 하였는데",[27] 사실은 인식상으로 단절된 상태일 뿐이다. 칸트가 구분한 것처럼 물자체는 존재하고 있는 현 존재보다 더 확실하다. 우리가 접한 존재는 수시로 변하지만 물자체는 그렇지 않다. 플라톤의 이데아, 아리스토텔레스의 형상·질료가 바로 나와 함께하고 있다. 神의 존재 영역은 인식상 단절되어 있어 괄호밖에 두었지만, 정말 존재하지 않는 것은 결코 아니다.

창조된 본의를 알지 못한 상태에서는 어떤 존재도 세계도 판단할 근거가 확실하지 못하지만, 지상 강림 역사로 인해 하나님의 본체가 확실하게 드러났다. 인식이 미치는 곳까지 인간은 생각할 수 있고, 그렇게 하여 도달한 세계의 궁극, 그곳에 천지가 창조된 시원이 있다. 유한한 인간은 무한한 우주를 인식할 수 없는데, 이런 한계선이 그대로 세계가 지닌 구조 자체이다. 인간이 인식할 수 있는 최고의 상태는 바로 자신이 인식할 수 없는 한계성을 사실대로 인식하는 데 있다. 그리하면 그 너머에서 좌정한 하나님을 뵈올 수 있다.

---

27) 『니체와 현대 철학』, 앞의 책, p.71.

제6장 신 인식을 위한
세계적 기초

1. 인식의 원리적 작용

인식이란 무엇인가? 사고 작용은 무엇인가? 인간이 지닌 정신 활동의 총괄이고, 오감을 통해 받아들인 온갖 형태의 정보를 정밀한 신경계를 통해 뇌에 전달하여 의식한 상태이다. 다양한 정보를 수용, 축적, 분석, 분류, 판단하는 작용이 있고, 개념을 생산하는 창의적인 생각도 있다. 정보를 인식하는 것은 외부적인 경험을 통해서이기도 하지만 내면적인 의식을 통해 종합적으로 통찰하기도 한다. 개념을 포착하고 뜻을 수용하여 새로운 의미를 일구는 작업은 사고를 통한 인식의 주된 활동이다. 그런데 서양 인식론은 사물로부터 수용한 정보를 포착하는 데만 주력하다 보니 의식이 내면적인 본질을 각성을 통해 인출한다는 사실은 착안하지 못했다.

"외부로부터 받아들인 엄밀한 운행 질서를 어떻게 사고된 질서와 일치시킬 수 있는가? 이런 문제에 대해 서양 인식론은 감각이 영혼에 대해 표상이 생기게 할 수 있는가에 관심을 두었고"[28] 감각을 통해 표상된 인식이 논리적, 수학적으로 어떻게 엄밀한 것인지에 대해 원인을 캐려고 하였다. "사고는 존재 세계의 제반 사물들과 사태를 반영하는 고유한 인식방식으로서, 사물과 사태를 개념적으로 인식하는 것으로 규정하였다."[29] 정말 사물을 탐구하는 데만 관심을 쏟다 보니 사고 자체가 이룬 원리적인 작용성은 간과되고 말았다. 진리를 관념화, 개념화, 명제화해 내부에 잠재된 근원적인 본질성을 인출할 수 있는 길은 상대적으로 막혀버렸다. 거울이 온갖 사물을 비추면서도 자체 모습은 비추지 못하는 것과 같다. 논리·추리·분석·합리성은 사물을 인식하는 전문적인 표상화 수단이다.

한편 동양에서 일군 직관적 사고와 깨달음은 내면의 잠재된 존재성을 의식화시킨 대표적 사례이다. 외부든 내부든 나름대로 특징이 있지만, 인식·사고·정신 작용은 그 뒤에서 공통적으로 뒷받침된 것이 있는데, 그것이 곧 몸 된 생명체로 총화된 의식이다. 감각한 것은 물론이고 개념·직관·고차원적인 깨달음에 이르기까지 포착된 것은 존재 내면의 본질 속에 축적된다. 이것이 통합 작용을 통해 새로운 각성을 낳는 원동력이 된다. 의식이 존재를 뒷받침하고 있는 한 인식은 단순히 정보를 받아들이는 관문이 아니다. 의식은 내면의 본질을 분열시키는 능동적인 생성 본체이다. 의식이 有한 상태로서 표출된 것이 인식이다. 그래서 의식이 있는 한 존재 파악 뒤에는 정

---

28) 『에티카』, 스피노자 저, 강영계 역, 서광사, 1990, pp.326~327.
29) "대상 세계를 개념과 판단 형식을 통해 반영함." ―『철학의 이해』, 앞의 책, p.113.

신 활동의 또 다른 범주에 속하는 각성 작용이 있게 된다. 의식이 동원되지 못하면 진정한 존재 파악이 곤란하다. 오감으로 사물을 지각하는 작용과는 또 다른 차원이다.[30]

사물의 상태를 아는 것은 인식이 있기 때문이고, 인식은 의식이 有한 상태이다. 우리가 파악하는 것은 그렇게 파악한 모든 것으로서의 인식이 有한 실체이다. 有한 의식을 실체로서 인식한 것이다. 사물의 본질을 파악하는 것은 사물 자체에 있지 않다. 사물에 대한 정보를 파악하는 것이 바로 의식이라는 것을 알 때, 인식할 수 있는 대상은 당연히 실체인 것은 물론이고, 의식이 머문 有한 인식도 실체 영역에 포함된다. 그래서 의식이 생성하여 인식이 성립되고 제반 개념, 이념, 인식을 통합할 수 있는 작용력을 갖춘다. 그래서 이 단계에서 이 연구는 한 가지 중요한 결론을 이끌어 낼 수 있다. 존재가 있다는 사실을 파악하는 것은 파악한 존재 상태와 동일하게 의식이 有한 상태라는 것이다. 존재를 파악하는 것과 의식을 파악하는 것은 모두 有한 인식에 대한 상태를 파악하는 것이기 때문에 有한 의식을 실체로서 인정할 수밖에 없다. 존재한다는 것은 결국 有한 의식 상태로 존재한 인식이다. 온갖 인식을 뒷받침한 의식이 우리가 그렇게 구하고자 한 궁극적 실체이다. 의식은 독립된 실체로서 생성하고, 창조와 함께하면서 일체의 비밀을 함재하였다. 물자체는 파악할 수 없는 것이 아니다. 총화된 의식을 추적하면 괴리 없이 궁극적인 실상에 접근할 수 있다. 의식이 있는 곳에서 온갖 인식이 성립된다. 그래서 수행으로 의식을 갈고 닦으면 우주 공간에 자아를 침투시킬 수

---

30) 본체로부터 생성된 의식이 직접 조사(照射)됨.

있고, 본질적으로 동화됨으로써 세계의 운행 질서와 일치될 수 있다.

2. 인식의 통합·분열 작용

일어난 현상을 파악하고 사물의 특성을 분석하는 것은 어떤 인식 작용이 있기 때문인가? 수도꼭지를 틀면 물이 쏟아지듯 눈으로 보고 귀로 들으면 정보가 유입되고 지각 작용이 일어나는가? 이런 물음에 대해 서양 인식론은 구체적인 언급이 없다. 인식의 범주에 속한 의식의 작용 본질에 대해서는 관심을 두지 못한 것이다. 의식은 알고 보면 미묘한 데가 있는데, 창조에 근간을 두고 있어 실질적으로는 통합적인 특성을 지녔다. 그래서 인식된 정보들을 의식화시키면 하나가 될 수 있는 중요한 작용이 있다. 목적의식을 가지고 길을 추구하면 사물은 물론이고 존재하는 내면의 본질성까지 파악할 수 있다. 有한 실체로 존재한 의식을 분열시키면 추구한 세계 의지가 분화된다. 인식의 근간인 의식은 有한 실체 덩어리인데, 이것은 처음부터 구비된 통합적인 본질체이다. 이런 본질체를 세세한 추구 과정을 통하여 분열시키면 존재가 지닌 특성 구조를 파악할 수 있게 된다. 이런 방법으로 뭇 形而上學적인 무형의 존재 대상에 대한 본질 파악이 가능해진다. 잠재된 본질은 의식을 통해 분열되기 때문에 존재한 상태를 가늠할 수 있게 된다. 그래서 의식이 지닌 통합 작용과 분열 작용은 분리될 수 없다. 통합됨과 동시에 분열을 이루고, 분열을 완료한 즉시 통합적인 에너지를 생성시킨다. 세계와 존재와 인식은 동시 작용이다. 어느 것 하나도 시공간 안에서 머물러 있지 않다. 통합성이 분열하므로 만물이 생성되었고, 세계의식이 분화되었다. 그래서 세계의 본질을 파악하기 위해서는 그만한 경과가 필요했다. 지금도 세계는 통합된 창조 본질로부터 분열하고 있다. 칸트가 불가지하다고 한 물자체는 원인과 결과가 함께한 통합적인 본질체이다. 인식이 불가능하다. 그러나 물자체와 함께한 세계의식을 분열시키면 본질 파악도 가능해진다.[31]

존재하는 본질 상태를 직시한 道와는 대조된 실증 사례이다. 道는 차원적인 존재이기는 하나 결국은 의식 안에 머물러 존재 본질과 동화된 실체이다. 본체로서 항존하면서 의식을 통해 세계의 본질을 규명하는 데 기여하였다. 조성된 세계의 다원성도 바탕 된 본질이 분열을 완료하기까지는 근원성을 파악할 수 없지만, 때가 되면 결국 하나로 통합된다. 존재의 본질, 세계의 본질, 神의 본질도 파악하지 못할 것은 없다. 유형무형을 막론한 일체 대상은 예외 없이 실체에 적용된 세계 인식 원리와 같다. 실체에 대한 정보를 수용하면 의식 안에서 하나가 된다는 것이 하나님이 진리의 성령으로서 밝힌 인식 원리이다. 의식은 이념과 언어와 감정이 생성되기 이전부터 존재한 정신적 실체로서 만사형통한 본질을 담고 있는 영혼의 집이다. 창조의 대비밀을 간직한 무궁한 진리 생성의 터전이다.

3. 인식의 화된 특성

인식은 분열을 통해 통합되는 특성을 지니고 있으며, 창조를 이룬 바탕체인 통합성은 알파와 오메가, 원인과 결과가 함께 한 본질체이

---

31) 의식 안에서 일어난 인식의 有한 분열 과정을 통해서 임.

다. 이것이 생성을 통해 비로소 현상계에 드러난다. 그래서 생성을 근간으로 한 세계 안에서는 인식의 동시 성립이 불가능하다. 즉 A는 A이고 B는 B이다. 이것은 뭇 존재가 통합성으로부터 생성된 증거 인식이다. 창조된 시공간이 지닌 분열적 특성이다. 사물·현상·존재가 각각 개별적으로 인식되는데, 그 이유는 분열 중이기 때문이고, 사실상 본체는 아무리 분열되어도 변함없는 하나이기 때문이다. 세계 안에서는 하나로 있을 수 없지만,[32] 그것은 분열 중인 과정에서의 제약성일 뿐, 세계와 진리와 본질은 결국 하나이다. 그래서 사물을 구분해서 이해할 수밖에 없는 세계 안에서 보면, 동시 존재가 차원적인 化(창조)로 파악된다. 化됨은 통합성으로부터 한순간에 물질화·존재화·생명화된 관계로 인식이 미치지 못하는 사각지대가 있게 되었다. 化된 창조가 곧 세계 안에서 A=B란 동시 존재 성립을 불가능하게 한 원인이다. 그러면서도 化된 창조는 원인과 결과를 동시에 출발시킨 특출한 창조 메커니즘이다. 이런 차이를 인식상으로는 도무지 따라 잡을 수 없게 되어 세상 안에서는 A=B란 동시 인식 성립이 어렵게 되어 버렸다. 化된 순간에는 논리, 이치, 질서, 그 무엇도 영향을 미칠 수 없다. 일시에, 한꺼번에, 命 하나로 빛과 뭇 생명체가 창조되었다.

그러나 아무리 차원적인 化라도 그런 순간을 간파할 수 있는 길이 전혀 없는 것은 아니다. 化되어 유형화(형태와 質)되긴 했지만, 삼라만상을 이룬 바탕 본질로서 내재하여 뭇 존재가 지닌 특성을 결정했다. "계란이 먼저냐 닭이 먼저냐 하는 것은 사고를 통해서는 도무지

---

32) 원인과 결과의 동시 존재=통합적 본체.

해결할 수 없는 난제 중 난제인데",[33] 한편으로는 오히려 통합적인 본체로부터 창조된 사실을 드러낸 것이기도 한다. 도무지 알파와 오메가를 찾을 수 없게 된 존재 구조 자체가 닭과 달걀이 동시에 창조된 化를 증거한다.[34] 이에 우리는 "궁극적인 실재에 도달할 수 있기 위해 모든 형태의 이원론(이원성)을 극복해야 한다(대승불교)."[35] 왜 佛陀는 세계적 실상을 色卽是空 空卽是色이라고 갈파하였는가? 분열 중인 세계에서는 色空을 분리해야 통합적인 본질 상태를 인식할 수 있다. 그러나 色과 空은 결국 동질이다. 심신은 원래 총화된 본체이지만 굳이 몸과 마음으로 분리해 파악한다. 분리해야 일체를 이해할 수 있다. 化(창조)됨으로 인한 세계에서의 존재 조건이다.[36]

그렇다면 창조 역사를 실현한 神은? 의식을 분열시키면 본질을 파악할 수 있듯, 분열된 섭리·역사·진리를 종합하면 일관된 의지를 추출하여 불가사의했던 본체를 판단할 수 있다. 하나님은 나와 세계를 구성한 바탕체로 존재하면서 세상 가운데 편재되어 있다. 이런 실상을 밝힌 진리 통합 역사가 완수됨으로써 차원적인 하나님이 세상 위에 드러날 수 있었다.

4. 믿음의 작용 원리

믿음이란 무엇인가? 왜 믿는가? 혹은 믿게 되는가? 신앙심을 가지

---

33) 『신의 존재 증명』, 김상렬 저, 한누리미디어, 1996, p.18.
34) 통째 상태로부터 化되어 원인과 결과가 함께 한 본질로부터 출발되었지만, 분열하고 있는 시공 가운데서는 도무지 닭과 달걀을 합치시킬 수 없다. 분리해서 인식할 수밖에 없어 알파를 찾지 못함.
35) 『선과 현대철학』, 아베 마사오·히사마츠 신이치 저, 변선환 엮음, 대원정사, 1996, p.323.
36) 化된 창조는 원인과 결과가 함께한 통합적 본체를 나눔.

고 구원을 희구하는 데 있어 믿음이란 작용이 거의 절대적인 역할을 했다. 인간은 진리가 진리인 것을 확인하는 이성적 기능이 있다. 그런데도 이런 사실을 무시하고 오직 믿음만으로 영원성을 구한 데는 무슨 이유가 있는가? 중세시대의 교부인 터툴리아누스는 "불합리하므로 나는 그것을 믿는다"라고 하였고, 안셀무스(1033~1109)는 "믿지 않으면 이해할 수 없다"고도 했는데,37) 이것은 초월적인 神에 대해 시사하는 바가 크다. 그들이 하나님이 존재한 사실을 몰라서 그렇게 말했을 리는 만무한데, 실상은 神과 관계된 믿음의 본질성을 지적한 것이다. 인간에게는 인식이란 작용이 있지만, 설명할 수 있는 세계적인 여건의 미비로 믿음이 필요했다. 믿으면 결과는 그렇게 되는데, 작용을 일으킨 원리성을 달리 추출할 방법이 없어 문제를 유보시켰다. 깊은 신앙심에서 우러나온 고백이지만 불신자들의 안목 때문에 퇴색되어 버렸다. 하나님이 있다고 믿는 것이 없다고 생각하는 것보다 죽어 더 행복할 것이란 추측(파스칼) 정도에 머물렀다. "철학자들은 인간이 지닌 이성의 한계를 시인하고 神은 불가지한 영역이라고 단언하였고, 종교인들은 신앙과 믿음을 통해서만 구원이 가능하다"고 주장하였다.38) "인식은 경험과 더불어 시작하고 주관의 선험적 구조에 의해 형성된다. 따라서 오관을 넘어서 있는 神이나 계시 등은 유한한 인간의 특성상 인식하거나 증명할 수 없다."39) 믿음은 하나님과 교감할 수 있는 영적 교량인데도 제반 역할에 대한 세계 작용적인 원리성 규명 문제는 묘연하기만 했다.

---

37) 『종교철학개론』, 존 H. 힉 저, 황필호 역, 종로서적, 1980, p.11.
38) 『신의 역사(Ⅱ)』, 카렌 암스트롱 저, 배국원·유지황 역, 동연, 1999, p.512.
39) 『레마 제7집』, 앞의 책, p.68.

그래서 존재→이성→신앙(믿음)→X→神으로 나아가는 접견 경로에 있어 반드시 건너야 할 X자리가 불투명하였다. 하지만 믿음이 정말 일체 인식에 선행하여 세계의 참된 본질을 대변한다는 것을 밝힐 수 있다면 神에게로 이르는 길이 확 트인다. 왜 인간은 하나님에 대해 믿음을 가질 수밖에 없었는가? 세계적인 인식을 뒷받침하지 못했는가? 그 이유는 단 한 가지, 창조된 본의와 본질을 밝히지 못한 때문이다. 이해할 수 없는 믿음은 이해되지 않기 때문에 이해되어야 할 그 무엇이다. 세계가 이성만으로는 파악되지 않는 역동적인 특성이 있는 그 무엇인 한에서는……. 이해할 수 없는 저변에 창조와 바탕이 된 본질이 존재하고 있었다. 믿음은 의식 안에서 일어나고 있는 본질적인 작용인데, 그동안 물리적인 작용 현상과 동일한 방법으로 접근해 초점이 어긋나 버렸다. 신앙과 믿음은 인간과 존재한 차원이 다른 하나님의 경륜을 믿고 신뢰하는 의지 작용이다. 그래서 우리는 믿음을 가져야 그와 같은 믿음이 氣, 즉 신념의 에너지대를 형성하여 동질화된 차원의 강을 건널 수 있게 한다. 하나 되고 일치된다. 신실한 믿음이 본질을 양성해 흐트러지지 않는 질적 실체를 구축한다. 믿음, 그것은 마음을 결집시킨 신념이기 이전에 흐트러질 수 없는 의지로 결속된 항구적 본질체이다. 믿음이 의지화되면 化된 존재는 소멸해도 본질화된 실체는 영원성을 획득한다. 쌓은 믿음은 내적 본질을 구축하는 구원의 생명력이다.[40] 이런 세계적인 작용 원리 주장에 대해 끝까지 의아해할 사람이 있겠지만, 믿음은 생성하는 본질 안에서 반드시 견지되어야 하는 세계 완성을 위한 요건이다.

---

40) 믿음은 구원의 본질, 부활의 생명체를 이룸.

천지는 창조되었어도 세계가 생성하기 때문에 일체가 완성을 지향한 과정 속에 있다는 점은 이미 언급한 바 있지만, 그렇기 때문에 과정 속에서는 누구도 세계를 온전히 이해할 수 없었다. 神을 인식하는 문제도 그렇다. 세계가 생성을 완료하기까지 세계 안에서 할 수 있는 것은 오직 기다림과 믿음뿐이다. 믿는 자가 구원되리란 것은 세계적인 원리상 확고하다. 神은 존재하지 않아 인식할 수 없었던 것이 아니다. 세계가 생성을 완료한 즉시 神은 현 시공간 안에서 현현된다.[41] 세계 완성을 기린 종교 영역이 인류에게 믿음을 요구했던 것은 결코 불합리한 강요가 아니다. 종교 영역은 지성들이 원한 만큼 어떤 확실한 진리도 합리적인 근거도 제시하지 못했다. 묵묵히 믿음만 지켰다. 왜 그랬겠는가? 종교 진리는 근원 된 바탕 본질을 형상화시킨 것인데도 핵심 된 본체를 보지 못해 세계적인 작용 현상에 대해 무지했다. 그래서 대개 신비주의로 취급되었는데, 그런 와중에도 실상이 한꺼번에 드러나지 못한 본질 자리를 지탱시킨 것이다. 선행된 주재 의지는 마땅히 인간이 현실적으로 벗어날 수 없는 인식적 장애를 초월한 믿음을 통해 교감되어야 했다. 믿음은 분열하는 시공간 안에 가로 놓인 차원의 강을 건널 수 있는 배이며, 선재된 실체를 가늠할 수 있는 유일 수단이다.[42] 믿음은 하나님의 본체가 드러나기까지 인류가 견지한 하나님에게 도달할 수 있는 최선의 접근 경로였다.

---

41) 이와 같은 믿음과 신념이 지상 강림 역사를 통해 실현됨.
42) 무형인 본질 세계를 헤집고 다닐 수 있는 세계 진입 방법임.

5. 대상에 따른 인식 작용

철학에서는 사물과 현상을 감각과 이성을 통하여 지각하고 분별하는 방법이 하나의 뚜렷한 진리 탐구 영역(인식론)을 차지한다. 인식론이 상대한 것은 현존하는 세계일 뿐이고, 그 이상의 것들에 대해서는 아예 선을 그어버렸다. "감지할 수 있는 대상을 현상계·경험계로, 감지할 수 없는 대상을 초감성계·예지계·본체계로 나누었다."[43] 神·정신·영혼·마음·정의·善 같은 초감성적인 실체(실재)는 관념상으로 존재할 수는 있지만, 감각적인 지각의 차원에서는 인식될 수 없는 대상이므로 달리 인식할 방도를 강구하지 않았다. 그리고 보면 서양 인식론은 세심한 논리 전개에도 불구하고 세운 이론은 지극히 단순하다. 사물과 현상은 설정한 인식 루트를 따르면 되고, 神은 초감성적인 실체이므로 미사여구를 보태어 찬미만 하면 된다. 정작 神의 본체를 인식하고자 하면 부딪히는 문제가 한둘이 아니다. 우리는 세상 가운데 존재하는 온갖 것들을 통틀어 만물이라고 한다. 빛, 물, 소리, 전파, 에너지 등등 여기에다 이데올로기적인 개념까지 보태면 인식 방법이 단순할 수 없다. 지식을 수용하고 이해한 이론들을 보아도 주장된 목소리가 다채롭다. 神을 인식하는 것은 어떤 유기물이 유통되는 경로를 살피는 것과 다르다. 形而上學화된 굴절이 있다. 그런데도 일반적으로는 이런 차이성에 대해 개의치 않는다. 객관적인 존재는 문제가 없지만, 그것이 무형인 본체일 경우는? 그렇기 때문에 현재까지 세운 인식 이론

---

43) 『철학의 철학』, 신오현 저, 문학과 지성사, 1989, p.121.

은 판단을 유보해야 한다. 포괄할 수 있어야 인식 방법도 모색할 수 있다. 소금에 대해 알고자 한다면? 맛을 보면 알 수 있는가? 인식 대상인 소금이란 과연 무엇인가? 맛은 소금이라는 실체를 대신할 수 있는가?

화이트헤드는 실재를 과정으로 파악했는데, 그런 관점에서 본다면 실재 인식이 더욱 모호해져 버린다. 여기에 핵심 된 문제점이 노출된다. 어떤 대상을 인식하는 것은 그 대상이 존재하기 때문이지만, 그것이 우리가 일반적으로 생각하는 모습대로인 것은 아니다. 분명한 사실은 대상이 다르다면 인식 방법도 달라야 한다는 것이다. 실증할 수 있는 대상은 실증적인 방법을 통해, 초험적인 대상은 초험적인 방법을 통해 파악해야 한다. 초험적인 대상인데 실증적인 방법으로 적용한다면 초점이 어긋나 버린다. 더군다나 실증적인 방법은 이미 학적으로 체계화되어 있지만 초험적인 대상은 접근 방법이 전혀 구안되어 있지 못하다. 이 연구가 내세운 것이 곧 본질성에 입각한 인식 방법이다. 본질을 자각하는 방법은 동양에서 널리 실천한 수행이 대표적인 예이다. 의식을 갈고 닦아 내면의 본질 속으로 침잠하면 미치지 않는 곳이 없게 된다. 세상에 존재하는 실체 대상, 즉 사물·현상·무형의 의지·본질까지 파악할 수 있는데, 이것이 곧 神을 인식할 수 있는 세계 원리적인 기반이다.

6. 직관 작용

『노자도덕경』48장에서는 "爲學日益, 爲道日損"이란 말이 있다. 爲學은 날마다 증가시켜 가는 것이고, 爲道는 날마다 덜어가는 것이다.

爲學은 일종의 개별적·구체적인 사물·사건들에 관한 경험적 지식(대상적 지식)이고, 爲道는 그들 대상의 근원에 대한 주체적 지식이다.[44] 『노자도덕경』 33장에서는 다시 "知人者智 自知者明" 즉 다른 사람을 아는 것을 智라 하고, 스스로를 아는 것을 明이라 했다. 明은 근원적인 지식이고 자아의 내면세계를 깊이 파고들어야 해명할 수 있는 주체적 지식이다. 주체를 해명하여 근원으로 나아가고자 하는 노력, 그것이 곧 爲道이다. 수행으로 덜어내고 덜어내면 어떤 신비스러운 작용인 無爲에 이른다.[45] 하지만 爲道로서 붙든 道란 실체는 여전히 묘연하여 궁극성에 접근할 수 있는 방법으로서 부족한 점이 많았다. 동양인들이 추구한 수행법, 직관적인 사유방식, 깨달음을 얻고자 한 노력 등이 모두 해당한다.

막스 베버는 『논어』에 나타난 표현 형식을 보고 마치 "아메리카 인디언의 추장이 말하는 형태와 똑 닮았다"고 하였다.[46] 爲學(학문)하는 것과 비교할 때 정말 단편적이다. 논증적이지 못하다. 불교의 禪과 비교하면 곤혹이 더욱 깊다. "백장(百丈) 선사가 스승 마조(馬祖)와 함께 거니는데 오리가 날아오르자 어느 쪽으로 날아갔느냐고 물었다. 저쪽으로 갔다고 하니까 갑자기 백장의 코를 비틀었는데 이때 크게 깨달았다."[47] 禪宗에서는 以心傳心, 不立文字, 直指人心, 見性成佛을 종지로 하다 보니 깨달음의 원리를 밝힌 인식 이론을 전개할 수 없었다. 신비감만 더했다. 깨달음에 두서가 없는 것은 그것이 바로

---

44) 『중국철학개론』, 이강수 외 3인 저, 한국방송통신대학교출판부, 1994, p.43.

45) "損之又損 以至於無爲." - 『노자도덕경』, 48장.

46) 『중국사상사』, 森三樹三郎 저, 임병덕 역, 온누리, 1990, p.16.

47) 『선과 기독교 신비주의』, 윌리암 존스톤 저, 이원석 역, 대원정사, 1993, p.50.

직관인데, 그 특성을 이론적으로 밝혀야 했다. 물론 불립문자를 고집한 禪의 입장에서는 기대할 수 없는 요구로, 이것은 본체를 보지 못한 것이 주된 원인이다. 깨달음의 본질을 알아야 작용성에 대한 원리도 안다. 무엇을 구하기 위한 깨달음이고 무엇을 일구기 위한 직관인가? 무형인 본질을 일구는 것이 목적이다. "체험적인 직관으로 심중에 있는 본성을 직시하면 참된 깨달음을 얻는다."[48]

본성, 즉 道의 본질은 정말 밝힐 수 있는가? 道를 창조된 본의 관점에서 본다면? 만상을 이룬 바탕으로서 창조를 실현한 근원이 道이다. 爲道로서 본성을 직시하면 만상을 이룬 근원을 통찰하고, 그 너머에 좌정한 하나님까지 뵈올 수 있다. 직관과 깨달음은 의식을 매개로 하고 그를 통해 일체와 통하기 때문에 동서고금을 통해 기도하고 정진하는 것이 필수 조건이었다. 하나님을 인식하기 위해서는 의식과 영혼을 고도화시킬 수 있는 수행이 필요하다. 내면을 직시하고 상황을 통찰할 수 있는 의식적 경지는 하나님을 인식하기 위한 영성적 준비이다. 이것을 알아야 창의성의 발현인 동시에 인식의 중요 영역인 직관의 원리성을 추출할 수 있다.

그렇다면 직관은 무엇에 근거해야 세계적인 원리성을 알 수 있는가? 직관은 바탕 된 본질(道)을 인식할 수 있는 능력인데, 본질은 어떤 형태를 취하고 있다고 하였던가? 본질은 한통속인 통합체이다. 그러니까 직시 된 道에는 논리가 없다. 전일성을 지녀 생성된 우주의 진면목을 꿰뚫을 수 있다. 전일성과 부분성, 순간과 영원성, 선재·예지 된 지혜가 함께한다. 이런 사실을 알게 되는 것이 깨달음이고

---

48) 『중국사상사』, 앞의 책, p.18.

득도이다.

이성적인 통찰은 "논리 분석적인 방법을 통해 합리적인 근거를 산출하고, 직관은 이미 존재하면서 갖춘 통체성을 직시한 자각 형태이다. 존재한 본질성에 대한 자각은 직관력의 소산이다. 무궁한 진리성이 본질로부터 샘솟는다."[49) 물질세계는 결정되고 분열되는 세계이고 본질세계는 초월되고 통합되는 세계이다. 그래서 수행·명상·기도는 제약을 지닌 인간이 분열, 결정 세계를 초월, 통합, 合一할 수 있는 의식을 양성한다.[50) 본질 세계를 드러내는데 왜 직관이 필요한가? 어떻게 직관이 본질을 형상화시키는가? 핵심 본질을 알면 답을 찾을 수 있다. 본질은 깊이 잠재되어 있어 직관을 통해야 인출된다. 직관은 박학다식하다고 해서 주어지는 것이 아니다. 혼신을 바쳐 고뇌·고투·번민·정성·일념·관심·기도·믿음을 쌓아야 무량한 우주의 구조를 파악할 수 있다. 심원한 본체와 일체를 이루는 방법이 수행이다.

인류가 개발한 방대한 문명적 이기들은 세계의 본질이 무엇인지도 모르고 쌓아 올린 바벨탑이다. 우리는 태어나 참되게 정진해야 하나니, 그리해야 우주의 대본질성을 꿰뚫을 수 있다. 하나님의 본체를 인식하는데 동양인들이 도야한 직관이 필요하다는 것은 격 맞지 않은 주장일지 모르지만, 그 타당성은 서양인들이 추구한 합리적인 사유가 초월된 神을 증명하는 데 실패했다는 사실을 보면 명백하다. 직관은 일상 가운데서 겪는 정신 작용의 한 부분이기도 하다. 갖

---

49) 세계 위에 드러난 존재가 전부가 아님.

50) 合一: 진리는 본질을 통해 증득, 인식, 하나 되고 合一될 수 있음. 본질의 동일, 동질된 상태를 인식한 것임.

가지 경우를 통해 분출되는데, 적용되는 원리성은 모두 동일하다.[51] 단지 격이 다르다 보니 주관적인 체험 의식 정도로 간주되었지만, 확인한 바로는 창조적이고 논리 영역을 초월한 인식들이 대개 직관적인 작용을 통해 주어졌다. "학자들이 새로운 사상을 일구고 도덕가들이 동기를 마련하며 예술가들이 창의적인 아이디어를 얻은 것, 종교가가 神의 뜻(天意)을 각성한 것" 등이 모두 그러하다.[52] 탕 안에서 목욕을 하던 아르키메데스(Archimedes)가 갑자기 번득인 원리성을 포착했던 것, 종교적 열정을 혐오했던 에드워드 기번이[53] 폐허가 된 고대의 로마 유적을 둘러보던 중 영감을 얻고 『로마 제국의 쇠퇴와 몰락-The Decline and Fall of the Roman Empire』이란 대작을 쓰게 된 것 등은 함유된 역사성을 한순간에 깨친 것이다. 직관 작용은 우연적이고 기능적이며 갑자기 일어난 현상이 결코 아니다. 이면에는 엄연히 작용을 일으킨 본질이란 바탕체가 있다. "직관은 보통 이성의 영역 안에 속한 논리적인 추리와 경험과 관련된 감각적인 관찰을 요구하지 않는다. 지식의 직접적이고 즉각적이며 확실한 방법을 취한다."[54] 흔히 "지식은 수평적 사고로(마음의 표면을 지나가는 이미지나 관념에 관계함), 그리고 직관은 수직적 사유(마음이 심층 의식으로 침잠해 들어가는 모습을 탐구함)"로 보아,[55] "지식을 논의적인 것으로(서양), 지혜를 직관적인 것으로(동양)" 이해하지만[56] 지식

51) 직관은 고행을 쌓는 선사들이나 차원적인 정신 경지에 도달한 도인들만 지닌 고상한 정신 능력이 아님.
52) 『불교의 공과 하나님』, 한스 발덴펠스 저, 김승철 역, 대원정사, 1993, p.90.
53) Edward Gibbon: 1737~1794.
54) 『철학의 의미』, 조셉 G. 브렌넌 저, 곽강제 역, 학문사, 1977, p.177.
55) 『선과 기독교 신비주의』, 앞의 책, p.198.
56) 『개혁주의 신론』, 헤르만 바빙크 저, 이승구 역, 기독교문서선교회, 1992, p.287.

은 세상을 통해 수용한 것이고, 지혜는 내부적인 본질로부터 일군 것이다. 직관된 의식은 전체 본질과 통하기 때문에 "실재하는 세계 속으로 똑바로 꿰뚫고 들어가 무궁한 지혜를 채취한다."[57]

살핀 바대로 동서양이 각각 특징 있게 일군 인식 이론들이므로 이들을 이 연구가 이 단계에서 조화시킬 수 있다면, 답보된 문명 세계를 소통시키고 하나님을 접견할 수 있는 대인식적 틀을 구축할 수 있다. 위대한 사상가·종교인·수행인들이 한결같이 자신을 정면으로 부정한 고행을 거쳐 빛나는 확신의 순간을 경험했거니와, 그렇게 해서 얻은 진리를 통해 인류가 참된 양식을 얻었고, 역사가 나아갈 지표를 세웠다. 그런데도 직관작용을 기이한 신비주의 정도로 치부할 수 있겠는가? 직관은 세계의 본질성을 묻어내었고, 세계 질서와 사고 질서를 일치시켰으며, 하나님의 뜻을 다양한 형태로 메시지화했다. 직시 된 관문을 통해 진리의 전모자로 강림한 하나님의 본체까지 목격할 수 있게 되었는데, 이것이 오늘날 완수한 지상 강림 역사이다.

57) 『불교사상과 서양철학』, 앞의 책, p.56.

제7장 신의 실체 인식

1. 신의 불가지성과 가지성

神이 존재한다고 주장한 유신론과 그렇지 않다고 한 무신론과 달리 불가지론은[58] 더 합리적인 관점이다. 神이 강림하였다고 한다면 유신론자들은 이런 사실을 제대로 이해하겠는가? 무신론자들은 神이 없다는 사실을 확실하게 증명하였는가? 하지만 불가지론자들은 합당한 이유를 제시하고 있다. "우리가 파악하는 것은 세계적인 존재자인데 神은 그런 존재자가 아니다. 세계적인 존재자로부터 神을 보면 神은 無이다."[59] 완전한 神을 불완전한 인간이 어떻게 이해하겠는

---

58) 불가지론: "불가지론은 에이취 헉슬리(T. H. Huxley)에 의해 1876년의 形而上學회 모임에서 만들어졌다. 그는 불가지론자를 정의하기를 무신론과 유신론을 모두 부인하고, 보다 높은 힘이 존재하느냐는 질문은 해결되지 않았으며, 불가해하다고 믿는 사람으로 하였다."―『무신론 서설』, 매튜 원저, 김도형 역, 인터넷자료, p.2.

가? 그래서 파스칼은 神을 증명하는 문제는 인간이 지닌 이성으로서는 거론할 수 없다고 했다. "神이 존재하는지를 우리로서는 알 수 없다."[60] "인간의 이성과 오성의 한계에 대한 탐구 활동으로 불가지론을 자극했던 사람은 칸트이다. 물자체에 대해, 혹은 하나님에 대해, 어떤 이론적인 지식을 가지는 것은 불가능하다."[61][62] "절대자는 표상될 수 없고 언급될 수 없다"고 말했다.[63] 루터 같은 종교개혁자는, "특별 계시를 통해서도 하나님을 온전히 알 수 없다는 사실을 고려하여 계시된 하나님을 숨어 있는 하나님이라고 하였고, 캘빈도 존재의 깊은 곳에 계신 하나님을 발견할 수 없다"고 말했다.[64]

지성을 통해서도 신앙을 통해서도 하나님을 이해, 인식, 묘사, 정의, 규정하는 것이 어렵다면 그 이유는 무엇인가? 정말 神이 존재하지 않기 때문인가? 마냥 기대만 하고 있어야 하는가? 무엇이라도 쉬운 일은 하나도 없다. 하나님을 인식하는 것, 깨달음을 얻는 것, 소망을 이루는 것이 다 그러하다. 神은 강력한 生의 주장이지만 제아무리 위대한 자라 해도 神의 뜻은 헤아리기 어렵다. 원인이 무엇인가? 역사상 수많은 계시 역사와 거룩한 임재 역사가 있었지만, 하나님의 모습은 보지 못했다. 코끼리 다리는 코끼리의 모습이 아닌 것처럼, 일이라는 숫자가 있으면 그 이상도 있다는 뜻이다. 그런데 우리는 드러난 것만 보고 神을 판단했다. 본질적인 측면에서 본다면 하나님

---

59) 『철학자의 신』, 앞의 책, p.30.
60) 『파스칼 연구』, 이환 저, 민음사, 1975, p.92.
61) 『벌코프 조직신학(상)』, 앞의 책, p.219.
62) 칸트는 현상계를 초월하는 것들에 대한 이론적 지식의 가능성을 부인하였고, 따라서 神적인 것에 대한 지식의 가능성도 부인함 - 위의 책, p.32.
63) 『절대의 철학』, 신오현 저, 문학과 지성사, 1993, p.170.
64) 『벌코프 조직신학(상)』, 앞의 책, p.218.

은 천지를 창조한 통합자로 존재한다. 그렇기 때문에 세계 가운데서 자유자재한 수많은 현현 역사가 있었는데, 그렇더라도 그것이 전부는 아니었다. 그래서 믿음이 필요했고, 神을 경험한 사역자라도 의혹은 있었다. 전모가 드러날 때를 기다렸다. 神은 무한자이고 통합자이므로 분열을 완료했을 때 모습이 드러난다. 이런 이유로 분열 중인 도상에서는 완전한 이해가 불가능했다. 이성은 바다 위에 떠 있는 배와도 같아, 배가 바다 위를 항해할 수는 있어도 바다 자체가 될 수는 없다. 神을 통괄적으로 인식할 수 없다. 그러나 언급한 대로 직관적인 방법만큼은 道와 일체 될 수 있는 길을 터 초월적인 神에 대해 접근할 수 있게 한다. 자체 본질을 세계화시키는 것은 초월적인 神과 함께할 수 있는 길이다. 神을 인식하는 것은 의식으로 대우주의 운행 질서를 직시하는 것이므로, 직관 작용에 대한 이해 없이는 누구도 神 인식 방법을 거론할 수 없다.

2. 계시를 통한 신 인식

어떤 대상을 막론하고 실체를 접하는데 있어서는 인식하는 주체성이 문제이다. 이성만으로 神을 파악하기 어려운 것은 창조된 결정 세계 안에서의 문제이고, 하나님 입장에서는 인간과의 상호 교통로를 트는 것이 문제이다. 계시를 통해서도 하나님을 알기 어렵다면 하나님도 인간의 불신, 무관심, 어리석음 때문에 뜻을 전달하기 어렵다. 하나님은 통상 자신과 동일한 방식으로 존재하는 것으로 생각하는데, 그런 생각은 재고되어야 한다. 그럼에도 불구하고 계시는 상당한 실효성을 지녀 神을 파악할 가능성을 지니고 있다. 계시는 해명되지 않은 현상이기는 하지만 체험된 신앙적 근거들이 풍부하고, 성경은 모두 그렇게 해서 구성되었다. 하나님은 품은 뜻을 뭇 영혼들에게 전달하고 싶지만, 인간이 쳐 놓은 장애물 때문에 어려움을 겪고 있다. 계시는 메시지화된 하나님의 말씀이다. 그런데도 기독교에서는 神이 당연히 존재한다는 전제로 다양한 의문들을 일축하였고, 불순종에 대해서는 정죄를 서슴지 않았다. 그렇지만 "인간은 초월신을 알기 어려운데도 불구하고 하나님이 계시할진대 그 계시를 통해 알 수 있고",65) 사례들을 종합하면 어떤 원리성을 추출할 수도 있다. 神人과의 관계 면에서 인식의 주체성은 어디까지나 인간에게 있다. 인식은 존재한 정신 작용의 일환인데도 쉽게 포착하지 못했다. 의식이 지닌 작용성을 밝혀야 계시 작용도 원리적으로 정립할 수 있다.66)

『제네바 요리문답』에서, "인간은 창조주 하나님을 아는 것이 삶의 최고 목적이라고 했다. 그리고 목적을 충족시킬 수 있는 조건은 역시 하나님이 스스로를 계시함으로써이다."67)68) 계시 역사의 집약체는 성경인데, 그렇게 기록된 문자만 가지고서는 원리성을 추출할 수 없다. 내가 말한 것이 그대로 내가 존재하고 있는 자체는 아닌 것처럼, 계시만으로서는 하나님을 파악하기 어렵다. 계시는 살아 역사한 하나님과 인간 간의 영적 교감을 통해 이루어진다. 하나님은 권능자이기 때문에 상호 대면한 시공간이 무대로써 제공되어야 했다. 이런 조건이 조성되어야 상호 교감 작용이 활발하게 이루어진다.

---

65) 『기독교의 이해』, 한중식, 저, 숭실대학교출판부, 1990, p.178.

66) 교의학에서나 취급될 내용임.

67) 『개혁주의 신론』, 앞의 책, p.11.

68) "우리는 절대 존재의 깊은 곳에 있는 하나님을 알 수 없지만, 하나님이 우리와 맺은 관계 속에서 자신을 계시하는 한 적어도 하나님을 알 수 있다." -『벌코프 조직신학(상)』, 앞의 책, p.235.

문제는 또 있다. 캘빈은, "하나님이 자신을 계시하지 않으면 우리도 하나님을 바르게 인식할 수 없다"고 했는데,[69] 정말 하나님은 지금까지 존재자로서 무수하게 계시하였는데도 불구하고 인간은 무엇을 알았는가? 교의학에서는 계시 형태에 대해 세 가지로 나누었지만,[70] 이런 판단을 내린 근거는 모두 성경이다. 그래서 성경을 공부하면 하나님을 알 수 있다고 했다. 그러나 정말 그렇게 하면 神을 알 수 있는가? 계시 인식 원리는 여전히 숙제인데, "교의학에서는 계시가 인간의 의식화 과정에서 어떻게 수용된 것인지, 혹은 작용된 것인지를 밝혀야 했다. 계시가 지닌 형태 측면에서는 자연 계시를 인정했지만 관점은 유동적이었고, 특별 계시는 주관적인 체험에 대한 보편적 해석이라는 점에서 문제가 있었다. "위대한 종교가, 교조(敎祖)들은 환청과 환시를 자주 겪은 것으로 증언하였지만, 현대 의학은 이것을 일종의 정신병 증상으로 분류했다."[71] 모세와 선지자들이 들었다는 神의 소리를 기독교인들은 하나님의 계시로 굳게 믿지만, 원리를 밝히지 못할진대 정말 정신병자로 취급당해도 할 말이 없다.

그래서 이 연구는 계시가 인간의 본질적인 요구와 세계 의지가 시공의 엄밀한 질서 속에서 구조적으로 일치되어 의미화된 것이라는 사실을 강조하고자 한다. 계시는 우연적인 일치 같지만, 神과 인간과 만물이 세계 질서 안에서 총화되지 못한다면 불가능한 작용 현상이다. 그래서 이룬 역사를 살펴보면 그곳에는 하나님의 섭리 의지가 일관성 있게 수놓아졌다는 사실을 알 수 있다. 이런 특성이 곧 하나

---

69) 『기독교 사상』, 앞의 책, p.69.

70) "첫째가 자연계시와 일반 계시, 둘째가 특별 계시, 셋째가 예수 그리스도를 통함이다." ―『기독교의 이해』, 앞의 책, pp.181∼182.

71) 『종교는 무엇인가』, 최광열 저, 학우사, 1980, p.23.

님을 인식할 수 있는 근거이고, 뜻을 통찰할 수 있는 길이다.[72) 계시의 일반성과 보편성은 어디까지나 인간과 하나님과의 관계를 통해 부여된다. 성경에만 국한될 수 없다. "루터는 성서가 하나님 인식의 원천이라고 믿었지만"[73) 믿음 있는 자의 영혼들은 항상 계시를 접하였고, 임한 영광을 일관된 의지 표출로 확인하였다. 표출된 의지를 하나님이 이룬 작용 실체로 이해해야 하나님을 인식할 수 있는 길을 튼다. 그렇다고 하나님의 모습을 완전하게 파악할 수 있는 것은 아니지만, 형상을 드러낼 수 있는 단계적 절차로서는 충분한 작용이다.

세계 본질에 근거한 계시 인식은 통합성이 지닌 본질로서의 특성을 나타낸다. "소크라테스, 잔 다르크는 그들 생애의 결정적인 순간에 내부에서 나온 음성을 들었고, 성자 바울은 다마스쿠스로 가는 도중 자기의 모든 것이 산산이 부서지는 환상을 봄으로써 이후 로마 제국의 지배를 받고 있는 세계 전체에 기독교를 전파시킨 초석을 다졌다. 성 테레사(St. Theresa), 로이스브루크(Ruybroeck), 마이스터 에크하르트(Meister Eckhart)" 등이[74) 바친 열정으로 피어난 찬란한 계시는 세계 본질에 바탕이 된 직관적인 인식을 뒷받침했다. 계시된 형태가 완전하지 못한 관계로 온전한 뜻을 파악할 수 없었지만, 무엇이라는 것을 어느 정도는 감지했고, 부여된 말씀을 생애 최대의 사명으로 받들었다. 성경은 의식적으로 추구된 세계 의지를 의미화

---

72) 계시는 일회적이고 주관적일 수밖에 없지만(개인의 의식된 존재 공간 안에서 일어나는 지각 현상임), 그러나 그 근거는 합리적인 판단을 필요로 한다. 하나님의 뜻과 말씀과 임함이 여러 형태로 증거, 확인, 실현되어야 그것이 믿음에 대한 근거가 된다.

73) 『기독교 사상』, 앞의 책, p.60.

74) 『철학의 의미』, 앞의 책, p.178.

시킨 것이다. 성경은 하나님의 계시를 기록한 책이기 이전에 세계적인 작용 본질을 밝힌 명시화 작업이다. 성경은 문자로 고정되어 있지만, 의지적인 추구를 통해 초월적인 뜻을 수용했고, 성령의 임재 형태로 뜻을 전달하였다. "성경은 하나님의 감동으로 된 것"이라고 믿지만,[75] 그보다 중요한 것은 성령의 인도로 기록된 영감의 무오성을 주장하기 이전에 세계의 살아 있는 생명성과 접한 계시 작용의 원리성을 밝히는 데 있다. 그리하면 하나님을 파악할 수 있고, 계시를 통한 임함이 참 하나님의 현현인 것을 알게 된다.

3. 신의 인식화 기반

인간은 오감을 통하여 외부 세계를 지각한다. 보고 듣고 느끼는 것이 모두 판단할 수 있는 근거로 존재한다. 그렇다면 보지 못하고 듣지 못하는 장애인은? 정신의 저쪽에 있는 내면적인 의식을 통해 판단할 수도 있다. 그러므로 중요한 것은 의식과 오감을 두루 활성화시키는 것이다. 외부 세계도 알아야 하지만 내면적인 세계도 알아야 한다. 다행히 서양은 외부 세계를 인식하는 방법을 궤도 위에 올려놓았고, 동양은 내부 세계를 파고드는 인식 방법을 개척해 놓았다. 이것이 인류가 그동안 알게 모르게 이룬 神을 인식할 수 있는 지적 성과이다. 무형인 道를 체득한 것은 형상 없는 하나님을 인식할 수 있는 길의 예시이다. 동양인들은 천지에 편만 된 무형의 기운을(道) 形而上學적으로 자각하였고, 이를 체득하기 위해 의식을 고도화시켰

---

75) 디모데후서 3장 16~17절.

는데, 이것이 잠재된 본질 상태를 직시할 수 있게 된 세계 의식이다. 몸 된 의식이 무형의 본질 세계와 함께하기 위해(동질화) 수행·대원·정진한 과정을 거쳤다. 의식의 고도화로 세계 의지를 체득하였다. 그래서 존재한 본질과 의식이 하나 된 경지 곧 일치·合一 된 상태에 도달했다.

본질은 주어진 특성상 의식으로 직시하여 증득하는 것이다. 인식은 작용 면에서는 부분성을 지녔지만 본질은 의식 전체로 체득한다. 그래서 의식은 순수 본질과 하나 된 동질화(合一)가 가능하다. 의식과 본질이 하나됨으로써 우주의 온갖 정보를 수용하게 되고, 때가 되면 세계의 구조를 통관한다. 진리는 의식을 통해 직관 되고 본질을 통해 통찰된다. 일체의 有한 존재 형태를 규정하고, 세계 형성의 근간을 추적한다. 본질은 창조를 위해 결집된 氣적 에너지로서 만상을 이룬 질료적인 바탕이다. 그러니까 형태는 비록 무형일지라도 분열함으로써 인식할 근거를 남겼다. 본질이 기력화되었다고 할진대, 그렇다면 氣의 본체는? 본질→道→氣의 흐름은 창조와 깊이 연관되어 있어, 이와 같은 루트를 추적하면(본질을 직관하는 방법) 궁극적인 본체자(하나님)와 만난다.

4. 신의 존재 형태에 대한 지각

하나님은 창조주이므로 창조된 피조물과는 존재하는 차원이 다른 것이 틀림없다. 그런데도 우리와 동일한 모습인 것으로 여기니까 격이 맞을 리 없다. 하지만 만상은 하나님으로부터 창조된 것이 틀림없고, 인간은 하나님의 형상대로 지어졌기 때문에 사실상 큰 차이가 없다. 공통적인 요소를 지니고 있어 밀접하게 연관되어 있다. 이것을 밝혀야 神을 인식하는 문제를 풀 수 있고, 神이 존재한 형태를 규명하여 神의 실체를 인식하는 방법까지 연결시킬 수 있다. 하나님이 존재한다는 선언만으로서는 끝날 일이 아니다. 쇼펜하우어는 말하길, "물자체가 사실은 의지이다. 의지가 물자체이다. 살려는 의지야말로 물자체이고, 세계의 내적인 내용이며, 세계의 본질이다"라고 하였다.[76] 물자체를 인간의 살려는 의지와 관련하여 세계 본질로까지 비약시킨 것인데, 그렇게 된 세계 작용적인 메커니즘은 밝히지 못했다. 神이 존재한 형태에 대해서 무작정 만상을 있게 한 근원적인 의지라고만 주장한다면 그것은 쇼펜하우어와 크게 다를 바 없다. 그렇다면 무엇을 밝혀야 하는가? 하나님이 세계에 대해 이룬 주된 역할은 바로 천지를 창조한 역사이다. 따라서 인간이 세계를 통해 하나님을 규정할 수 있는 것도 역시 창조라는 문을 통해서이다. 인간이 神을 인식할 수 있는 근거는 창조에 있다. 창조된 본의를 알아야 세계의 본질은 물론이고 神의 형태를 규명할 수 있다. 그런데 이 연구는 그와 같은 본의를 정확하게 계시받았다(『세계창조론』). 천지는 어떻게 창조되었는가? 창조를 실현하기 위하여 사전에 마련된 뜻과 의지를 추적하면 만물이 창조된 사실을 확인할 수 있다.[77]

인간이 하나님을 인식할 수 있는 근거는 창조를 실현한 뜻(의지) 말고는 달리 없다. 의지가 만물을 이룬 궁극적인 바탕체이다. 의지를 통하면 하나님의 존재 형태를 파악할 수 있다. 만물은 창조된 관계로 化된 하나님인데, 化를 성사시킨 것은 바로 하나님의 본체 의지

---

76) 『신은 존재하는가(I)』, 한스 큉 저, 성염 역, 분도출판사, 1994, p.493.
77) 만상의 근원 된 궁극 원인이 하나님의 의지로부터 비롯됨.

이다.78) 그래서 작용된 의지를 살피면 하나님을 인식할 수 있는 대책과 방향을 안다. 우리는 사물을 탐구하고자 한 노력과 함께 작용된 의지도 확고한 실체로 볼 수 있는 사고의 대전환이 필요하다. 창조는 化이고 만물은 化된 결과물이다. 궁극적인 실체는 의지이기 때문에 이와 같은 실체를 어떻게 인식할 것인가 하는 데 초점을 두어야 한다. 천지가 창조된 본의만 알면 즉각 해답을 구할 수 있다. 천지가 창조된 이상 의지는 삼라만상 어디에도 바탕이 된 본질로서 내재하기 때문이다. 의지란 실체에 대해 동양의 覺者들은 "天의 영험은 무소부재한 관계로 天의 조짐이 어느 것을 통하여 나타나지 않음이 없다"고 하였고,79) 지성들은 "절대자란 객관적으로 부여되어 있는 것이 아니라 모든 존재의 파편 안에서 탐구되어야 할 성질의 것"이라고 하였다.80) 하지만 덧붙여 알아야 할 것은 하나님이 창조 역사를 실현한 의지는 만물을 이룬 바탕체로서만 존재하는 것이 아니라는 데 있다. 우주의 운행 법칙, 원리·이치·진리도 모두 의지이다. 우주는 하나님의 의지가 질서로서 생성된 총화체이다.

단지 문제는 만물·법칙·원리·이치는 창조와 동시에 결정되어 있는 상태이지만, 하나님은 시공과 역사를 주체적으로 주관하고 계시다는데 있다. 그래서 우리는 神을 파악하고자 함에 만물을 탐구함과 함께 주관된 역사 의지도 인식 영역에 포함해야 한다. 하나님이 총화된 질서를 통해 의지를 표출시킴으로 이것을 우리는 지혜로서 가늠한다. 그런 의지성을 포착하는 순간 그것을 우리는 지극한 진리

---

78) 만물의 궁극 원인으로 있는 하나님은 우리를 化되게 한 본체로서 化됨을 이룬 근원적인 의지로 존재함.
79) 「동양 천관념의 종교학적 연구」, 정한균 저, 원광대학교대학원 불교학과, 석사논문, 1994, p.51.
80) 『인도철학의 산책』, 앞의 책, p.27.

로 인식한다. 뜻을 인식한 즉시 대우주의 원리로 승화된다. 하나님은 시공간을 주재할 뿐 아니라 우주의 운행 질서를 통해 섭리한다. 그리고 일련의 과정을 성령의 임재 역사로 판단한다. 그리하여 수용된 뜻은 장차 주도할 세계 질서로서 굳혀진다. 운행 의지가 질서화되고, 질서가 의미화된 진리를 통해 성령으로 역사한 하나님의 뜻을 알게 된다. 하나님이 역사하면 인간은 자체 이해할 수 있는 지각 방식을 통하여 계시를 수용한다. 化된 메커니즘 방식을 통하여 인류는 세상 어디서도 神의 존재 형태를 분별하고 인식할 수 있다.

5. 신의 의식화 과정

하나님을 인식하는 것은 하나님이 존재한 의지를 깨닫는 것이다. 이런 문제를 해결하기 위해 이룬 낱낱의 전례들은 그것이 곧 하나님이란 존재를 드러내는 과정이다. 하나님은 세상 가운데서 다양한 형태로 化된 관계로 다양한 형태로 의지를 표출시켰다. 그래서 이 연구가 내세운 것도 바로 의지화된 무형의 神이다. 이처럼 만상 위에서 존재한 윤곽이 드러남에 따라 이 연구는 더 나아가 神이란 실체가 의식을 통해 어떻게 지각되는 것인지를 살펴야 한다. 그리하면 의식화된 과정을 통해 하나님의 존재 형태와 구조를 파악할 수 있다. 神을 인식하기 위해서는 세계의 본질을 밝히고 지성들이 일군 인식 이론들을 종합해야 한다. 경험론, 합리론은 물론이고 관념론도 포함시켜야 진리적인 근거를 얻는다. 생성된 메커니즘으로 의식과 접한 곳에서 하나님의 존재 자리를 확인할 수 있다. "神으로 통하는 가장 가까운 첩경"이란 주장도 있고,[81] "모든 지식은 감각으로부터 나온다는 견해와 달리 영혼은 감각의 도움 없이도 자신과 하나님을 알 수 있다"고 한 의견도 있다.[82] "인간은 자기 존재를 통하여 절대자와 교통한다"고 본 철학적 입장도 있는데(야스퍼스, 1883~1969),[83] 하나님의 실체 인식이 어떻게 이루어지는 것인가에 대한 문제는 미처 풀지 못했다.

이 연구는 "인간이 감각적인 인식과 사유적인 인식을 통해 내외 양면인 유형과 무형의 세계를 지각할 수 있는 가능성을 타진하리라."[84] 그래서 외부의 유형 세계, 형태, 실체는 오감과 이성을 통해서, 내부의 무형, 본질적인 실체는 의식과 직관을 통해서 지각할 수 있다는 사실을 밝히리라. 우리가 받아들인 정보는 결국 사고 작용의 본체라고도 할 수 있는 의식을 통해 통합되기 때문에 뭇 존재에 대한 인식 형태를 파악하는 것은 결국 神의 존재 형태를 인식하는 것이 된다. 하나님의 존재 본질은 化된 의지적 실체라는 것이 명확한 정답이다.

영국의 경험론자 버클리(Berkeley, 1684~1753)는 "존재는 지각됨이다"라고 했는데, 그렇게 지각되었을 때만 뭇 존재는 비로소 존재성을 드러낼 수 있다. 대상은 의식과 독립되어 있지 않고 본체계는 현상계를 통해 표상된다. 그런데 그들은 존재가 본질로서 지닌 작용 현상을 묵과해 버려, 존재를 지각할 수 있는 자체의 인식 작용은 간과해 버렸다. 지각을 이룬 지식의 근원을 탐구하는 데 주력함으로써

---

81) 『유한과 무한』, 다케우치게이 엮음, 김용준 역, 지식산업사, 1993, p.37.
82) 『개혁주의 신론』, 앞의 책, p.70.
83) 『인도철학의 산책』, 앞의 책, p.27.
84) 『기독교 주체사상』, 장길성 저, 한그루, 1988, p.82.

(지식의 발생 메커니즘) 피상적인 인식 이론이 되어 버렸다. "본유관념설을 부인하고 모든 관념은 경험으로부터 말미암아 얻는다. 백지와 같은 상태에서 경험을 쌓는 대로 관념이 생기고 지식이 자리를 잡는다"라고 굳게 믿었다.[85] 이후 흄은 경험된 강도를 더 보태어 인상(印象)과 관념에 대한 이해를 깊이 했는데, 핵심은 어디까지나 경험적인 인식 원리에 있다. 인상은 전부 경험에서 온 것이다. 그러니까 경험의 배후에 있는 관념과 관념의 배후에서 겨우 명맥을 유지한 神의 존재 근거는 더욱 모호해져 버렸다. 흄은 인간에게 의미 있는 시원적인 존재는 지각이고, 오직 지각만 실재한다고 했다. 실로 확신할 수 있는 유일한 실재는 지각뿐이며…… 지각 이외는 어떠한 존재도 마음에 현전하지 않기 때문에 지각과 대상은 동일한 것이라고 판단했다.[86] 관념＝대상이란 등식을 세워 놓고 대상이 아니라 관념이 실재한다고 한 극단적인 생각은 이 연구가 지적한 인식의 有한 실체성 문제를 연상시키기도 하지만, 인식을 독립된 실체로 인정한 것과 대상을 관념화시킨 것과는 성격이 다르다. 주목해야 하는 것이 바로 존재한 대상의 지각화이다. 지각한 관념을 의식화하는 것이 중요하다. 그런데도 그들은 오직 외부적인 대상에만 초점을 두고 그것을 기준으로 일체 대상을 관념화시켰다. 이 같은 시도도 자체 지닌 존재 상태를 파악하는 데 있어서는 별다른 문제가 없다. 내가 존재한 사실을 아는 것은 내가 존재한 '있다' 외 다른 생각이 개입될 수 없기 때문이다. '있음'을 아는 것은 자신이 존재 상태를 의식한 것과 같다. 그러니까 존재는 알고 보면 인식됨도 지각됨도 아닌 의식된

---

85) 『철학과 종교의 대화』, 앞의 책, p.104.

86) 흄-『인성론-A Treatise of Human Nature』

것이라고 할 수 있다. 즉 존재는 지각화의 과정을 거쳐 의식되고, 神
역시 존재하고 있는 형태상 의식화 과정을 통하면 무형인 본질을(의
지적 실체) 파악할 수 있다. 道는 지각하는 것이 아니며, 수행을 통
해 증득(證得)하는 형태를 취한다. "세계의 근원 된 본질은 통합적이
라, 이런 상태를 표출시키는 데 직관적 방법이 주효했다. 자체 본질
의 의식화 절차는 세계의 본질을 묻어내는 필수 과정이다.

　인간은 자체 본질을 의식화해야 세계를 품부(稟賦)할 수 있다. 마
음을 다하고 정성을 다하면 天理를 알고 天性을 수용한다.[87] 파스칼
은 말하길, "神을 직감하는 것은 심정이지 이성이 아니다"라고 했
다.[88] 神은 온유한 의지로 느낀다. 하나님은 객관화된 사물이 아니
다. 일체를 창조한 근원자이므로 인식하는 것이 아니고 의식화된 과
정을 거쳐야 한다. 의식화는 존재를 지각하는 과정을 포괄한다. 그
리하면 존재→인식→지각→의식→무형의 본질→神의 의지성→神의
존재 형태·본질 구조·속성을 파악할 수 있다. 의식은 심원한 인식
작용을 융화시키는 통합 장소이다. 하나님은 창조를 실현한 역사와
함께 이것을 파악하는 인식 영역에서도 통합 권능을 발휘한다. 사물·
존재·현상·道·진리·神의 영역을 파악하는 데 있어 핵심은 본질
과 의식과의 교감 여부에 달려 있고, 의식의 본질화 과정에서 유형,
무형의 세계를 탐사할 수 있는 능력을 갖춘다. 천지가 창조되었기
때문에 가능하고, 그런 과정을 거쳐 인출된 것이 진리이다.[89] 진리
가 존재를 구성한 본질 자체이다. 그래서 결국 진리를 알면 하나님

---

87) 「동양 천관념의 종교학적 연구」, 앞의 논문, p.57.
88) 『라퓨마 판』, 단장 pp.424, 278─『인간과 신에 대한 파스칼과 노자의 이해』, 조명애 저, 서광
　　사, 1994, p.138.
89) 진리는 생성된 본질성이 인출된 것임.

을 알고, 진리를 알면 하나님을 인식한 것이 된다. 계시도 알고 보면 세계 의지가 의미로서 전달된 진리 인식 상태이다. 神의 뜻을 수용해 의도를 파악하는 것이며, 지혜로서 통찰한다. 이와 같은 계시 수용 역사가 다반사한 일일 수는 없지만, 先覺들의 체험 고백처럼 하나님이 내린 은총인 것만은 사실이다. 이 연구는 이런 작용 역사를 세계 원리적인 현상으로서 밝히고, 동일하게 체험할 수는 없지만 이해하는 것은 가능하다는 점에서 만인과 함께 공유할 수 있는 인식 원리를 세우리라.

만상은 지각하는 과정을 거쳐 의식화되며, 의식화 과정을 통해 창조된 정보를 일구고 존재가 가진 형태, 구조, 속성을 감별, 일치, 관통할 수 있다. 제반 인식 이론을 종합할 수 있을 뿐 아니라, 그런 의식화 절차는 마침내 神의 실존 의지를 파악할 수 있게 한다.

6. 신 인식을 위한 본질적 준비

슛의 성공률을 높이기 위해서는 부단한 연습을 통해 정확성을 길러야 한다. 神 내지 존재의 궁극적 근원도 추적한다고 해서 당장 찾아낼 수 있는 것은 아니다. 피눈물 나는 노력을 기울여야 한다. 그렇다면 神은 어떻게 해서 책상을 지각하는 것처럼 판단할 수 없는 것인가? 神은 우리와는 차원이 다른 공간 속에서 통합된 형태로 존재한다. 이런 특성을 가진 실체를 어떻게 인식할 수 있는지 여태껏 이 연구가 펼친 논의 과정을 눈여겨본 자는 지혜를 구할 수 있다. 神은 한 번만으로는 존재 형태를 판별할 수 없다. 통합적인 창조 본체가 분열되어야 한다. 이것은 하나님과 세계와 인간이 의식을 통해 合一

되기 위한 필수 조건이다. 그중에서도 인간은 핵심적인 역할 담당자로서 세계를 향한 미증유의 추구 신념과 정열을 불태워야 한다. 세계의 생성 과정을 끝까지 지켜보고, 목적의식을 충일시키는 것이 세계 의지를 분열시키는 촉진제이다.

세계의 진심 본질과 창조 의지가 응집된 궁극적 실체는 인간이 갈고 닦아 가진 정신 의식을 고도화시켜야 확인할 수 있다. 그래서 의식을 본질화시킨 수행적 방법이 주효했다. 인식력을 정제시킨 의식을 고도화시켜야 기력이 충일해져 본질 세계를 묻어낸다. 지식을 얻고 그것을 이해하는 것만으로는 안 된다. 세계적인 작용성을 직시할 수 있어야 한다는 점에서, 이런 노력은 고스란히 하나님을 인식할 수 있는 방법으로서 적용된다. 총화된 정신 본질이 초월적인 神을 감지할 수 있게 한다.

7. 신 인식 메커니즘

"예수 그리스도는 갈릴리 호수의 고독 속에서도 내심에서 우러나오는 소리를 듣고, 깨끗한 가슴 속에 神을 직관하는 힘을 체험했다."[90] 석가모니·마호메트, 근대 신흥종교들의 발흥 사례 등에서도 모종의 영성 체험은 공식 같은 요소가 되었다. 살펴보면 어떤 종교도 일종의 샤먼적인 체험 의식을 근본적이고도 철저한 神性의 체득인 것으로 간주하였다. 그렇지만 한편으로는 어떤 종교도, 신학도, 종교학도, 神性을 경험한 계시 현상과 기이한 신비 체험에 대해 세계 원리

---

90) 『헤겔의 신개념』, 앞의 책, p.19.

적인 작용 현상을 거론한 경우는 없다. 합리적인 이치와는 거리감을 두었다. 어떤 기적도, 두려운 神性의 접함도, 계시 수용도, 세계 안에서 일어난 현상인 한, 작용된 원인을 추적할 방도는 있다. 과거에는 어려웠지만, 이 연구가 본질 작용에까지 인식력을 미쳤다.

神性을 접하고 계시를 받드는 데 있어 고려해야 할 점은 존재가 지닌 여건들이 세계와 함께 神의 섭리(뜻, 의지, 거룩한 神性으로서의 본체인 성령) 안에 포함되어 있다는 사실을 아는 데 있다. 우리가 지닌 마음·의식·정신·영혼·운명·사고는 편만 된 세계 의지와 끊임없이 교감하고 있다. 간구, 기도, 믿음을 통해서인데, 세계적인 작용을 밝히지 못하다 보니 일련의 노력이 즉각 원리화되지 못한 안타까움이 있었다. 창조된 인간은 당연히 하나님과 함께한다. 한통속인 본질로서 상호 교통되며, 세계 안에 두루 영향을 미친다. 태양 빛과 중력이 만물 가운데 골고루 미치는 것처럼……. 사랑으로 만유를 감싸고 있다. 철학자와 지성들은 한계선을 두었지만, 하나님은 만상의 배후에 포진한 존재 본질과 교감하고 있다. 인간의 의식이 세계 의식과 일치된 곳,[91] 그곳에 바로 神의 의식이 있다.

하나님의 뜻을 알고 神性을 감지하는 것은 잠재된 무지로부터 본성(마음, 심성, 정신의 제 작용 본질)을 자각하는 첩경이다. 의식이 감각으로부터 순수해지면 하나님과 직결된다. 육신은 인욕의 지배를 받고 있으므로 하나님과 교감하기 위해서는 더럽혀진 정신 본질을 정화해야 한다. 그리하면 의식이 고도화되어 차원적인 하나님과 교감할 수 있는 세계 속으로 진입한다. 인간이 품은 뜻이 세계 질서와

---

91) 인간이 세계를 향하여 교감한 깨어 있는 정신 작용.

부합되어 세계의 영원성과 함께한다. 생각 자체가 계시라고 한다면 어폐가 있지만, 궁극적인 목적은 결국 그와 같은 경지 상태에 도달하는 것이다. 견실한 수행으로 허무하지 않은 본질을 이루고, 착실하게 추구하면 정신적인 기력이 높아져 우주의 氣를 충천시킬 수 있다. 대우주 공간 속에 자아를 침투시키면 존재한 본질이 기력화, 영혼화되어 현 질서를 초월한다. 영혼의 빛나는 교보, 그것은 의식된 입자들이 우주의 본질 속으로 침투한다는 말과 같아, 우주의 본질을 존재자가 수용한 도달경지이다. 자아가 의식을 통해 세계 의지와 접할 수 있도록 영혼이 유리된 상태이다. 여기서 영혼이라고 하는 것은 인간의 자아가 믿음을 통해 기력화되어 우주와 교감할 수 있게 된 정신적 실체이다. 의식이 영혼화되면 인간은 우주 공간 속에서 살아 숨 쉬는 神의 의지를 감지한다. 우주 가운데 편만 된 神적 의지가 인간이 유리시킨 영혼과 함께한다. 사고력이 창조를 통하여 神과 연계된 경지로서, 의식이 영혼화되면 하나님의 뜻과 일치될 수 있다.

굳이 계시 역사란 형태를 취하지 않더라도 그리스도는 의식을 영혼화시켜 행적 하나하나가 진리로 승화될 수 있었고, 묵상으로 하나님의 뜻을 깨달았다. 기도하고 수행하면 누구라도 神性을 접하고 뜻을 받들 수 있는 잠재력을 지녔다. 하나님의 뜻이 영혼 속에 머물고, 인간의 뜻이 하나님의 뜻과 함께할 수 있는 교감 체제, 이것이 성경의 저작자들이 하나님의 뜻을 무오하게 기록할 수 있었던 비밀이다. 무작정 자신이 밝힌 뜻이 하나님의 뜻이라고 한다면 어폐가 있겠지만, 영혼을 유리시킨 의식을 통해 거룩한 神性과 접하고 우주의 본질 구조와 일치되면, 사도 바울이 쓴 편지가 고스란히 하나님의 뜻을 대변한 신약이 될 수 있었다. 계시를 특별한 은총이라고 생각하다 보니 선지자나 사도들에게서만 일어난 역사로 아는데, 알고 보면 너와 나에게서도 얼마든지 일어날 수 있는 객관적인 현상이다. 하나님을 아버지로 둔 인류는 예외 없이 사고력을 통하여 하나님과 통할 수 있다. 인간 사고의 위대함은 자타가 인정하지만, 무엇보다 하나님과 교감되는 길을 틀 때 최고조에 이른다. 충일된 기력이 대우주를 향해 발산된다. 세계 안에서 미약한 존재인 인간이 어떻게 우주너머까지 인식력을 뻗쳐 초월적인 하나님의 뜻을 헤아릴 수 있는가? 믿음과 수행으로 의식을 고도화시킨 본질이 양성되기 때문에 가능하다. 의식을 매개로 한 자아가 우주와 함께하면 우주의 운행 질서를 감지하고 神性과 접하여 하나님의 뜻과 의지를 전달받는다. 우주의 질서가 사고 질서와 교감되어 일치된다. 세계 구조를 판단할 수 있는 근거를 확보할 뿐 아니라, 종국에는 하나님의 뜻과도 합치된다. 우주적인 질서와 일치되면 神의 음성까지도 들을 수 있다.

뜻이 구조적으로 일치한다는 것은 우주의 생성 질서와 부합된다는 것이고, 영성을 통해 神의 의지를 직감한 상태이다. 계시를 접하는 것은 실질적인 현상으로서 지금도 우리의 정신 의식 안에서 일어날 수 있다. 이것이 본질 공간 속에 진입한 상태에서 가능한 궁극적인 실체 이해이다. 의식을 기력화시킨 정신 경지이다. 진리 인식은 심원한 본질성에 대한 직시이다. 만유 가운데 편만 된 하나님의 뜻을 인간이 달리 해석한 것은 주관적인 판단일 뿐, 임한 역사는 예나 지금이나 동일한 메커니즘이다. 따라서 이 연구가 하나님의 본체를 인식할 길을 튼 것은 하나님이 이 땅에 강림한 사실에 대한 진리적 입증이 된다. 만인이 하나님을 파악할 수 있도록 인식의 문을 활짝 열어젖혔다.

8. 신과의 합일

"신비주의자들은 정점에 있는 통일된 神性을 一者로 보고(플로티노스), 一者의 완전함과 달리 유출된 정신·영혼·물질을 불완전한 것으로 여겨, 이런 一者에로의 복귀를 神과의 合一이라고 말했다."[92] 合一 목적을 이루기 위해 묵상과 기도에 힘을 쏟았는데, 노력은 했지만 어떻게 合一할 수 있는가 하는 것은 아직도 풀지 못한 과제이다. 동양에서는 天人合一 사상이 있고, 天·地·人이 일치되는 것을 이상적인 목표로 삼았는데, 현실 가운데는 차마 극복할 수 없는 장벽이 가로놓여 있어 목표 달성이 어려웠다. 우리는 세계와 함께하고 있지만 세계를 이해하기 어렵고, 직접 삶을 영위하고 있지만 인생 본질을 모른다. 그래서 삶의 길에서 방황한 고뇌가 있었다. 하물며 하나님을 인식하는 문제에 대해서랴? 神은 통합체로 존재하지만, 인간은 말미암은 존재로서 그 질적 차를 헤아릴 수 없다. 그런데도 선현들이 神과 하나 되기 위해 길을 모색한 이유는 무엇인가? 기도하고 정진하면 合一 지경에 도달하는가? 정말 도달한 성현들도 있다. 그들은 神과 合一하기 위해 존재자로서 매우 어려운 장애 요소를 극복하기 위해 피눈물 나는 노력을 바친 과거 역사가 있었다.

인간은 분열 중인 세계 안에 있어 원인과 결과, 알파와 오메가를 동시에 함유한 하나님을 접견할 수 없다. 그런데도 合一할 수 있었던 것은 인간이 하나님과 공통된 바탕 본질을 지녔기 때문이다. 그래서 부단히 合一성을 지향하였다. 수행으로 의식을 몰입시키고 우주와

---

92) 『동양의 마음 서양의 영성』, 이기반 저, 큰빛, 1994, p.79.

교감함으로써 영생을 확신하였다. 생성의 축인 시공의 알파와 오메가를 관통한 순간 覺者는 정말 우주와 하나 된 순수 본질 속으로 진입된다(초월된 공간 속으로 몰입). 時와 空과 存이 일체이다. 엉성한 이지 속에는 탐욕이 스며들지만, 미약한 존재라도 永存[神]의 공간 속으로 진입하면 영원한 본체자와 하나 된 合一 순간을 맞이하게 된다. 수행을 통해 몸 된 의식을 가속화시키면 시공의 일축으로 영각의 길을 튼다. 시공의 일축 상태는 알파와 오메가가 合一된 상태이고, 통합된 상태이며, 초월된 상태, 하나님과 한 몸을 이룬 상태이다. 이런 경지 속에서 우리는 비로소 자신이 가진 뜻이 그대로 하나님의 뜻과 일치된 선지자적 권능을 발휘하고, 의식적으로 세계의 운행 질서와 함께할 수 있다. 合一을 통해 세계의 근원 된 본질 구조와 궁극성을 파악한다. 이런 세계성 획득을 위해 선각들은 오직 一念 하나로 時原에 이르고자 한 득도를 궁극적 목표로 삼았다. 알고 보면 인류는 동서양을 막론하고 合一을 통해 하나님에게로 나갈 수 있는 길을 개척하였다. 하나님이 현 시공간 안에서 함께하지 않는다면 인류는 어떤 노력을 쏟아도 하나님을 뵐 수 없다. 존재하고 함께하여 하나 될 수 있는 세계적 바탕이 마련되어 있기 때문에 인류는 노력했던 것이고, 그것이 지상 강림 역사로 현실화되었다. 다양한 노력을 통해 세계에로의 진입 시도를 불사하였다.

시원의 일치 내지 時存과의 合一 시도는 분열하는 시공간 안에서는 불가능한 일이라고 생각할지 모르지만, 그것은 인식상으로 가능한 상태를 넘어 정말 존재한 의식으로 도달할 수 있는 경지이다. 하나님과 삼라만상과 인간이 존재자로서 공통된 바탕 본질을 가졌다. 그래서 神人合一은 명실상부하게 神과 인간이 근원적으로 하나 되는 것이다. 天・地・人 合一은 천지와 만상과 인간이 일체 된 것이다. 존재자로서 지닌 이질성을 극복하고 세계적 본질과 하나 되면 우리는 현실적으로 주어진 제약성을 초월하여 세계의 영원성에 도달한다. 영원한 세계는 시공의 일축으로 삼세 간이 함께한 차원 세계이며, 영겁에 걸친 우주적 세월이 시공간 안에서 하나 된 통합 세계이다. 그래서 인간은 현존에서의 끊임없는 노력과 추구 활동을 통해 하나님과의 만남(合一)을 달성할 수 있다. 合一을 가능하게 하는 원리는 인간이 존재한 의식을 통해 神과 교통하고 하나 되는 데 있다. 수행을 쌓으면 거룩한 하나님과 뜻을 일치시킨 神人合一 경지에 이른다.

神과의 合一 목적은 인간이 지닌 정신력을 영혼화, 본질화하는 데 있다. 하나님은 진실로 사랑이 전부이시라, 그 심정과 뜻을 영혼 위에 받아들이면 인류는 정말 하나님과 하나 된 존재 체제를 구축할 수 있다. 나아가 본의까지 자각한다면 세계와 함께한 하나님을 눈으로 확인할 수 있다. 우리는 合一했을 때만 하나님에 대해 완전한 지식을 얻을 수 있기 때문에 선천에서는 한결같이 합당한 기도, 믿음, 참음, 기다림, 정진을 통해 만사를 떨쳐버리고 먼저 하나님의 뜻과 그 義를 구하려 한 신앙의 투신 역사가 있었다.

PART

03

신 관계론

인간이 지닌 사고 작용과 의식은 뇌라는 조직 세포가 활동하여 이룬 결과 작용이 아니다. 사고 본질은 인간이 창조됨으로써만 가능한 목적의식의 반영이다. 천지가 뜻으로 창조되므로 하나님의 본의를 알 인지력을 창조 기능으로 갖춘 것이다. 육신을 통해서는 한계가 있지만, 생각으로는 거의 무한하게 가늠하고 통할 수 있다. 하지만 그 통함은 어디까지나 창조된 능력 범위 안에서이며, 사유 기능은 만물이 뜻으로 창조된 본체인 사실의 확인이다. 뜻으로 창조되었기 때문에 뜻으로 통하고, 뜻을 인식할 수 있는 사고 기능을 지닌다. 그것이 곧 인간 정신의 총체적 본질이다.

－본문 중에서

제8장 개설

하나님이 천지를 창조하였다면, 그리고 만사와 만물이 진정 그에 대한 결과물이라면 우리 역시 다양한 방면에서 하나님과 연관될 수 있다. 나와 세계가 창조로 인해 하나님과 불가분리한 관계가 되었다는 사실을 밝혀야 神과의 합일성을 도모하고 하나님에게로 나아갈 수 있는 길을 튼다. 이 연구는 다방면에 걸쳐 神과 연관된 관계를 밝히려 한다. 인류가 강림한 하나님과 함께할 수 있는 세계관적 터전을 마련하리라. 그냥 만유는 合一이다, 하나이다, 일체라고 주장한다면 그 근거를 어디서도 확인할 수 없지만, 관계성을 밝히면 일체 소통로를 튼다. 하나님과의 관계에 있어서 피조체 외 달리 표현된 말은 없다. 이에 이 연구가 神과의 관계성을 밝혀 만물을 통해서도 神을 볼 수 있는 루트를 확보하리라.

만물·만현상·만이치가 하나님과 연관된 사실을 밝히는 것은 하나님이 강림한 사실을 증거하는 기반이다. 어떻게 만물이 神에 이르고 神과 연관된 것인가? 세계가 곧 神인가? 만물이 神의 일부인가? 어떤 연결고리를 통해, 혹은 존재방식을 통해 관련을 맺고 있는 것인지 살펴야 한다. 지난날 지성들은 다양한 경로로 神을 추적한 흔적을 남겼다. 때와 장소를 불문하고 神을 구하였고, 세계의 궁극 자리에 神을 위치시켰다. 神을 인식할 수 있는 가능성을 배제하지 않았다. 본인 역시 전제된 믿음을 가지고 존재의 궁극적 귀결은 神에게 있고, 그렇게 설정한 목적이 神의 본향에 도달하는 데 있다고 확신하였다. 하나님을 인식하기 위해 만유와의 관계성 규명을 중점 과제로 삼았다. 하나님도 자체만으로서는 아무것도 파악할 수 없다는 사실에 이 연구가 애써 관계성을 밝히고자 하는 이유가 있다. 성경에서도 그 열매로 그것을 알리라 한 것처럼, 창조 작품인 만물을 통하면 하나님이 그 가운데 존재하고 있다는 것을 알 수 있다.

어떻게 하나님과 인간은 하나 될 수 있는가? 하나님이 자체 본체를 바탕으로 천지를 창조하였기 때문이고, 아울러 세상 가운데 진리로 충만할 수 있었다. 창조성이 편만하여 무수한 의미를 발하였다. 돌 하나 풀 한 포기에도 창조된 비밀이 함축되어 있다. 하나님은 세계를 구축한 존재의 기반이다. 이런 창조적 요소, 진리적 요소를 세상 가운데서 발견할 수 없다면 그것이 오히려 이상한 일이다. 하나님을 확실하게 알고 인식할 가능성은 세상 어디에도 잠재되어 있다. 창조된 세계 안에는 하나님의 모든 것이 투영되어 있다. 그래서 이 연구는 세계를 神적 본질로서 규정하기도 하였다.[1] 세계의 알파는

---

1) 『세계의 신적 본질』, 졸저, 한국학술정보, 2013년 출판.

창조로부터이고 궁극은 神에게 이른다. 관점이 아직 정형화되지 못해 神과 소통하지 못하고 있는 상태인데, 이런 문제를 이 연구가 해결하리라. 본질과 통할 수 있다면 세상 무엇과도 마음껏 소통할 수 있다. 合一로 나아가 神 인식 문제를 해결한다. 이것이 天·地·人이 合一할 수 있는 제일 근거라는 것을 재삼 강조한다.

거듭 다짐하거니와 이 연구는 온 인류가 강림한 하나님을 맞이하여 함께하는 데 있어 불가능하다고 여긴 하나님과 인간과 만물 사이를 연결하는 매개 역할을 담당하리라. 차원적인 하나님에게로 나아가는 징검다리 역할이라고 할까? 그러기 위해서는 가로 놓인 온갖 문명적 장애를 걷어 내어야 하는데, 그중에서도 오히려 큰 걸림돌은 하나님을 보위한 기독교 신학과 신앙인들이 구축한 神을 향한 교리 체제이다. 하나님과 일체 되기 위해서는 神이 가진 절대성을 허물고 긴밀한 관계성을 유지해야 하는데, 서양 문명은 역설적이게도 神과 인간 사이에 난공불락의 바리케이드를 쳐 놓았다. 동일성을 입증해야 하는데, 여기에는 서양이 일군 사상적 전통보다는 동양인들이 추구한 천인합일, 만물일체, 범아일여, 佛陀의 연기론 사상 등이 주효하다. 향후 하나님의 이상적인 창조 목적 실현과 기독교를 새롭게 할 혁신적인 자양분을 동양 사상으로부터 공급받을 수 있다. 기독교 부활의 역사가 동양인들의 영혼 위에 당겨져 불같이 일어날 가능성이 농후하다.

예를 들어 서양이 일군 유력한 신관 가운데는 이신론(理神論)이 있는데, 이 신관은 "神이 세계를 無로부터 창조해서 법칙을 부여한 다음, 세계를 초월해 존재한다고 한 입장이다. 神을 세계로부터 절대 분리해 버렸다. 데카르트란 철학자는 神을 자존적이며 독립적인 존재로 규정하고(실체), 존재하기 위해 다른 어떤 것도 필요로 하지 않고 존재하는 것을 神으로 정의했다."[2] 神과 세계를 분리해 神을 세상 가운데서 아무런 쓸모가 없는 존재로 만들어 버렸다. 그래서 무신론 자들이 세상 가운데서 마음껏 날개를 펼치게 되었다. 서양이 하나님을 모신 문명이라고 해서 그들이 이룬 역사가 인류 전체의 대의를 결집한 문명인 것은 결코 아니다. 동양인들도 부단히 궁극적인 본체 자와의 합일성을 추구하였고, 심혈을 기울여 체현하였다. 동양인들은 풀 한 포기, 나무 한 그루가 서로 영향을 주고받으며 살아간다는 것을 굳게 믿었다. 한 송이의 국화꽃을 피우기까지 주변과의 수많은 상호작용이 있었다는 것을 예리하게 감지하였다.

> 한 송이의 국화꽃을 피우기 위해 봄부터 소쩍새는 그렇게 울었나 보다.
> 한 송이의 국화꽃을 피우기 위해 천둥은 먹구름 속에서 또 그렇게 울었나 보다.[3]

세상의 모든 존재가 수많은 관계 속에서 생겨나고 사라진다고 역설한 것은 불교의 연기설(緣起說)이다. 유가 철학은 "인간과 세계의 본성을 밝혀서 인간이 세계 속에서 조화롭게 살아가는 삶의 원리를 제시한 학문이다."[4] 일련의 노력으로 合一에 대한 사상을 꾸준하게 개진시켰기 때문에 이 연구도 하나님과의 관계를 긴밀하게 밝힐 수 있었다. 선각들이 길을 터놓지 않은 것은 아니지만, 神에 대해 세계,

---

2) 『서양 근대철학의 열 가지 쟁점』, 서양근대철학회 저, 창비, 2010, p.164.

3) 『국화 옆에서』 – 서정주의 시.

4) 『중국철학의 역학적 조명』, 이현중 저, 청계, 2001, p.6.

만물, 진리, 학문, 인간과 어떻게 연관된 것인지는 아직도 구체화하지 못한 상태이므로, 이런 부족한 부분을 이 연구가 채워나가고자 한다.

제9장 신과 세계와의 관계

神이 존재한다 혹은 세계가 존재한다는 것은 정말 신비스러운 일이다. 서양, 특히 비트겐슈타인과 같이 "논리적인 것을 선천적인 것으로 보고 세계의 전제 조건이자 구성 형식으로 이해한" 안목에서 보면[5] 논리 질서 형식으로 파악되지 않은 세계적 현상들에 대해 신비 운운할 것은 당연하다. 지금 존재하는 세계는 생성과 분열이 지배적이라 논리적인 연계성이 중요하다. 하지만 더 근원적인 존재는 한결같이 "得一者, 道生一…… 三生萬物, 一卽二 二卽一, 無極而太極, 色卽是空이라고 보아 실재 세계의 개념을 全卽一 一卽全으로 파악한 것이 철학의 핵심이고 상식이다."[6] 현재 접하고 있는 생성 질서 안에서는 무엇을 통해서도 이해할 방도가 없지만, 세계적인 작용 현상의

---

5) 『절대의 철학』, 신오현 저, 문학과 지성사, 1993, p.217.
6) 위의 책, p.217.

저변에는 창조 메커니즘이 철저히 뒷받침되었다. "창조된 세계는 有한 세계로서 결정된 것이고, 有는 하나님의 존재 본질이 化한 것이다. 사전에 모든 것이 준비되었고, 원인과 결과가 함께한 통합성으로부터 생성된 사실을 안다면, 신비롭게만 여긴 全一 내지 一全의 문제를 곧바로 해결하고 神과 만물과의 관계를 풀 수 있다.[7]

하지만 창조 메커니즘을 알지 못하면 관계성 추적이 모호한 추측을 낳는다. 하나인 것 같다고 하여 神과 세계가 관계된 사실을 회피하였다. "전통적인 유신론에서는 神과 세계가 원인과 결과와의 관계에 있는 것으로도 생각하였다."[8] 神이 원인이고 만물이 결과라고 본 것인데, 왜 그렇게 된 것인지에 대해서는 설명하지 못했다. 관계를 맺는 방식에 대해 단언은 하였는데, 설명하려고 하니까 막막하다. 희랍 사람들은 변형(變形), 유출(流出)이라는 개념을 많이 사용하였는데, 물질을 영원한 것으로 간주한 상태에서 神의 역할을 규정한 것이라 관념을 통해 유추한 것이 된다. 세계가 하나님으로부터 유출(창조)된 것이라면 진정 세계와 하나님과의 관계는? 범신론(pantheism)처럼 세계의 모든 것이 하나님인가?(신즉자연) 우주는 원래부터 하나님의 몸인가? 그렇다면 우리가 땅을 밟고 있는 것은 하나님의 면전을 밟고 있는 것은 아닌지? "神은 세계 안에, 세계는 神 안에 있어 神과 세계가 하나로 되어 있다"고도 볼 수 있지만,[9] 문제는 그것이 전제된 가정(假定)에 불과한 것이라는 데 있다.

---

7) 통합성으로부터와 창조와 생성은 神과 만물과의 관계를 밝히는 실마리임.
8) 『철학의 의미』, 조셉 G. 브렌넌 저, 곽강제 역, 학문사, 1977, p.307.
9) 『헤겔의 신개념』, 박영지 저, 서광사, 1996, p.166.

신성한 神이시여! 당신께서는 하늘과 땅을 당신으로부터 만든 것은 아닙니다. 왜냐하면, 당신께서 하늘과 땅을 당신으로부터 만들었다면 하늘과 땅은 당신과 동일했을 것이기 때문입니다. 그러나 그곳으로부터 하늘과 땅을 만들 수 있었던 것은 당신 이외에는 아무도 없었습니다. 따라서 당신께서는 하늘과 땅을 無로부터 만들었습니다.[10]

이것은 오거스틴이 주장한 말인데, 안타깝게도 無로부터의 창조는 세계를 가변과 허무로 귀착시키는 자가당착일 뿐이다. 창조 전에는 아무것도 없었는데,[11] 전능한 하나님이 無로부터 천지를 창조한 것이라면 세계의 참 본질은 有가 아닌 無여야 하고, 하나님과 만물과의 관계도 無가 되어 이 연구가 더 이상 논의를 전개할 수 없게 된다. 세계를 통하여 하나님과 만나기 이전에 無와 맞닿고 말아 도무지 하나님과 연결될 수 없다. 그렇다면 神과의 관계성 규명은 포기하고 말 것인가? 神의 본질은 세계의 본질이 추상화된 결과로 분리해 사유한 것 외 아무것도 아닌 것이 되고 만다.[12]

세계는 진실로 하나님으로부터 창조되었고 化되었고 유출되었다. 그렇다면 세계와 하나님이 가진 정확한 관계는? 마치 부모와 자식과도 같다. 그렇다면 친자 관계는 어떻게 확인할 수 있는가? 상호 연관된 고리를 찾는 데 실마리가 있다. 하나님도 아무것도 없는 無로부터는 결코 천지를 창조할 수 없다. 그렇다면? 자체 존재를 근거로 할 수밖에 없는 필연성이 도출된다. 하나님이 자체 본질을 변모시킨 것이 창조이고, 그 대상은 세계이다. 부모가 자식을 낳았어도 부모

---

10) 『고백록』, 12권 7장.

11) 어떤 세계도 존재하지 않고 단지 神만 존재함.

12) 『기독교의 본질』, 루드비히 포이어바흐 저, 김쾌상 역, 까치, 1993, p.178.

는 부모이고 자식은 자식인 것처럼, 창조주와 세계와의 관계도 그렇다(독립됨). 자식은 부모의 유전인자를 물려받은 것처럼, 세계는 하나님의 존재 속성을 부여받았다. 그렇기 때문에 존재한 바탕을 살펴보면 만물이 하나님으로부터 창조된 근거를 찾을 수 있다.

세계와 본질은 따로 작용하고 있지 않다. 인식상으로 구분되었지만 본질과 세계는 동일하다. 본질이 존재를 이루고 존재가 본질을 이루었다. 존재는 생멸해도 본질은 영원한데, 이런 특성을 만상이 생성 시스템을 통해 化된 실상으로 구현하였다.[13] 그러니까 서로 독립되어 있음에도 본질의 절대적인 영향 아래서 상호 교통하고 자유자재하다. 본질은 하나로서 교통함을 통해 하나님과의 절대적인 관계, 곧 친자 관계를 확인할 수 있다. 서로 통하는 것은 본질로서 지닌 중요한 특성이거니와, 化되므로 형상화된 것은 만물이지만 그 바탕에는 창조를 이룬 존재 본질, 곧 통합성이 자리 잡고 있다. 우리는 하나님이 만물화된 관계로 실체는 분간하기 어렵게 되었지만, 그렇다고 존재하지 않는다는 뜻은 결코 아니다. 만물의 바탕을 이룬 본질은 化된 하나님이며, 하나님인 동시에 化됨으로써 만물화된 하나님이다. 그렇다고 해서 만물화된 하나님이 순수 하나님과 다른 것인가 하면 전혀 그렇지 않다. 세계 전체가 하나님 안에 속해 있다. 세계는 비록 독자적이지만 미물에 이르기까지 사랑과 창조성을 빠짐없이 간직하고 있다. 각자가 하나님을 모신 격이라 해도 과장된 표현이 아니다. 하나님을 각자 간직한 상태, 그래서 하나님이 만상 가운데서 내재됨과 동시에 초월할 수 있다.[14]

---

13) 만상이 영원한 하나님을 시스템적으로 구현함.
14) 전체 세계의 본질, 아니 하나님의 입장에서는 자존하면서도 만물과 함께한 동시 존재가 가능함.

신즉자연, 色卽是空은 무수한 생성 과정이 생략된 직언으로서 그렇게 된 과정을 복원시키면 비로소 진리인 사실을 확인할 수 있다. 이 연구는 순수 본질 차원에서 "세계의 본질이 전체적인 본질에 의해 하나의 통합된 형태로 존재하고 하나인 동일 구조로 구성되어 있다고 언급한 바 있는데, 아직도 세인들은 여전히 세계의 형체가 그대로 하나님의 형체란 말을 이해하지 못한다. 바탕 된 본질이 만상 가운데 존재한다면 그 본질은 어디로부터 말미암은 것인가? 化된 하나님이 세계와 함께한 것이다. 하나님의 존재 본질과 化된 존재 본질은 현상계 안에서는 차이가 있지만, 성격·특성이 분열하여 변화된 것일 뿐 본체가 달라진 것은 전혀 없다. 만개되었지만 근본은 하나이다. 우리는 화가 났을 때도 있고 평온할 때도 있는 것처럼 化된 만물은 불변한 본체가 그렇게 변한 것이다. 세계가 하나인 본체로부터 창조된 메커니즘 상태를 이해하는 것이 어렵기는 하지만 요점은 오직 한 가지, 세계는 창조를 통해 化된 실체로서 다양한 모습은 지녔지만, 근본은 하나로 꿰뚫어진다. 그래서 신즉자연일 수 있고, 마치 몸속에 신경이 통하는 것처럼 세계가 주재되었다. 세계는 물질로 가득 차 있지만 살아 움직이고 있고, 침묵하고 있는 것 같지만 끊임없이 말한다. 그 생명력, 그 숨소리가 모두 하나님이 존재한 의식이다. 머리털 하나라도 뽑으면 아픈 것처럼 세계가 직결되어 있다. 세계가 하나가 아니라면 우리는 결코 神의 뜻을 전달받을 수 없다. 하나님은 세계와 함께하고, 의지적으로 주관하고, 나를 구원한 은혜의 主로서 존재한다. 세계를 이룬 바탕체로서 함께하고 계시다.

제10장 신과 만물과의 관계

일찍이 육조 시대에 불교 철학계의 제일인자로 불린 승조(僧肇) 법사(374년경~414)는 말하길, "천지는 나와 뿌리가 같고 만물은 나와 일체이다"라고 하였고, 더 오래전의 장자는 제물론(齊物論) 편에서, "천지는 나와 나란히 살고 만물은 나와 하나이다"라고 하였다.[15] 한결같이 만물일체설을 내세웠는데,[16] 아쉽게도 더 이상 부연설명은 없었다. 만물이 일체란 사실을 확인하기 위해서는 바탕이 된 근거를 찾아야 하는데, 여기에는 창조된 메커니즘이 관련되어 있다. 만물만으로서는 동근, 일체인 사실을 확인할 수 없다. 맹자가 "만물이 모두 내게 갖추어져 있다"라고 한 것은[17] 만물이 내게 속하고 내가 만물

---

15) 『주자학과 양명학』, 시마다 겐지 저, 김석근 · 이근우 역, 까치, 1993, p.57.

16) 한국의 백용성(1864~1940)은 "천지가 나와 더불어 한 근원이며, 만물이 나와 동체"란 종지(宗指)를 세웠다. ─『한국의 사상』, 유사순 · 고익진 편자, 열음사, 1984, p.340.

17) "萬物皆備於我矣." ─『맹자』, 진심 상.

에 속한 창조 비밀을 밝힌 것이다. "만물·만법이 하나로 귀일한다면 그 하나는 무엇인가?(萬法歸一 一歸何處?)"[18] 동양의 覺者들이 일군 道가 그 해답이다. "만물은 모두 道에서 나왔으나……",[19] "道는 만물을 낳고 기른다",[20] "道는 만물을 창조하며……"라고 하여,[21] 만물이 존재한 근거를 道에 두었다.

언급하였듯 道는 본질이며 그로부터 만물이 生하였다. 그래서 道를 통하면 창조 원리를 인출할 수 있다(道=본질=창조력). 노자는 존재를 존재되게 한 가능태인 생동력·근본·생명력을 無爲, 빔, 虛와 같은 개념으로 표현하였다. 道는 말씀을 이룬 바탕 본질이다. 이 같은 역할은 서양에서 정립한 진리 개념, 즉 결정성에 기준을 둔 것과는 판이하다. 그래서 동양의 道가 이것을 보완하였다(창조 논리). 단지 道는 만물을 생성시켰으되 창조하지 않았기 때문에 본질적인 특성인 작용성은 직시하였지만, 창조를 이룬 직접적인 원동력은 발견하지 못했다. 그래서 道와 상제 사이에 가로 놓인 장벽은 끝내 뚫지 못했다. 스피노자가 말한 '신즉자연'처럼 노자도 道로부터 자연과 인간이 생성한다고 보고 도즉자연이라고 했지만, 道=自然이란 등식은 道(본질)와 만물 간의 관계가 아직 확실하지 못한 창조 공식이다. 神과 道와 自然, 즉 하나님과 본질과 만물을 두고 보면 神도 그렇고, 道도 그렇고, 자연도 그러한, 존재의 근원성과 관련된 사실을 확인할 수 있다. 부분으로서는 神도 道도 만물도 연관된 것을 알 수 없다. 神

---

18) 『선과 현대신학』, 아베 마사오 저, 변선환 역, 대원정사, 1996, p.307.
19) "萬物作而不辭……." - 『노자도덕경』, 2장.
20) "生之蓄之." - 『노자도덕경』, 10장.
21) "道生之……." - 『노자도덕경』, 51장.

만으로, 혹은 物만으로, 혹은 道만으로 절대적인 관점을 내세운 전통적인 인식 체제로서는 어떤 관계성도 밝힐 수 없다.

어떤 방식이든 하나라도 결여되면 삼자(神, 道, 自然) 간은 상호 소통될 수 없다. 신앙인이 주장하면 믿음이 필요하고, 철학자가 주장하면 논리가 필요하고, 과학자가 주장하면 증명이 필요하다. "푸루샤(Purusa)의 각 부분으로부터 만물이 나온 것이든",[22] 만물이 하나님으로부터 나온 것이든, 다양한 방식이 있다는 점을 염두에 두고 보면, 神과 피조물 간은 절대적이지 못하다. 인류가 일군 사고 유형에는 푸루샤·道·太極·一者·하나님 등등 궁극적인 근원이라고 주장한 실체들이 다양하다. 이런 상태인데 "우주 만물이 하나님의 작품"이라고[23] 무조건 주장할 수는 없다. 기독교 문화권에서는 다신교로부터 유일신으로 神은 하나로 통일하였을지 모르지만, 만물이 연원된 관점은 통일하지 못했다. 과연 만물은 어디로부터 생겨났는가? 정말 神으로부터 말미암았는가? "神이 사물의 원인인" 사실을 알아야 하는데,[24] "현상(pheperties)을 보고 본질은 추출할 수 있지만 사물의 내적 본질은 관찰밖에 있었다."[25] 이것이 존재로서 지닌 한계성이다.

제한된 환경 속에서는 지성들이 아무리 神을 말하고 관계성을 구축해도 관념적인 논거 상황을 벗어나지 못했다. 이런 불미에도 불구

---

22) 리그베다의 푸루샤 찬가에 나타난 창조설: "神들이 과거·현재·미래에 걸쳐 이 일절인 푸루샤原人를 공물로 하여 제식을 행했을 때, 푸루샤의 입으로부터 브라흐만, 양팔로부터 왕족, 두 무릎으로부터 평민, 두 발로부터 노예, 사고 기관으로부터 달, 눈으로부터 태양, 배꼽으로부터 空界, 머리로부터 天界, 두 다리로부터 地界가 생겼다고 한다."-『인도사상의 역사』, 早島鏡正·高崎直道 외 저, 정호영 역, 민족사, 1993, p.25.

23) 『개혁주의 신론』, 헤르만 바빙크 저, 이승구 역, 기독교문서선교회, 1992, p.127.

24) 『에티카』, B. 스피노자 저, 강영계 역, 서광사, 1990, p.44.

25) 『개혁주의 신론』, 앞의 책, p.130.

하고 神이란 존재는 사실상 영원하다. "하나님이 우주의 근거로서 우주에 존재한 편재성은 절대적인 실체성과 같다."[26] 하나님으로부터 연장된 실체가 우주란 사실을 알기 위해서는 사물의 본질과 본질의 본질과 神의 본질을 모두 밝혀야 했다. 그리하면 "하나님이 모든 것 안에 있고 모든 것이 하나님 안에 있는 것인지, 아니라면 모든 것이 그 안에 있지만 모든 것이 그와 함께하는 것이 아닌지를" 분별할 수 있다.[27] 만물은 神을 감추고 있는 베일로서(파스칼) 만물 단독으로서는 벗겨 낼 수 없는 한계가 있지만, 창조된 본의를 자각함과 함께 만물을 이룬 본질과 神과의 긴밀한 관계를 추적할 수 있게 되었다.

그렇다면 만물은 과연 어떻게 창조된 것인가? 언급한 대로 하나님의 존재 본질이 化되었다. 즉 만물은 神→창조 본질→통합성→命化→氣化→물질화→생명화→인간화→정신화→우주화되었다. 그중에서도 만물의 근거인 물질의 창생 과정을 단도직입적으로 말한다면 그것 역시 본질이 化되었다.[28] 그래서 물질은 실질적인 실체일 수 없다. 물질을 근거로 한 만물 역시 마찬가지이기 때문에 만상은 생멸을 거듭했다. 본질이 창조로 인해 化된 것? 이것은 참으로 해명하기 어려운 문제이지만, 化를 실현시킨 본의만 안다면 크게 어려운 문제도 아니다. 만물은 본질이 化된 실체이며, 그렇게 말미암은 실체는 창조로 인한 결과물이다. 그렇다면 化된 본질 자체는? 만물을 이룬 바탕 근거로서 만물 속에 내재되어 있다. 그래서 시공간 안에서 본질과 만물이 함께한다. 인식상 구분은 하였지만 결국은 본질 즉 물질이고

---

26) 위의 책, pp.234~235.
27) 위의 책, pp.237, 241.
28) 물질은 化된 본질임.

물질 즉 본질이다. 몸과 마음은 둘이 아니다. 몸이 있어 마음도 있고 마음이 있어 몸도 있다. 따라서 물질을 통해서도 우리는 본질적인 특성을 추출할 수 있는데, 이것을 양자역학이 제한적으로 표출하였다. "창조된 순간 일체가 동시에 출발하다 보니 순간성을 포착하지 못한 문제는 있지만",29) 만물은 본질이 化된 것으로, 본질은 하나님 자체이다. 단지 化가 차원적이다 보니 인식할 수 있는 연결 고리가 단절되어 있었고 一者, 즉 "하나를 전체이게 하고 전체를 하나로 통일시키는 道의 회통 작용"에 대해30) 쉽게 확인할 수 없는 문제가 도사렸다. 원인과 결과가 하나이고 심신이 일체이며 하나가 만개란 一卽多 논리는 만상이 통합성으로부터 생성된 사실을 알아야만 이해할 수 있다.31) 化된 본질이 변용된 상황은 일반적인 논리로서는 설명하기 어려운 空想이었다. 하나이면서 동시에 萬인 통합성 본질은 인식상으로 도무지 확인할 길이 없다.

　理와 氣는 독립된 二物인가? 혹은 무엇이 먼저인가? 이런 의문도 알고 보면 理와 氣가 하나 된 본질이라는 사실을 알지 못했기 때문에 빚어진 논란이다. 아무리 둘이 되고 萬이 되어도 결국은 하나이다. 명백하게 따지자면 理는 본질에 가깝고 氣는 만물에 가깝기는 하리라. 그런 선후에 대한 구분이 본질 안에서는 전혀 없다. 창조되기 이전이라 시간 자체가 없는데 어떻게 선후가 구분될 수 있겠는가?

---

29) 이것이 곧 창조의 특징이고 본질이다. 창조는 化되므로 이룬 차원성이 본질임. 알파와 오메가가 함께하고 원인과 결과가 동시에 함재되어 차원적인 化를 이룸. 즉 창조를 창출함.

30) 『절대의 철학』, 앞의 책, p.304.

31) "서양 철학에서는 보편(Universal)과 특수(Particular), 초월(Transcendental)과 내재(Immanence), 神(God)과 세계(World) 문제가 항상 일(one)과 다(many)의 문제로 나타났다. 불교에서는 삼론종의 경우에 진제와 속제의 문제, 화엄종의 경우 理와 事의 문제, 신유교에서는 理와 氣로 첨예화되었다. 결국 一과 多의 문제는 동서 철학이 지닌 공동의 해결 과제였다." - 『새로운 발견과 창조』, 이영주 저, 해인, 1989, p.15.

통째로 존재한 사물의 본질도(氣化됨) 상황은 마찬가지이다. 氣化되었지만 理氣가 함께하여 만물을 이루었다. 그런데 "明代에 『천주실의』를 저술한 마테오리치는 理氣를 각개로 보았고, "太極(理)이 사물의 근원이 아닌 이유에 대해 太極은 다른 것에 기대고 氣에 의지한다. 氣 없이는 理도 있을 수 없다"란 점을 들었다.[32] 하지만 理氣는 창조를 위해서 변용된 본질이므로 이물(異物)이 아니다. "理는 氣를 生하지 않았고 나눌 수 없다."[33] 理氣는 통합체로서 창조에 관여하여 일체인 多를 있게 하였다.

창조 원리에 근거했기 때문에 만물도 化된 근거를 고스란히 간직하였고, 존재는 소멸해도 본질은 원래대로 환원되었다(영원한 실체). 그래서 만물은 각자 존재하지만 동일한 것이고, 법은 만법으로 존재하지만 하나로 귀일한다. 合해서 말하면 萬物統體一太極이고, 分해서 말하면 一物各具一太極이다. 만물과 본질(道)이 지닌 관계성을 儒家가 직시하였다.[34] 만물은 각자 갖춘 性 같지만 사실은 하나인 太極이다. 化되었지만 창조성을 간직하고 있다. 이것은 오직 만물이 化되었기 때문에 있을 수 있는 차원적 원리이다. 化를 통해 만물이 전체인 본질과 긴밀하게 연관된다. 그래서 만물과 본질 간에는 거침없는 논리적 비약이 가능하다. 太極은 一者로서 易의 세계에서는 절대적인 시작이다. 易의 세계를 산출함과 동시에 易의 세계 어디에도 편재된다.[35] 化된 창조 메커니즘에 근거해서만 성립되는 논리이다. 이 같은

---

32) 『주자학과 양명학』, 앞의 책, p.106.

33) 『헤겔연구(7)』, 한국헤겔학회 편, 청아출판사, 1997, p.92.

34) 『太極圖說解』, 주자.

35) 『헤겔연구(7)』, 앞의 책, p.91.

논리가 가능해야 미비된 神과 만물과의 관계가 보완되고 진리성을 확인할 수 있다. "神은 자기 원인인 동시에 만물의 원인이며",[36][37] "현실의 궁극적 근거와 神은 구별되지 않는다(플라톤)."[38]

"하나님은 만물의 근원으로서 만물이 하나님에게 속해 있고 종속되어 있다는 것은"[39] 기독교인들이 지지한 신앙인데, 이제는 신앙적 입장이 아니라 실질적인 상황이 되었다. 사도 바울은, "창세로부터 그의 보이지 아니하는 것들, 곧 그의 영원하신 능력과 神性이 그 만드신 만물에 분명히 보여 알게 되나니……"라고 가르쳤다.[40] 그래서 우리도 만물을 통해 하나님을 알기 위해서는 합당한 신앙 역정을 통해 관계성을 직시할 수 있는 과제를 완수해야 했다. "만물은 과연 다른 존재를 말미암게 한 근원적 존재인가, 아니면 파생된 존재인가?"[41] 化된 창조 메커니즘은 확실하게 답할 수 있다. 어떻게 하나인 본질로부터 만 가지 만물이 생겨났는가? "정이천은 '理一萬殊說'을 통해 理와 불가분한 氣의 성질로 인해 변화가 있는 것으로 이해했지만",[42] 그것은 통합체로부터 분열된 메커니즘에 대한 표현 외 아무것도 아니다. 하나로부터 만개로 분열됨과 동시에 분열된 각 개는 다시 통합되기 위해 생성했다. 화이트헤드가 말한 양극성적 구조처럼, "존재 구성이 현실적으로는 언제나 동시적이고, 서로에 의해

---

36) 『에티카』, 앞의 책, p.54.

37) 하나님을 우주와 동일시하는 범신론적 개념임. "스피노자(B. Spinoza: 1632~1677)는 우주와 하나님을 동일시하여 모든 삼라만상은 神의 드러난 모습이라고 주장하였다." - 『사물의 본질성에 근거한 철학원론』, 김항배 저, 사초출판사, 1986, p.27.

38) 『존재론』, 벨라 바이스마르 저, 허재윤 역, 서광사, 1990, p.14.

39) 『벌코프 조직신학(상)』, 루이스 벌코프 저, 권수경·이상원 역, 크리스천다이제스트, 1998, p.330.

40) 로마서 1장 20절.

41) 『헤겔연구(7)』, 앞의 책, p.16.

42) 『중국 사상사』, 三森樹三郎 저, 임병덕 역, 온누리, 1990, p.216.

규정, 영향을 받으면서, 동시에 상대를 규정하고 영향을 주는 상호 열려진, 상호 인대적, 상호 연관적 관계"에 놓여졌다.[43]

한 인간이 지닌 애통은 그대로 神이 짊어진 애통이며, 한 존재가 저버린 기대는 고스란히 神의 더할 나위 없는 상실이다. 神은 만사에 걸쳐 내재해 있고 편재해 있고 초재해 있다. 동시 존재 방식이다. 현실 속에서 창조된 근거를 찾는 데만도 벅찬데 편재, 내재, 초월된 것은 神이 천지를 지은 창조주이기 때문이다. 만물을 규정한 근원이 神에게 속해 있고, 神과 만물은 창조로 인해 직결되어 있다. 그래서 이 연구가 만물을 통해 神을 볼 수 있는 관점을 확보하고, 만인이 만상을 통해 神을 인식할 수 있는 경로를 트고자 한다.

---

43) 「폴 틸리히의 신론에 대한 연구」, 윤강수 저, 장로회신학대학교 신대원 신학과, 석사논문, 1996, p.45.

제11장 신과 진리와의 관계

　만약 누군가 진리는 이런 것이라고 말했다면 그가 무엇을 근거로 하여 그렇게 말한 것인지 기준을 알아야 한다. 진리는 독자적으로 성립될 수 있는가? 없다면 세계와 가진 관계는? 진리는 어디로부터 생성되었는가? 파생된 것인가? 영원 전부터 존재한 것인가? 진리는 주관적일 수 없다. 참되지 않은 것, 관념성에 머문 상상, 현재 질서와 동떨어진 논리 등등 그렇다면 진리는 객관적, 사실적, 보편적인 것이면 합격인가? 이런 문제에 대하여 선각들은 어떤 견해를 가졌는가? 개념을 정의할 수 있는 조건을 갖추고 절대성, 유일성, 영원성을 확신한 것인가? 세계와 진리, 진리와 神과의 관계는? 이런 의문들을 하나하나 밝혀야 한다.

　주장된 개념들을 놓고 보면 진리는 참으로 규정하기 어려운 문제인 것이 틀림없다. 어느 정도 해결했으리라 보고 살펴보면 개념이 제대로 정의되어 있지 못하다. 불교에서는 불교적인 진리가 있고, 기독교에서는 기독교 문화권에서만 통용되는 진리관이 있을 뿐, 제반 학문 분야와 호환되지 못했다. 나름대로는 진리성을 지녔지만, 객관적으로는 공인되지 못하였다. 예를 들어, 기독교에서는 진리에 대해 "첫째로 하나님이요, 둘째로 하나님의 말씀이자 하나님의 아들인 그리스도요, 셋째로 보혜사 곧 성령을 가리켰다."[44] 그리스도는 은혜와 진리로 충만한 존재이다. 예수 자신도 '나는 진리이다'라고 하였다(요 14:6). 하나님의 말씀을 진리라 하고(요 17:17), 성령을 진리의 靈이라고도 하였다(요 14:17, 15:26, 16:13). 또 자기에게로 오는 자는 진리를 안다. 진리로 말미암아 해방을 받아 자유를 얻으리라(요 8:31). 진리를 증거하러 세상에 왔으니 진리에 속한 자는 다 자기의 말을 듣는다고도 하였다. 하나님으로부터 나온 아들과 말씀이 진리란 뜻인데, 그렇다면 하나님으로부터 나온 법칙과 원리는? 종교적, 철학적, 과학적으로 타당한 원리도 있어 진리를 정의하기 위해서는 이런 영역까지 포함해야 한다. "자연과학은 사실을 규명하는 학문이고 철학은 가치를 규정 짓는 학문인 것처럼",[45] 종교는 종교가 담당한 고유 역할이 있다.

예수는 하나님의 아들이기 때문에 그분이 한 말씀은 모두 진리라고 말한다면 어폐가 있다. 진리는 이제 막 인식된 것도 태초 때부터 이미 존재한 것일 수 있다. 뉴턴(1642~1727)은 만유인력의 법칙을 발견하였지만, 그가 발견한 순간부터 만유인력이 작동한 것은 아니다. 따라서 법칙이 존재하고 있는 사실도 중요하지만 그런 법칙을

44) 『철학과 종교의 대화』, 채필근 저, 대한기독교서회, 1973, p.33.
45) 위의 책, p.31.

발견한 사고 작용 속에 더 큰 진리성이 내포되어 있을 수도 있다. 사실적인 세계 안에서만 진리가 살아 있는 것은 아니다. 제반 현상과 내외 간에 걸친 발생 원인을 종합해야 진리를 정의할 수 있다. 기초를 다진 땅 위에 기둥을 세우는 것처럼, 세계의 근원 된 본질을 밝혀야 그 위에서 진리를 정의할 수 있다. 과거에 내린 규정은 한결같이 유동적이라 사상누각과도 같다. "인간은 사물과 세계와의 관계 속에서 여러 가지 경험을 통해 신념을 형성하는데, 그것이 인간이 지닌 동기와 목적을 이루는 데 유용하면 진리가 된다. 진리는 유용성 여부에 달려 있다."[46] 진리의 객관적, 절대적 가치를 배격하고 상대성·역사성·사회성에 입각한 실용성에 초점을 두었다. 인간은 어떤 의도를 가지고 무엇을 이루려 하는가? 동기, 목적, 욕구는 상대적인 것인데, 목적을 수단화시키는 등 유동적인 가치 기준(실용주의, 도구주의)을 더 선호했다.

진리에 대한 판단 기준이 변하는 것은 진리의 본질을 규명하지 못한 것이 주된 이유이다. 오랜 노력에도 불구하고 만족스러운 진리관을 세우지 못했다. 그러니까 실용성 여부에 힘을 더 보태었다. 정말 진리는 만인이 판단하기에 합리적인 신념 정도에 그칠 것인가? 명제로서 주장된 문장 정도에 불과한가? 만상이 존재한 데는 분명한 이유가 있듯, 진리도 세계와 神과의 관계를 확정해야 세운 기준으로 개념을 정립할 수 있다. 삼자(神, 眞理, 本質) 간의 관계를 밝혀야 진리가 비로소 자기 자리를 잡는다. 진리는 독자적일 수 없다. 그렇다고 관점에 따라 변하는 해바라기도 아니다. "진리는 객관적이고 보

---

46) 『교육철학』, 조하태 교수 강의, 한국방송통신대학.

편적인, 누구나 그것에 동의하고 받아들이는 타당한 진술이란 조건
이 있다. 진리만 지식을 구성한다든지 홀로 절대적, 초월적, 초자연
적일 수 없다. 인간에 의해서 만들어진 역사적, 사회적, 인간적인 산
물로서 규정했다. 그렇다면 진리란 과연 무엇인가? 이해하기로 끊임
없이 새롭게 창조되는 가변적이고 잠정적인 것으로"[47] 시대적인 상
황에 따라서 조건을 충족시키고 있다.[48] 진리가 이런 것이라면 진리
란 범주에 속하지 못하고 괄호 밖으로 내몰릴 진리들이 더 많다. 수
학적, 논리적, 자연과학적인 지식을 겨냥한 구성 체제인 것만 같은
인상마저 든다. 그리고 정말 과거에 세운 진리 기준은 과학적인 탐
구 방법이 확산됨으로써 이와 같은 시대 추이를 반영한 가변적인 임
시 텐트이다. 정의된 관점에 따라서 득과 실이 생기게 된 관점이다.
제반 현상에는 반드시 발생된 이유가 있는데, 진리 영역도 예외는
없다. 그래서 이 연구는 보다 선행된 세계의 본질을 규명했고, 아울
러 결정된 창조성과 말미암게 된 神과의 관계성을 밝혀야 했다.

　인류가 진리를 탐구하려 한 노력에 쉼이 없었지만, 아직도 진리를
제대로 정의 내리지 못하고 있는 것은 세계의 본질과 하나님이 무엇
인지 알지 못한 이유와도 무관하지 않다. 알아야 세계의 존재 이유
를 포괄한 관점에서 神과 세계와의 관계성을 밝힐 수 있다. 이 연구
가 이룬 일련의 선행 작업들이 이와 같은 과제들을 해결해서 이룬
성과이다. 이런 노력 없이 진리를 정의하고자 한 과거의 시도가 얼
마나 무모하였는가 하는 것을 알 수 있다. 진리는 神과 창조가 뒷받
침되지 못하면 존립도, 생성도, 가치도 인정될 수 없다. 그것은 창조

---

47) 위의 강의.
48) 지식관→객관주의 대 구성주의.

로 인해 진리가 생성되었다는 뜻이기도 하다. 과연 진리는 어떻게 인출되는가? 밝히기 위해서는 하나님이 이룬 창조 과정을 자세히 살펴야 한다.

창조 바탕은 하나님이 뜻함에 따라 자체 본질이 변용된 것이며, 이와 같은 과정에서 창조 의지가 축적되고 결집되었다. 통합체를 이루어 최종적으로는 하나님의 命에 의해 만물이라는 창조 작품을 탄생시켰다. 이런 이유로 만물은 하나님의 존재 속성과 창조에 대한 정보를 고스란히 간직하였고, 비록 만물은 다양하게 모습을 갖추었지만, 바탕 된 본질은 통일성을 지녔다. 진리가 하나인 근원으로부터 생성되었다. 창조를 이루고자 한 뜻이 통합된 본질을 구축하여, 근본은 창조를 위해 세운 뜻으로 결집되고, 만물은 창조 뜻이 만개되어 피어난 꽃이다. 지극한 원리가 뜻에 근거했다는 것은 놀라운 일이 아니다. 만약 창조 과정을 밝히지 못했다면 누구도 진리를 규명할 수 없다. 하나님이 뜻을 가져 창조를 위한 바탕이 마련되었고, 창조 역사가 실현됨과 함께 뜻이 만물을 이룬 근간이 되었다. 창조 본의가 편만 되어 있어 지성들이 각처에서 다양한 진리를 인출하였다. 창조성이 만물 속에 내재하므로 진리화되었다. 창조성이 바탕되어 있어 진리가 무궁하게 생성하였다.

본질은 창조를 실현시킨 바탕체이고 진리는 인지된 것, 혹은 인간의 사고 작용 속에 포착된 세계적인 의지이다. 따라서 진리도 실질적인 실체는 아니다. 창조성에 근거한 본질적 요소의 드러남이다. 사고만으로서는 진리가 양산될 수 없다. 사고는 진리를 묻어낼 수는 있지만 사고 자체가 진리는 아니다. 이것은 유심론이 끝내 창조의 원동력이 될 수 없는 이유이기도 하다. 그래서 진리가 어디로부터 연원된 것인가를 추적하면 창조주를 뵈올 수 있다. 창조의 비밀이 진리 안에 간직되어 있기 때문에 진리를 통하면 창조가 증거된다. 이런 진리 세계를 통합할 수 있다면 그 결과로 드러날 것은? 하나님의 모습이다. 그래서 神과 진리와 세계 간의 관계를 트면 이전에는 불가능했던 세계적 양상을 이해할 수 있다. 선현들이 몸 바쳐 일군 지혜들도 사실은 창조성을[49] 진리로서 覺한 것이다. 창조를 모르면 제반 영역들이 영원히 개별적인 것처럼 보인다. 이 연구가 이룬 진리 통합 역사는 황당하지 않다. 인식된 진리는 언젠가는 통합될 잠재력을 지녔는데, 神과의 관계성을 밝혔다면 그것은 진리 세계를 통합한 것과 같다.

철학·종교·사상·학문 영역에서 바라보았던 진리의 하늘이 사실은 창조가 이룬 한 하늘이었다. 이것은 진리가 하나님에게 속해 있고, 하나님으로부터 말미암았기 때문에 가능하다. 세상에 존재하는 제 원리는 하나님이 존재하기 위한 제반 속성으로서, 일군 지식의 구조 속에는 창조된 비밀이 내포되어 있다. 창조된 알파가 바로 온갖 진리를 낳은 모태이다. 세상에서 正道가 존재하는 우위의 가치는 오직 하나 神이 존재하기 때문이다. 뭇 존재는 나름대로 가치를 지녔는데 그 이유 역시 창조와 神에게 있다. 진리가 지닌 구조가 시사하는 바 통합성과 창조성은 神의 본성과 직결된다. 표출된 진리는 하나인 동시에 전체적인 요소를 지니고 있어 우주와 두루 통한다. 진리를 통하면 세계의 구조를 알고, 구조를 통하면 창조된 특성과 神이 지닌 속성을 안다. 진리는 창조성과 우주적인 본질을 모두 담

---

49) 창조성은 하나님의 존재성을 떠나서라도 명백한 창조 사실이 객관적인 사실 구조를 통해 드러남.

고 있다. 진리 가운데서 창조된 비밀을 캘 수 있다. 진리를 인식하는 것과 존재를 인식하는 것이 어떻게 상관이 있는가 하는 것은 다시 밝히겠지만, 진리는 인간이 존재하는 데 지대한 영향을 끼쳤다. 진리를 인식하는 것은 우주의 氣를 의식 안에서 에너지화시키는 참된 사고 작용이다. 진리는 창조에 근거하였고 삼라만상이 생성하는 데 절대적인 영향을 끼쳤다.

우리는 근원과 본질이 창조와 관련된 사실을 알아야 진리가 지닌 숙원의 의문을 풀 수 있다. 진리는 둘이 아닌 하나이므로, 세계의 진리관이 분파된 원인을 추적할 수 있다. 논리는 간단하지만 세워진 기준은 세계를 포괄한다. 창조를 실현한 근거, 곧 창조 원리와 의지와 뜻이 진리를 이룬 본질이다. 이런 의미에서 볼 때, 진리는 우주에 편만 된 창조성을 인식한 것으로서 삼라만상을 이룬 뜻과 의지가 바로 진리이다. 진리는 하나님이 천지를 창조하기 위해 결집시킨 의지인 동시에 창조를 실현한 원리이다. 그래서 어떤 진리도 하나님과 창조 역사 안에 머물렀다.[50] 천지가 창조된 사실 자체가 진리의 근원이고 기준이다.

그렇다면 진리란 정말 무엇인가? 이 시점에서 진리의 개념을 종합적으로 정의 내린다면, 진리는 만상을 이룬 근본으로서 세계를 형성한 생성 인자이며, 우주를 이루는 데 관여한 창조의지이다. 이 같은 통찰의 정점에 강림한 하나님이 좌정해 계시다. 神은 의혹하지 않는 것이 스스로 참이기 때문이요, 神은 고뇌하지 않는 것이 자신이 바로 진리이기 때문이다. 神은 세계를 이룬 바로미터이며, 신즉진리이

---

50) 진리＝하나님의 창조 원리＝의지의 실체＝뜻＝하나님의 창조성 자체＝세계의 본질.

다. 이것이 神과 진리에 대한 관계식의 대완성이다. 이 식을 대입하면 풀지 못할 세계적 과제가 하나도 없다. 선현들이 정열을 바쳐 세계를 개척한 것은 세상 가운데 편만 된 창조 원리를 일군 것이다. 서양은 드러난 실체 부분을 주된 탐구 대상으로 삼았고, 동양은 내재된 근원을 탐구 대상으로 삼은 차이가 있지만, 궁극적으로는 창조성을 내외 간에 걸쳐 탐구하여 세계를 완성시키는 데 기여하였다. 온갖 어려움에도 불구하고 창조된 근거를 확보한 이 연구는 뭇 진리가 결국 神과 관련된 사실을 밝혀내었다. 神과 진리와 세계와의 그 영원한 동반 관계가 지금까지 불거진 온갖 이설들을 잠재우리라. 이것이 진리를 통해서 이 땅에 강림한 하나님을 확인할 수 있는 대 관계적 근거이다.

제12장 신과 학문과의 관계

1. 개요

천지, 세계, 진리가 神, 창조, 본질에 근거하므로, 이것을 탐구해서 일군 지식을 개연화된 인식 형태로 체계 지은 학문은 오늘날의 고도 문명사회를 이룬 기반이다. 인식이 미분화된 고대사회에서는 종교가 일체 역할을 대신하였고, 종교는 고대 때부터 이미 우주를 총괄한 세계관적 굴레를 썼다. "세계 성립의 근저에 종교가 기초되어"[51] 인간이 가진 지식 추구에 대한 욕구를 충족시켰다. 그런데 중세(서양) 시대에는 학문이 자칫 종교적인 믿음과 진리와 교리를 뒷받침한 수단으로 전락되어 버려 지성을 개오시키는 역할을 제대로 수행하지 못했다. 이런 불미가 있어 이후 르네상스, 종교개혁, 지리상의 발견,

---

51) 『선과 종교철학』, 아베 마사오 저, 변선환 엮음, 대원정사, 1996, p.66.

산업 혁명 등이 일어나게 되었고, 학문 영역에서도 묶여 있었던 "종교의 제도적 사슬, 혹은 불합리한 요소들을 해방시키기 위해"[52] 믿음과 환상을 깨고 홀로서기 결행을 단행하였다. 미지의 세계를 개척하였고, 그로써 거둔 지적 성과들이 곧 근대를 이룩한 학문이다. "중세인들이 탐구한 '자연 자체의 책'과 '성서의 책'이 근대인에게 있어서는 '세계'라는 책으로 대체되었다."[53]

"사실상 19세기 이후 심리학·물리학·생물학 영역에서 거둔 괄목할 만한 성과들은(개별 학문) 주로 인간과 우주에 관한 形而上學적인 지식에 근거해서 성립된 전통적인 지식 체계 내지 세계관을 크게 뒤흔들었다."[54] 이런 학문의 기초를 다지는 데 기여한 "영국의 유물론과 근대 실험 과학의 창시자인 베이컨(1561∼1626)은 귀납→분석→비교→관찰→실험하는 방법을 개척하여 자연 과학을 진정한 학문으로, 그리고 지각(perception)에 기초한 물리학을 가장 뛰어난 자연 과학이라고 여기게 되었다."[55] 또 근대 학문의 기초를 닦은 사람 중에는 프랑스의 철학자이자 수학자인 데카르트가 있다. "그는 젊은 청년 나이인 스물셋에 회상한 바에 따라 장래의 활동에 싹이 되어줄 이상, 찬탄할 학문의 계시, 새롭고 동질적이며 보편적인 학문의 이상을 떠올렸다. 이 학문은 수학적·기하학적 방법의 조력을 받아 자연과 정신의 법칙들, 形而下學과 形而上學의 법칙을 애매한 데 없이 명백하게 제시했다."[56] 그가 세운 공로로 인해 수학과 자연 과학이

52) 『마르크스(생애와 사상)』, 리우스 저, 이동민 역, 오월, 1990, p.62.

53) 『신은 존재하는가(Ⅰ)』, 한스 큉 저, 성염 역, 분도출판사, 1994, p.20.

54) 『철학의 이해』, 한전숙·이정호 저, 한국방송통신대학교출판부, 1996, p.7.

55) 『맑스, 엥겔스의 종교론』, 라인홀트 니버 엮음, 김승국 역, 아침, 1998, p.47.

56) 『신은 존재하는가(Ⅰ)』, 앞의 책, p.20.

이전과는 다른 역할을 하는 시대를 열었다. 연이어 코페르니쿠스, 케플러, 갈릴레오 같은 근대적 인물들이 역사의 무대 위로 등단하였다. 이로써 "과학화된 학문과 지식의 객관적인 타당성이 동시에 일반적·보편적인 타당성을 가지게 되어"[57] 현재 진리로서 실권을 거의 장악한 상태가 되었다.

그렇다면 문제는 전혀 없는 것인가? 인류는 쉼 없이 지식을 탐구하여 학문의 요새를 구축하였는데 추구한 세계적 이상은 다 실현하였는가? 현대 문명은 그런 이상을 만끽하고 있는 상태인 듯하지만 알고 보면 깊은 음영을 드리우고 있다. 그 이유를 정작 학문 탐구에 깊이 관여했던 학자들은 모르고 있다. 물질문명이 낳은 폐해를 감지하지 못한 것은 아니지만, 근본적인 원인은 이런 결과를 일으킨 학문의 본질을 모른 데 있다. 지식으로 구축된 학문의 밑바닥에 자리 잡고 있는 神과 세계와 학문과의 관계성에 대해서는 무지했다. 현대 학문은 드러난 현상에만 관심을 두고 있어 근본이 떠 버렸다. 세계의 시작을 알지 못했고, 形而上學적인 요소들은 과학적이지 못하다는 이유로 포기해 버렸다. 노력만 하면 불합리한 요소들을 합리적으로, 불가지를 可知로, 진보로, 혹은 완성할 수 있을 것으로 알았지만, 세계는 과학이란 학문이 득세하면 할수록 한계성의 골도 덩달아 깊어졌다. 그 원인이 어디에 있는가? 세계가 神으로부터 창조된 결과물이란 사실을 모른 때문이다. 세계로부터 나온 모든 지식은 하나님에게 속해 있고, 태초에 천지가 창조되었을 때부터 생성되었다. 그런데도 지성들은 이런 사실을 전혀 모른 채 합리성에 근거한 기준을

---

57) 『철학의 철학』, 신오현 저, 문학과 지성사, 1989, p.14.

세워 객관적인 원리를 추출하였다.

　神과 창조를 무시한 학문은 영원히 우주의 시작과 끝을 볼 수 없다. 창조는 무궁한 본질에 근거했기 때문에 진리도 분출 활동이 끝이 없다. 학문은 창조된 세계를 파헤친 것이라 학문만으로서는 잠재된 본질까지 꿰뚫을 수 없다. 아무리 학문을 탐구해 보아도 앎이 神에게까지 미치지 못한다면 세계는 완성될 수 없다. 추구해도 끝이 없고 다음 세계를 기약할 수 없다. 神과 학문과의 관계성을 밝혀야 세계가 완성될 수 있다. 탐구를 철저히 할수록 神과 직결시켜야 한다. 학문의 기초가 부실하면 그 위에 선 세계관적 집도 함께 부실해진다. 학문은 이 연구가 설정한 기준에 따라 神과의 관련성을 돈독히 해야 하리라.

2. 신과 철학

　세상에는 學으로 지칭된 많은 지식의 영역들이 있다. 철학, 수학, 과학, 形而上學 등등 이들은 "각각 인식의 대상과 접근 방법에 있어서 차이는 있지만 궁극적으로 지향한 목적은 한 가지이다."[58] 특성은 있지만 學으로서 지닌 본질은 같다. 맡은 분야에서 주어진 역할과 세계를 규명하고자 한 사명이 있었기 때문에, 본래는 하나인데 어떻게 각자가 된 것인지 연유를 알아야 한다. 이를 위해 이 연구가 분파된 진리 세계를 통합하고 핵심 된 본질을 규명하여 神과의 관계성을 밝혔다. 그래서 세계 속에서 지닌 사명과 역할을 확고히 할 수

---

58) 『사물의 본질성에 근거한 철학 원론』, 앞의 책, p.76.

있었다. 하지만 과거에는 본질은 같지만 추구한 방향은 한결같지 못했다. "고대 희랍에서는 물리학, 수학, 심리학, 정치학, 지리학과 같은 일반 과학들이 철학의 일부분으로 간주될 정도로 철학이 모든 과학의 총체였지만",[59] 앞으로도 계속 그런 통괄적인 지위를 유지할 수 있을지는 의문스럽다. 과학이 독자적인 영역을 확보하게 된 것은 최근의 일이다. 과학은 모태인 철학이라는 알에서 부화됨과 함께 그 껍질을 과감히 깨어버렸다. 그 까닭에 안타깝게도 세계를 규합할 수 있는 진리력을 잃어버렸다. 철학 역시 세계 안에서 처한 근본적인 역할을 제대로 발휘하지 못한 것은 비슷하다. 핵심 된 본질은 끝까지 밝히지 못하였다.

철학마저 본분 역할을 제대로 발휘하지 못한 것이라면 해결 방법은? 섭리적으로 주도된 하나님과의 관계성을 밝혀야 했다. 부분적으로는 신학, 철학, 과학 등이 우위를 따진 논쟁이 있었지만, 이것은 분열 중인 세계 안에서 지닌 특성과 역할을 자각하고자 한 노력 일환이다. 즉 철학이 形而上學적인 인식 대상에 대한 진술을 체계적으로 하지 못한 것은[60] 형상화하고자 한 대상이 무형의 본질이었기 때문이지만, 한편에서는 진리와 연관해 하나님을 형상화시키고자 한 역할을 충실히 했다. "철학이 보편타당한 원리를 파악하기 위해서 사변적인 논리에 의존했던 것은"[61] 타당한 이유가 있다. 그러니까

---

59) 위의 책, p.77.

60) "形而上學이란 명칭은 『주역』 계사상전 12에서 언급된 '形而上學 謂之道 形而下學 謂之器'에서 유래되었다. 形而上學이 形而上者에 관한 학문이라면, 그리고 形而上者가 道로서 지칭된다면, 形而上學은 결국 道에 관한 학문(道學)으로 지칭될 수 있고, 이에 반해 形而下學은 氣學이 되어 도구적 이성이 추구하는 기술지(技術知), 즉 실증과학 또는 분과학을 지칭하는 것으로 풀이된다." -『절대의 철학』, 앞의 책, p.66.

61) 『사물의 본질성에 근거한 철학원론』, 앞의 책, p.76.

철학이 보다 철학답기 위해 분석·검증·종합하는 과학적 방법까지 동원할 필요까지는 없었다. 철학은 철학답고 과학은 과학다워야 하는 것이 정당한 역할이다. 독자성을 인정한 바탕 위에서 제삼의 그 무엇, 즉 보이지 않는 연결 고리를 찾아 하나인 관점을 확보해야 했다.

하지만 이 같은 관점도 쉽게 발견할 수는 없다. 본질을 밝히는 문제를 해결해야 했다. 그래서 철학자들은 원초적인 세계에 대한 탐구 정열을 자신에게 부여된 해결 과제로서 추구하였다. 이를테면 "우주의 궁극적인 실재는 무엇인가? 만약 그것이 창조된 것이라면 언제 누가 어떻게? 물질·정신·생명은 무엇인가? 인생·역사·사회·자연의 탐구 목적은? 사람이란? 삶의 의미란? 우리는 어떻게 살고 어떻게 행동할 것인가? 정의·자유·진리·문화의 본질은? 사고와 인식의 진리성은 어떻게 성립되는가? 존재한다는 것은 무엇을 뜻하고 가치를 정립하는 것은?"[62] 이 같은 물음은 단숨에 대답할 수 있는 것이 아니고, 해결될 수도 없다. 의문을 진척시켜 판단할 만한 근거를 마련해야 한다.

세인들은 "철학을 과학, 특히 경험과학(形而下學)을 경험 가능한 것을 다루는 학문으로서 경험을 초월한 대상을 탐구하는 形而上學과 대비시켰는데",[63] 이것은 철학이 지닌 세계사적인 본질을 알지 못해서이다. 물론 "돌이 무엇인가 하는 것은 철학적인 질문이 될 수 없다. 철학, 천체, 지구, 산하, 초목, 동물, 인체 등을 탐구 대상으로 하지 않는다는 것은 당연한 것으로 아는데, 존재의 궁극적인 원인을 파고든 것은 존재를 있게 한 神의 근거를 추적한 것과 같다.

---

62) 『철학의 철학』, 앞의 책, p.16.
63) 위의 책, p.17.

철학적 탐구는 앎의 욕구를 충족시키고자 한 인류의 보다 근원적인 정신이 살아 숨 쉬는 지혜 사랑의 길로서, 무지를 극복한 관조적인 정신세계를 이루고 있다. 냉철한 통찰과 판단으로 제 학문을 파생시킨 철학은 다방면에 걸쳐 인류에게 진리의 빛을 더하였다. 세계가 지닌 문제가 무엇인지 물어보아야 神도 여기에 대해서 역사하여 답할 수 있는데, 누가 이 같은 뜻을 알았는가? 모르니까 근원 된 질문은 던졌지만 해결하고자 한 방법은 각각 달랐다. 알다시피 동양은 道의 정체는 밝히지 못했지만 形而上學 쪽으로 사유한 경향이 있었고, 서양 철학은 "사물의 본질에 관하여 기본적인 인식을 쌓았다."[64] "아리스토텔레스는 철학을 각 영역으로 나누는 과정에서 제일철학이라는 것을 두었는데, 이것은 궁극적인 원리 내지 원인에 대한 인식인 形而上學적인 세계를 지침한 것이다."[65] 그러니까 철학의 역할이라는 것이 동양에서 추구한 道와는 사뭇 달랐다. 사물의 본질과 궁극적인 원리·원인이 세계의 전체 본질과 상통한 공통분모는 있지만 직접 나아간 방향은 달랐다. 세계를 완성하고자 한 이유가 있었기 때문이므로 어느 한쪽에 잘잘못이 있는 것은 아니다. 나름대로 지닌 특성이 있다.

서양 철학은 그리스 철학으로부터 시작해 이천 년 이상 지속되었고, 수많은 철학자가 나타나 절대적인 진리, 절대적인 가치 판단 기준, 존재하는 본질과 의미를 찾았는데, 아직도 만족스러운 답은 구하지 못했다.[66] 그 이유가 어디에 있는가? 혹시 그렇게 판단한 생각

---

64) 『영원한 지혜를 찾아서』, 모오티머 J. 애들러 저, 최혁순 역, 경영문화원, 1997, p.48.

65) 위의 책, p.49.

66) 「교육철학」, 앞의 강의.

자체에 잘못은 없는가? 그래서 인간은 진리와 가치 창조의 주체자인 반면 진리는 가변적, 불완전하고, 역사적 삶을 영위한 사회적 산물이라는 방향으로 선회하였다. 학문으로서 지닌 한계를 몰라 이상은 컸지만, 현실과는 거리감이 있었다. 제 현상을 두루 수용할 수 있는 그릇이 아니다. 원리성은 보았지만, 일부분에 불과했다. 지금도 지성들은 "철학의 탐구 대상이 사물의 전체적인 본질인 것으로 알고 있고, 본래의 목적과 존속 방법을 명석하게 밝히고, 범우주적인 차원에서 조화, 질서, 균형을 이루도록 하는 것이 철학인 것으로" 믿고 있다.[67] 드러난 사물과 경험한 사실들에 대해서만 탐구 방법을 강구하여 그렇게 해서 구축된 세계적인 실체가 무엇이고, 창조를 이룬 바탕 근거가 무엇인지에 대해서는 끝내 밝히지 못했다. 진리와 가치에 대한 통합적인 기준을 세우지 못했다. 그렇다고 해서 진리를 구하는 데 있어 아무런 소용이 없는 것인가 하면 그것은 아니다. 사물의 본질을 탐구하는 데는 주효했다. 즉 합리적인 논리와 실증적인 사유를 통하여 사물의 본질을 규명하는 데는 기여하였다. 그렇게 하여 진리가 내외적으로 완성되고, 결정적인 응답으로 천지가 창조된 사실을 확인하게 된다.

엄연히 세계 안에서 섭리 된 발자취가 있는 만큼, 세계를 해명하는 데 있어 철학에 대해 가진 기대가 크고, 그만큼 주어진 한계성도 분명했다. "인간이 진정으로 하나님을 알려면 철학자이기를 그만두고 학자이기를 중단해야 하는가?"[68] 그렇지 않다. 철학은 자체 지닌 고유한 역할이 있어 하나님을 알 수 있는 근거를 마련하였다. "파스

---

67) 『사물의 본질성에 근거한 철학원론』, 앞의 책, p.54.
68) 『신은 존재하는가(Ⅰ)』, 앞의 책, p.428.

칼은 하나님을 논리적으로 증명하려고 한 데카르트의 시도에 대해 '불확실하고 쓸데없는 일'이라고 비난했지만",[69] 사실은 그렇지 않다. 다각도에 걸친 탐구가 있어야 神을 증명할 수 있다. 종교 영역에 대한 철학적 논의는 매우 유익하다. 철학을 통해서도 神을 볼 수 있어야 하며, 돌이켜 보면 철학만큼 하나님을 아는 데 기여된 학문도 없다. 일등공신 역할을 수행했다. "철학은 모든 고려(顧慮), 모든 한계를 넘어 할 수 있는 온갖 힘을 다해 세계를 해명하는 데 바친 이성적 활동이다."[70] "철학적 인식이 이룬 진리 추구 방향과 기능을 철학의 전체적인 맥락을 통해 보면 합리적인 사고에 따른 확실성이 제일 으뜸이다. 이런 장점을 현상학과 분석철학이 이어받았고, 그 배경을 만든 것은 과학정신이었다."[71] 17세기에는 수학, 기하학이 엄밀한 법칙을 통해 뒷받침했고, 칸트 이후는 논리학이 그 중심을 형성했다. "칸트는 자연 과학에 유용한 경험적 지식과 철학에 의해 도달할 수 있는 합리적인 지식을 구별하였는데",[72] 오늘날 같은 과학 문명을 형성시킨 모태는 역시 사물의 궁극성을 탐구한 서양철학이었다. 그래서 경험과학만 진정한 지식이고, 철학이 이룬 역할은 과학의 해석과 비판에 그친다고 한 실증주의를 대두시키기도 했다. 주된 관심사를 지식의 본질과 인식하는 정신 구조에 두어 철학이 지닌 원론적인 문제는 관심 밖으로 밀려났다. "최근에는 철학이 아닌 과학에서 기본적인 지식을 구하고 있다."[73] 어미가 자식을 낳았는데

69) 『서양종교철학 산책』, 황필호 저, 집문당, 1996, p.193.
70) 『철학적 사색에의 길』, J. M. 보헨스키 저, 표재명 역, 동명사, 1984, p.126.
71) 『종교의 철학적 이해』, 김형석 저, 철학과 현실사, 1992, p.70.
72) 『영원한 지혜를 찾아서』, 앞의 책, p.49.
73) 위의 책, p.49.

자식이 장성하여 독립을 선언해 버린 경우처럼……. 철학이 지닌 고유 본질과 어긋난 처사이다. 그래서 철학은 반드시 세계와 神이 서로 연결된 사실성을 밝혀야 했고, 그리하면 철학을 통해 하나님을 알 수 있는 디딤돌을 얻게 된다.

예를 들어 "철학을 '부르주아(bourgeois) 이데올로기'의 전형으로 인지한 마르크스는 전래 形而上學의 종언을 포고하였다. 이런 분위기를 민감하게 받아들인 실존철학은 形而上學의 본질주의(essentialism)를 실존주의로, 인식론에서 존재론으로 일대 변혁 운동을 일으켰다."[74] 실제 생활에 유용하고 검증할 수 있을 때만 참된 지식으로 인정한 실용주의의 등장으로[75] 形而上學은 무의미한 것으로 간주되었다. "학문으로서의 철학이 언제나 절대 앞에서 무기력한 언어와 관계하게 되어 '철학의 종말'이 오히려 철학의 본성과 운명 안에 속하여 버렸다. 철학이 사라진다기보다는 절대에 대한 일체의 언표 시도가 무익·무용·무의미하게 되어 언제 어디서도 실패하고 만다는 뜻이다."[76] 그래서 "形而上學에 대해 과학이 투쟁의 상대가 되어 확실하고 결정적인 승리로서 판명된 순간 形而上學은 학문의 영역에서 비참하게 추방당할 것"이란[77] 예단까지 있게 되었다.

서양 철학은 사물의 본질을 탐구할 수 있는 인식 원리는 제공하였지만, 궁극성을 볼 수 있는 사유방식을 창안하지 못함으로 인해 실

---

74) 『절대의 철학』, 앞의 책, p.13.

75) 실용주의(Pragmatism): 19세기 말엽 미국의 퍼스(C.S. Peirce, 1839~1914)에 의해서 제창되고 제임스(W. James, 1842~1910)에 의해 보급되었으며, 듀이(J. Dewey, 1859~1952) 등에 의하여 발전된 미국의 독자적 사상으로서 자연과학을 신뢰한 주의 주장. 실험에 나타나는 명제만 의미가 있고, 어떤 관념의 진위는 '실제적 결과'에 근거하여 판단되어야 한다고 함―『사물의 본질성에 근거한 철학원론』, 앞의 책, p.39.

76) 『절대의 철학』, 앞의 책, p.63.

77) 『철학의 철학』, 앞의 책, p.117.

증주의 사조 등에 의해 사형선고를 당하고 말았다. "철학자 중 적지 않은 부류가 무신론을 택한 것은"[78] 철학이 끝내 세계와의 관계성을 트지 못해서이다. 헤겔은 최고의 유일한 대상인 神을 '절대자'로 묘사하였는데, 이것은 철학적 知를 통해서 神을 관념화시킨 때문이다. "관념적인 것이 절대자이다."[79] 그래서 서양 철학은 오직 사물의 본질을 탐구한 학문으로서 기여된 것이다. 철학적 탐구는 세계의 본질을 규명하기 위해 인류가 바친 고귀한 사고적 헌신이고 지대한 발자취이다. 창조 역사가 엄밀하면 할수록 이것을 확인하기 위한 사고의 논리화, 신념의 합리화, 방법의 필수화는 불가피했고, 무형인 본질을 형상화시키기 위해서는 철학적 사색으로 形而上學적인 세계를 탐색하지 않을 수 없게 되었다. 하나님은 창조주로서 만상에 걸쳐 진리를 편만시켰지만, 인간이 지닌 지력이 미치지 못하여 모습이 묘연하였다. 그럼에도 불구하고 철학은 하나님의 형상을 가늠할 수 있는 원초적이고도 본질적인 영역으로서, 세계의 근원성을 파고든 이해방식이다. 인간이 원한 궁극적인 목적을 지침하여[神] 인류로 하여금 알게 모르게 하나님에게로 접근할 수 있게 하였다.

따라서 우리는 철학을 통하여 세계의 근원성을 한꺼번에 파악하려고 하면 안 된다. 비타민은 성장을 돕고 신진대사를 조율하는 필수 영양소 중 하나인 것처럼 철학이 지닌 역할도 그와 같다. 神과 세계와의 관계에서 철학만으로서는 부족함이 있지만 다른 한편에서는 철학을 통하지 않으면 결코 하나님을 볼 수 없다. 여기에 아리스토텔레스가 제일철학이라고 지칭한 깊은 의도가 있다. 인류는 철학을

---

78) 『당신은 무엇을 믿는가』, 김형석 저, 주우, 1981, p.16.
79) 『헤겔의 생애와 철학』, 최재선 저, 이문사, 1980, p.119.

통해 神을 증명하는 데는 실패하였지만, 지적으로 탐구한 성과는 이 땅에 하나님이 강림할 수 있는 확고한 터전을 마련했다. 그런데도 이 같은 사실을 지성들이 알아채지 못하고 있어 이 연구가 관계성을 통해 일깨우고자 한다.

3. 신과 신학

신학은 기독교의 진리를 조직적으로 연구하는 학문이다. 슐라이 어마허는 "역사적인 발전 과정의 특정 단계에서 기독교 교회가 고백한 교리를 연구하는 학문"이라고 정의했다.[80] "종교개혁 이후 루터파와 개혁주의 신학자들은 하나님에 관한 지식 또는 학문"이라고도 하였다.[81] 신학이라는 단어가 神으로부터 비롯된 사실은 누구도 부인하지 못한다. 중세시대에는 철학을 시녀로 부릴 만큼 군림하였고 하나님과 세상, 인간 및 성례의 영역을 장악한 절대적 진리관이었다. 수많은 세월 동안 지성들이 신앙을 바쳐 참여하였다. 神에 대해 온전히 연구한다면 우리는 神의 존재, 인식, 개념, 역사성을 밝힐 수 있을까? 그 대답은 긍정적이어야 한다. 아니 지금쯤은 학문으로서 당당한 지위를 확립하고 있어야 한다. 그런데 지금은 오히려 과거에 화려했던 명성마저 잃어버렸다. 그렇게 된 이유에 대해 신학자들은 하나님의 초월적인 특성과 칸트라는 철학자의 영향, 과학적인 사상의 대두 등을 예로 들고 있지만, 핵심은 역시 神과 세계와의 관계성을 밝히지 못한 것이 문제이다. 神만 연구해서는 神에 대해 알 수 없

---

80) 『벌코프 조직신학(상)』, 앞의 책, p.42.
81) 위의 책, p.46.

다. 국한된 범위를 벗어나야 하고 나아가서는 세계를 포괄해야 오늘날 강림한 하나님의 본체성까지 증거할 수 있는 적극적인 학문이 된다.

그렇다면 신학이 현실적으로 드리운 음영, 즉 한계성은 무엇인가? 그것은 신학이 하나님과 대면한 역사를 체계화시킨 것이 아니라 인간적인 사고를 가미하여 접근한 데 이유를 둘 수 있다. 토마스 아퀴나스는 神을 이해하고 변증하기 위해 "아리스토텔레스 철학을 결합시켜 새로운 신학, 즉 주지적이고 존재론적인 신학을 수립했다."[82][83] 존재를 이해하고 신앙을 변증하고자 한 의도를 가진 것은(제한성) 신학이 학문이라고 할 자격이 있는가란 의문까지 낳게 한다. 세계 안에서 지닌 한계성이 명백한데도 그런 안목으로 神을 알고자 했으니, 神을 이해하지 못한 것이 인간에게만 책임이 있는 것은 아니다. 그럴 수밖에 없는 세계적인 이유가 있었다. 이런 점을 이 연구가 중점적으로 밝히리라.

칸트의 현상론은 일반적인 신학 개념에 대해 거의 혁명적인 영향을 미쳤다. "학문적이든 무엇이든 일체의 이론적인 지식을 현상에만 국한시킨 데 문제가 있다."[84][85] 그러니까 신학이 세계 내적 현상을 제도할 수 있는 창조 원리를 확보하지 못했다. 칸트는 인간은 인간 경험을 초월하는 것에 관한 이론적 지식은 가질 수 없고, 따라서 하나님에 관한 학문으로서의 신학은 불가능하다고 했다. 그러니까 신학을 성립시키는 지식의 근원 된 고리도 차단되어 버렸다. "하나님

---

82) 『선과 현대철학』, 아베 마사오 저, 히사마츠 신이치 저, 변선환 엮음, 대원정사, 1996, p.110.
83) 인간인 아리스토텔레스가 바라본 사물의 존재성으로서 神을 근거 지음.
84) 『벌코프 조직신학(상)』, 앞의 책, p.46.
85) 칸트가 물자체를 인식할 수 없다고 한 선언은 세계 안에 미친 인식의 작용 본질을 규정한 것임.

과 초감각적인 것 일반에 대해 어떤 이론적 지식을 얻는 것은 불가능하다"고 한 데[86] 대해 신학계가 크게 흔들린 것은 신학이 가진 관심사가 무엇인가 하는 것을 알게 한다. 하나님을 변증하는 작업보다는 권위를 내세워 세속적으로 권세를 누리는데 흠취하였다. 그러니까 신학만으로서는 하나님을 현현시킬 진리적 기반을 구축할 수 없었다. 궁극적으로는 세계를 완성시킨 존재자로서 드러나야 하는데, 어떤 계기도 마련하지 못했다. "영원성, 불변성, 한정할 수 없는 무한성 같은 形而上學적인 개념만으로 일관하였다. 추상적인 대상들에 대해 관심을 집중한"[87] 칸트는 인간이 지닌 오성으로서는 하나님에게 미칠 수 없다고 했다.

인간은 종교를 추구하여 행위를 정당화하고 변호하여 지식적으로 체계화시킨다는 측면에서 볼 때 신학은 종교의 필요성과 가치성을 변호해야 했는데,[88] 학문으로서 지닌 자질 문제가 도마에 오르고 神에 대한 관점까지 흔들었다. 철저한 자기반성과 다양한 세계적 영역들을 수용해야 거듭날 수 있다. 하나님은 절대적, 초월적인데 신학이 지닌 학문으로서의 그릇은 神의 특성을 담아내는 데는 용량이 부족하였다. "이성의 한계 안에서의 종교를 말한 칸트나 인간의 '절대적인 의존 감정'으로 접근한 슐라이어마허의 사상을 통해서도 알 수 있듯, 그들은 계시보다도 이성을, 초월성보다는 내재성을 더 강조했다."[89] 신학이 그렇다고 한다면 기독교는 도대체 어떻게 복음으로

---

86) 위의 책, p.52.

87) 『기독교의 본질』, 앞의 책, p.141.

88) 여태까지의 종교 연구가 주로 신학적인 시각에서 이루어져 왔음은 주지의 사실이다. 그것은 기독교 중심적인 서구 사회의 학문 풍토 속에서는 당연한 일임-『종교란 무엇인가』, 니시타니 게이이치 저, 정병조 역, 대원정사, 1993, p.5.

89) 『서양종교철학 산책』, 앞의 책, p.57.

세상을 혁신시킬 수 있겠는가? 지상천국을 건설하겠는가? 표방한 기독교적 이상을 신학이 뒷받침하지 못했다.[90]

그렇다면 신학이 여태껏 이룬 역할은? "神에 대해 계속 전제만 한다면 현대인에게 있어서 신학이 지닌 학문적 의미는 무의미하다."[91] "무신론은 신학이 응답해야 할 가장 큰 문제 중 하나이다."[92] 신학이 神의 문제를 해결하지 못한 아이러니?[93] 神의 본체가 드러나지 못한 것이 제일 큰 이유이다. 그렇지만 하나님이 강림한 마당에서는 이 같은 문제가 극복된다. 신학을 새롭게 정립하기 위해서는 반드시 강림한 하나님을 맞이해야 한다. "기독교 신학은 순수 계시의 결과에만 의존할 것이 아니다."[94] 자연 속에서도 진리를 볼 수 있어야 하고, 동양에서 일군 제반 形而上學적인 요소와 道의 본질까지 수용해야 한다. 나아가서는 "타 종교와의 만남을 통해 자신을 더욱 심화시켜야 한다."[95]

이 연구가 일찍이 창조 역사를 증거한 것은 신학이 세계와 연관하여 무엇을 해결할 것인가를 시사한다. 기독교 신학의 주된 관심사는 삼위일체인 그리스도의 神적 본질을 이성적으로 파악하는 데 있지

---

90) "기독교라는 것도 그것이 성립될 당시에는 일부 사람들만의 사교적 신앙으로 여겨지기도 했고, 훗날 고등종교로 받아들여지게 된 것은 그들이 표방한 믿음에 대한 검증 때문이라기보다는 현세에서의 전개 과정에서 드러난 역사적 사실에 기초해서 그렇게 여겨진 것이다." -『철학의 이해』, 앞의 책, p.16.

91) 「무신론에 대한 연구」, 박만 저, 장로회신학대학, 석사논문, 1986, p.8.

92) 「폴 틸리히의 신론에 대한 연구」, 앞의 논문, 1996, p.5.

93) 유신은 이 세계를 지탱하는 가장 근원 된 본질적 신념인데도 이것을 증거할 제대로 된 인식을 개안하지 못하고 있는 것은 안타까운 일이다. 더군다나 기독교 신학은 진리 탐구의 목적이 유신을 확신하고 인식 원리를 정립하는 것인데, 여기에 대해 원론적인 접근조차 이루지 못한 것은 아이러니하다.

94) 『개혁주의 신론』, 앞의 책, p.67.

95) 『기독교 사상』, 김광식 편저, 종로서적, 1984, p.175.

만, 나아가 명실상부한 학문의 제왕이 될 수 있기 위해서는 천지가 창조된 원리와 의지와 뜻을 밝혀야 한다.96) 창세기는 신화가 아니다. 무궁한 본의를 직시한 계시란 사실을 작용된 메커니즘을 통해 증거해야 한다. 창조를 기정사실로 해야 삼라만상을 주재하는 학문으로서 면모를 갖춘다. 창조 역사를 원리적으로 밝히는 것은 종교라는 영역권이 이루어야 하는 필연적인 과제이며, 신학이 학문으로서 지닌 탐구 목적이다. 창조원리는 세상을 이룬 근간으로서 계시된 진리이다. 신학이 미처 창조라는 반석 위에 서지 못해 세계가 요구한 합리적 기준을 충족시키지 못했던 것이므로, 이것을 이 연구가 해결하여 입지를 전도시키리라. 기독교 교리는 불합리한 요소들로 가득 찼지만, 알고 보면 당시의 문명적 여건 속에서는 다반사인 일이었고, 타 영역들도 상황은 비슷하였다. 이것을 창조된 본의 통찰을 통해 일소시켰다. 자연과학적인 분야를 두루 포섭하였다. 창조・섭리・계시・성경의 영감・예정・삼위일체・하나님의 존재 속성 등등 신학이 학문으로서 해결하지 못한 문제를 세계 원리적인 바탕 위에서 풀어헤쳤다. 이론이 이론만 낳는 신학은 사상누각에 불과하므로 본의에 근거한 원리 규명을 통해 강림한 하나님을 보위하리라.

4. 신과 과학

서양의 과학과 종교는 갈등을 불러일으키도록 구조화된 역사이다. "지동설을 옹호한 책을 쓴 갈릴레이는97) 1633년에 교황청에서 재판

---

96) 진리의 성령이 이 땅에 강림하기 위해 감당해야 할 사명 역할임.
97) 갈릴레오 갈릴레이(1564~1642): 이탈리아의 물리학자, 천문학자.

을 받고 유죄 판결을 받았다. 재판 과정에서 다시는 지동설을 지지하지 않겠다고 서약하고 목숨을 건졌다는 일화는 유명하다."98) 이후부터 서양 역사에서는 종교와 과학 간의 갈등이 끊이지 않았다. 힘이 있을 때는 종교 세력이 과학을 억압하였지만, 과학이 득세한 지금은 반대로 과학이 종교 진리의 근간을 뒤흔들고 있다. 종교, 그중에서도 기독교는 결코 과학과 함께하지 못했다. "우매와 미신을 만들어내어 진리를 압살하고, 과학의 진보를 반대하며, 심지어는 거리낌 없이 폭력을 행사하여 과학자를 잔인하게 박해했다. 걸출한 자연과학자인 브루노, 갈릴레이 외도 중세기 유럽에서 진리적 신념을 견지하다가 종교재판소에서 혹형으로 참혹하게 죽은 지성들이 몇 명인지 모른다."99) 문명이 개명될수록 종교적 지식과 과학적 지식이 서로 우위를 차지하려 한 싸움이 일어났고, 급기야 "종교는 과학이 발전함에 따라 언젠가는 없어질 것"이란100) 예측까지 낳았다. 과학이 가진 괄목할 만한 진리적 위상에 견준다면 종교 영역은 정말 변호할 말이 궁색할 정도이다. 과학은 역경을 딛고 자연 질서의 자율성을 성실하게 증명한 반면 종교는 태동 당시에 구축된 세계관 범위를 한 치도 벗어나지 못하였고, 하나도 버리지 않고 다 지키려고 했다. 천당과 지옥으로 구성된 3층 우주관, 지구를 돌던 해가 여호수아의 명령으로 중지되었다는 성서 이야기, 세계가 약 6천 년 전에 창조되었다는 주장, 송장들이 미래의 어느 날 갑자기 건강한 몸으로 되살아나리란 기대 등등 전혀 합리성이 없어 세계를 주도할 수 있는

98) 『한국사회와 종교』, 한국종교협의회 편, 신명출판사, 1989, p.226.
99) 『재미있는 철학강의』, 한수영 외, 중국청년출판사 간, 이성과 현실사, 1989, p.511.
100) 『종교철학개론』, 존 H. 힉 저, 황필호 역, 종로서적, 1980, p.85.

진리로서 자격 미달이다. 관찰과 실험을 거치지 않은 많은 성서적 이론들이 파기되었다. 그래서 요즘은 당당하게 나서서 "과학자들이 자연을 하나님과 상관없이 연구하였고, 우주도 하나님과 관련 없이 운행된다"고 주장했다.[101] 종교와 과학이 팽팽한 힘겨루기 상태에 있을 때는 신앙 쪽을 지지한 지성들도 더러 있었다. "파스칼은 마지막 순간까지 과학과 종교 사이에서 불안한 내면적 갈등을 겪었고, 탐구 정신과 하나님의 사랑 사이에서 번민하였다."[102] 이신론(理神論)은 뉴턴의 생각처럼 행성 궤도의 이탈을 수정하기 위해 神의 존재 필요성을 요구한 과도기적 관점일 수도 있다. 하지만 "이신론은 신학에서조차 받아들이지 않은 이론이다."[103] 한때는 神을 필요로 한 시대에 부응했지만, 지금은 세계를 설명하는 데 물리적으로 필요한 존재도 아니고, 살아가는 행동을 위해 도덕적으로 요청된 존재도 아니다. "무한한 자연 영역에 대한 과학의 정복이 완성되어 조물주는 그만 설 자리를 잃고 말았다."[104]

　그렇다면 이제는 정말 하나님이 존재하지 않는다고 결정을 내려도 되는가? 미련이 남아 있다면? 근대의 과학적인 자연관이 종교 영역에 대해 치명적인 타격을 입히기까지 종교, 특히 "기독교 사상은 과학과 대결할 만한 사고를 제대로 창출하지 못했다."[105] 그렇다면 무기력하게 그만 포기하고 말 것인가? 神은 정말 죽고 말았는가? 참담한 상황인데, 그래도 천지가 창조된 사실과 섭리 된 대맥은 연면

---

101) 위의 책, p.85.

102) 『신은 존재하는가(Ⅰ)』, 앞의 책, p.138.

103) 위의 책, p.140.

104) 『맑스, 엥겔스의 종교론』, 앞의 책, p.146.

105) 『종교란 무엇인가』, 앞의 책, p.104.

하기만 하다. 살아 계신 하나님은 결코 가만히 존재하고 있지 않았다. 과학적인 세계관을 전면 수용할 수 있는 창조 진리를 하나님이 계시하셨다. "신즉자연이다. 그런데도 성직자 중에서 자연을 아는 자는 하나도 없다"고 한[106] 스피노자의 개탄이 있었다. 인류는 언젠가는 반드시 자연을 보고 창조 사실을 확인할 수 있는 안목을 가져야 한다. 이것이 피폐한 종교 진리를 다시 일깨울 수 있는 새로운 빛이다. 자연을 탐구하는 방법의 엄밀성과 실증성은 천지가 창조된 사실을 확증하는 방법에도 적용되어야 하며, 자연과학이 일군 객관적인 진리는 천지가 창조된 사실을 확실하게 뒷받침해야 한다.

과학은 창조된 세계가 확고한 것을 실증하기 위해 미지의 세계를 개척했고 엄밀화를 촉진했다. 합리적으로 이치를 따지기 위해 "수학을 세계 인식의 보편적인 방법으로 도입하였고",[107] "사물이 어떻게 움직이는가를 기술하였다."[108] 창조된 세계를 이해하기 위해 합리적인 방법론을 강구하여 크게 성과를 거두었다. "종교가 부딪히는 근본적인 문제가 과학과의 관계에 있다고 알지만",[109] 창조 진리에 근거한다면 해소할 수 있다. 통일교에서는 "종교는 인생의 양면 무지, 즉 내적인 진리와 외적인 진리가 서로 간 무지를 타개하기 위해서 사명을 분담하였는데, 양면적 무지를 극복하고 본심이 요구하는 善의 목적을 이루기 위해서는 어느 때든지 과학을 찾아 나온 종교와 종교를 찾아 나온 과학을 통일된 과제로서 해결할 수 있는 새 진리

---

106) 『맑스, 엥겔스의 종교론』, 앞의 책, p.146.

107) 『현상학의 이해』, 한규숙 저, 민음사, 1984, p.53.

108) 『영원한 지혜를 찾아서』, 앞의 책, p.51.

109) 『종교란 무엇인가』, 앞의 책, p.127.

가 나와야 한다"고 했다.[110] 그러나 이런 주장은 이 연구가 이룬 통찰과 차이가 있다. 인간이 세계에 대해서 이루는 앎은 스스로 추구한 정신 바탕을 통하여 준비되어야 하고, 나아가서는 창조 진리를 밝혀야 문제를 해결할 수 있다. 곧 천지가 창조된 사실을 파악하기 위해 지성들이 자연과 우주를 과학적으로 탐구한 것이다. 그런데도 "과학에 대해 자연을 神이라고 하는 버팀목 없이도 이해할 수 있는 자족적인 학문이라고 고집한다면"[111] 이것은 엄청난 어불성설이다. 천지가 창조된 사실을 진리화하지 못해 종교가 과학을 이해하지 못한 것처럼 과학도 조건은 동일하다. "과학적인 진리가 참이라고 주장할 수 있는 것은 인식의 전제이자 내용인 자연법칙의 객관성에 있는데"[112] 이 법칙이 사실은 창조로 말미암아 결정된 것이다. 이것을 모르면 누구도 자신이 아는 앎이 근본과 이질 된 상황을 면할 수 없다. 세계를 세세하게 규명하리라고 의욕은 앞세우지만, 사실은 모든 것이 불확실한 뗏목 위에서 흔들린 상태였다.

과학은 물질 현상을 관찰해서 규칙성을 찾아내고 종합하여 설명하는 것인데,[113] 이것을 단순히 유물론적이라고 단정 지어서는 안 된다. 과학이 일군 진리는 그대로 창조된 세계를 밝히는 데 기여하였다. 이전까지는 종교와 과학이 대립각을 세워 서로 타도할 대상으로 여겼는데, 그 이유는 세계를 통찰한 운신의 폭이 좁았기 때문이다. 인간이 창조주같이 행동한다든지, 과학이 종교 진리를 폐할 수

---

110) 『원리강론』, 세계기독교통일신령협회, 성화사, 1982, p.20.

111) 『신의 죽음』, 가브리엘 바하니안 저, 김기석 역, 청하, 1988, 머리말.

112) 『종교란 무엇인가』, 앞의 책, p.128.

113) 『과학과 신학』, 조대희 저, 인터넷자료, p.2.

있다고 장담하는 등 억측들이 꼬리를 물었다. 하지만 진실로 "종교와 과학이 지닌 고유한 영역 사이에는 전혀 갈등과 대립이 없다."[114] "形而上學과 종교가 낡아진 것은 形而下學(물리학) 때문"이 아니다.[115] 창조된 본의를 모른 데서 불거진 오해이다. 자연 과학이 발견한 법칙성은 천지가 창조된 데 따른 결과물이다. 과학자들은 법칙을 창조하지 않았다. 하나님이 창조한 신묘 막급한 자연 세계를 과학이라는 좁은 문을 통하여 하나하나 더듬는 중이다.[116]

종교적 지식과 과학은 서로 추구 목적이 다른 것 같지만, 그들이 탐구하여 도달할 곳은 오직 하나이다. 종교 진리만으로서는 누구도 하나님을 알 수 없다. 세계를 알아야 하므로 이런 요구에 과학이 부응하였다. 그리해야 진리·종교·학문·제도가 일치된다.[117] 자연에 대한 지식의 확대가 하나님의 보혜성을 증거하는 데 있어 긍정적인 초석으로 다져졌다. 만상은 본질을 매개로 하여 神과 연결되고, 과학은 만물을 통하여 창조된 세계를 확인할 수 있는 적격 루트이다. 창조된 세계와 원리를 밝히기 위해 방법상으로 강구한 것이므로, 이 같은 사실을 알면 세계의 진실상을 구축할 수 있다. 이것이 이 연구가 일군 과학에 대한 본질이고 역할이며, 만인 앞에서 보편화시켜야 하는 필수 가치이다.

---

114) 『신의 죽음』, 앞의 책, p.195.

115) 질송(E. Gilson)의 표현임─「무신론에 대한 연구」, 앞의 논문, p.59.

116) 창조된 만상을 제한된 과학으로 이해하려고 해서는 오히려 전부 불가지론자가 되어 버리고 말 것임.

117) 매개체는 창조를 통해 실현된 제반 근거들임.

제13장 신과 인간과의 관계

　천지, 만물, 진리, 학문 등은 자신이 관심을 가지지 않거나 알고자
하지 않는다면 거리감이 있는 대상 영역들이다. 그리고 세계를 몰라
도, 진리를 이해하지 못해도, 크게 문제 될 것이 없다. 크게 부끄러
워하지 않아도 된다. 세계는 자신이 아니므로 알기 위해서는 노력이
필요하며, 전문가들 외는 상세하게 이해할 수도 없다. 하지만 인간
이란 무엇인가란 질문 앞에서는 누구도 할 말이 없다. 인간은 객관
적인 대상이 아니다. 인간은 바로 자기 자신이다. 자신이 인간인데
자신에 대해 아는 것이 없다면 세계에 대해서 알 수 있는 것이 더
무엇 있겠는가? 자신이 바로 인간인데도 인간에 대해 아는 것이 궁
하다면 그 이유는 무엇인가? 인간에 대해서 왜 할 말이 없는가? 인
간만으로는 부족한 神과 세계와의 관계에 있어 숨겨진 비밀이 있다
는 뜻이다. 여기에 대해 성현들이 어느 정도 눈치를 채지 못한 것은

아니나, 이 연구가 밝히고자 하는 것은 神과 직결된 관계성 여부이다. 이것을 풀어야 인간이 세계 안에서 지닌 가치를 설정할 수 있다. 그러지 못하면 인간은 참으로 조삼모사(朝三暮四)한 종이 되어 버린다. 존재 본질과 가치가 표류해 인간의 윤리·도덕·성품이 전락, 매도된다. 중요한 사안이므로 神과 세계와의 관계성이 밝혀질 때를 기다렸다. 밝혀야 인간의 본질을 규정할 수 있다. 인간과 세계는 동일한 조건 위에 있다. 이 같은 특성은 인간에 대한 관점의 유동성을 통해 그대로 나타난다. 진리의 개념을 통해서도 보듯 인간에 대한 세계적 관점은 크게 다를 바 없다.

대표적인 예로서 인간은 사회적 동물이다(아리스토텔레스), 혹은 인간은 생각하는 갈대(파스칼)라고 한 말이 있다. 이것은 인간이 한 영역에서 지성적인 통찰을 이루지 않고서는 내릴 수 없는 규정이다. 하지만 세계와 연관 짓지 못한 본질 규정 과제는 여전히 남아 있다. 통찰된 정도에 따라 이렇게도 보이고 저렇게도 보이므로 본질적인 측면에서 보면 자격 상실이다. 성향은 알 수 있어도 본질은 모른다. 눈을 돌려야 하는데 인간을 둘러싸고 있는 자연, 천지, 세계, 만물이 모두 해당한다. 그중 동양인들은 道를 통해 만물을 생성시킨 사실을 논거하였다. 만물처럼 인간도 陽인 하늘과 陰인 땅과 교감하여 生하였다. 이것이 동양에서 바라본 진리관의 기초이다. "『周易』 계사전에는 三才란 말이 있는데, 삼재는 곧 天·地·人이다. 인간은 하늘과 땅의 氣로 구성되어 있어, 하늘적인 氣를 魂이라 하고 땅적인 氣를 魄이라고 하여 혼백(魂魄)으로 이루어진 것이 인간이라고 했다. 인간은 정말 무엇으로 구성되어 있는가? 창조된 세계처럼 인간은 무형자인 魂과 유형자인 魄이 결합된 천지 교감으로부터 이루어졌다."118)

『효경수신계』라는 위서에서는, "인간의 머리가 둥근 것은 하늘을 본뜬 것이고, 발이 네모난 것은 땅을 본뜬 것이며, 오장은 五行을 본뜬 것이고, 팔다리는 네 계절을 본뜬 것"이라고 하였다.[119] 인간이 천지로부터 生했다면 인간은 당연하게 천지를 닮아야 한다. 그런데 천지와 인간이 지닌 차이는? 이에 대해 노자와 孔子는 견해를 달리했다. "孔子는 인간은 만물 가운데서도 최령자(最靈者)이므로 능히 만물을 경영할 능력과 권세가 있다고 하였지만, 노자는 만물이 生한 것 중 하나가 인간일 뿐이라고 격하시켰다."[120] "인간은 천지를 경영할 능력이 없고 천지는 인간에게만 특별히 사랑을 베풀지 않는다. 천지의 화복은 공평하나니, 天地가 不仁하지 않으면 천지가 아니다. 천지는 스스로 그러할 뿐 인간을 위해 조작하지 않는다. 그래서 인간에게는 천지의 경영권을 맡길 수 없다. 맡기면 망친다. 자연은 유전자 조작을 하지 않는다. 하지만 인간은 한다."[121] 자신이 존재한 이유도 모른 채 천지의 생태와 본질을 이해한 방식은 냉담하고 비참했다. 상대되는 개념이 분분한 실정이기 때문에 만물 중 최고 영자로 내세운 지위는 참칭일 수 있다. 인간은 만물의 척도이고 영장이라고 하지만 자신이 자신을 추켜세운 우월 의식일 수도 있다.

그래서 심도 있게 논의해야 할 것이 神과 인간 간의 관계성 문제이다. 神의 존재성이 세상 위에 드러나지도 않은 상태인데 어떻게 인간이 자신의 위치를 바르게 찾을 수 있겠는가? 神의 본질 규정이

---

118) 『도올 김용옥의 알기 쉬운 동양 고전』, 노자와 21세기, EBS 교육방송 강의, 1999.12.22.
119) 『천인관계론』, 풍우 저, 김갑수 역, 신지서원, 1993, p.215.
120) 천지불인(天地不仁), 성인불인(聖人不仁)이라는 말을 통하여 피력함-『노자도덕경』, 5장.
121) 『도올 김용옥의 알기 쉬운 동양 고전』, 앞의 강의.

선행되어야 인간의 본질도 규정할 수 있다. 갖추어야 할 조건은 알지만 충족시키지 못해 이런 부류의 주장들이 힘을 발휘하지 못하고 오히려 비판받았다. "神性과 人性이 일치한다는 신인일치 내지 天人合一 사상도"[122) 神과의 관계성을 추적할 아무런 단서를 찾지 못했다. 인간은 강렬한 종교심과 내적 체험을 통해 神을 지향하고 정신적으로 일치할 수 있을지는 몰라도 合一성을 확인할 만한 근거는 어디서도 찾지 못했다. 神이 아직 드러나지 못했기 때문이다. 그런데 지상 강림 역사를 실현한 입장에서 보면 神과 인간은 분명히 구분된다. "神은 전지전능하고 완전한 존재이지만 인간은 태어나면서부터 죄인(이른바 원죄)이다."[123) 더러운 욕망과 죄를 짓고 어떻게 神과 나란히 할 수 있겠는가? 자체적으로는 포기할 수밖에 없다.[124) 타락은 결코 神과 합일할 수 있는 본래 성향이 아니다. 그래서 선을 긋게 된 것이 바로 神이 인간을 지었다는 창조설이다. 비록 흙으로 빚긴 했지만, 인간은 특별히 하나님과 닮은꼴로 창조되었다. 이 이상 더 높은 값어치는 매겨질 수 없다. 현실적으로는 부족함이 있지만, 가치로서는 최상화된 상태인데, 선천에서는 부인하였다. "데카르트는 神을 무한한 실체, 인간을 유한한 실체로서 대립시켰다."[125) 그러니까 유한한 인간은 神의 섭리를 추출하기 위해서 세상과 자연의 흐름에 합류하고, "인간 수양의 최대 목표인 天人合一 경지를"[126) 달성하

---

122) 『천인관계론』, 앞의 책, p.334.

123) 위의 책, p.320.

124) "神의 본성은 인간의 본성이 아니며, 인간의 본성은 神의 본성이 아니다. 神은 무한한 존재자이며, 인간은 유한한 존재자이다. 神은 완전하며, 인간은 불완전하다. 神은 영원하며, 인간은 일시적이다. 神은 전능하며, 인간은 무력하다. 神은 神性하며, 인간은 죄가 많다. 神과 인간은 양극이다. 神은 단적으로 긍정적인 것이자 모든 실체성의 총체이며, 인간은 단적으로 부정적인 것이자 모든 허무성의 총체이다." -『기독교의 본질』, 앞의 책, p.115.

125) 『근대 형이상학에 있어 철학자의 신』, 발터 슐처 저, 이정복 역, 사랑의 학교, 1995, p.106.

고 싶어도 인위적으로는 기대한 만큼 도달할 수 없었다.

급기야 파악할 수 없는 神을 관념적인 허상으로 간주하고 인간과의 관계를 재설정하고 말았다. 확실히 존재하고 있는 인간을 기준으로 차마 버릴 수 없었던 관념적인 신상들을 과감히 철폐한 작업에 몰입했다. 즉 태초에 만물의 제일 원인이자 하늘의 통치자인 神을 창조한 것은 바로 인간이다. 유일신론은 삶의 신비와 비극을 설명하기 위해 인류가 개발한 최초의 관념이다.[127] "神을 신앙하는 사람과 민족에게 절대적으로 철두철미한 율법적 구속력을 가하면서 인간의 정신적인 것과 육체적인 것을 지배하는 우상을 만들었다."[128] 예로부터 "신화는 한층 구체적으로 묘사된 인간 자신의 모습이고 인간 사회의 역사이다."[129] "하나님은 인간의 고차원적인 품성들을 상상해서 초인적인 존재로 객관화시켰다."[130] 그래서 "신학은 곧 인간학이다(포이어바흐)"란 결론에 도달했다.[131] "神은 인간의 또 하나의 자아이고, 인간의 또 하나의 잃어버린 반신(半身)이다."[132] 인간의 본질과 속성을 투영시킨 것이 神의 모습이라면 "神적 존재는 인간 존재 이외 다른 것이 아니다. 神적 본성의 규정은 인간 본성의 규정이다."[133] "후한(後漢) 이후에 도교 교단에서 조작한 태상노군(太上老

---

126) 「동양 천관념의 종교학적 연구」, 정한균 저, 원광대학교대학원 불교학과, 석사논문, 1994, p.76.

127) 『신의 역사(Ⅰ)』, 카렌 암스트롱 저, 배국원·유지황 역, 동연, 1999, p.28.

128) 『종교는 무엇인가』, 최광열 저, 학우사, 1980, p.41.

129) 『종교와 인간』, 서광선 저, 이화여자대학교출판부, 1995, p.73.

130) 『폴 틸리히의 신론에 대한 연구』, 앞의 논문, p.8.

131) 『기독교의 본질』, 앞의 책, p.21.

132) 위의 책, p.312.

133) 위의 책, p.46.

君), 원시천존(元始天尊), 옥황상제(玉皇上帝), 선도성모(仙挑聖母)와 같은 신상"들은[134] 다 인간이 갖춘 본성으로 이해된다.

그러나 질문은 계속 이어진다. 인간은 상상을 통해 神의 본성을 지향하였고, 인간적인 한계를 실감하면서도 대리 만족을 위해 독립된 실체로서 신상을 구축한 것인가? 정말 그렇다면 쓸모없는 신상은 치워 버리고 고무적인 새 모습을 갖추어야 하는 것이 맞다. 이와 같은 주창 이후 무신론과 유물론이 득세한 것이 세상에 끼친 영향은? 神과 인간과의 관계를 깨끗이 청산하였는가? 안타깝지만 공허해진 자리를 채울 인간성 재건과 가치 회복 대책은 뒤따르지 못했다. 파괴는 하였지만, 건설은 쉽게 할 수 없다. 神이 확보한 영역들이 비록 환상이었더라도 그 영향력은 실로 막중했다. 神이 인간 본질의 잔영이 아니고 참된 존재자라면 하나님은 이 땅에 강림해야 할 필요성이 더욱 증대된다. 하나님은 창조주로서 인류 역사를 주재하였고 나아갈 방향을 지침했다. 그런데도 인류는 하나님을 몰라보고 마음대로 행동하였다. 하지만 그 정도가 너무 지나쳐 자식이 부모에 대해 극한 행동까지 저지르는 지경이 된다면? 반드시 관계성을 회복해야 한다. 인류가 종교라는 제도적 양식을 통하여 조상에게 제사 지내고 하나님의 전에 나아가 예배드린 데는 그만한 이유가 있다. 神은 밝혀져야 하며, 그리해야 인류를 위해 유익하다. 인간으로서 세계 안에서의 정확한 위치를 찾고 가치를 정립하기 위해, 횡행한 독선을 막기 위해, 神과 인간은 그 관계를 소통시켜야 하며, 그러기 위해서는 神人合一할 바탕을 마련해야 한다. 하지만 이런 목적을 이루기 위

---

134) 『종교는 무엇인가』, 앞의 책, p.131.

해서는 반드시 해결해야 하는 선행 과제가 있는데, 그것이 다름 아 닌 인간이 어떻게 존재하게 되었는가 하는 절차 파악이다. 인간이 창조되었다면 인간 본질도 당연히 거기에 초점을 두고 밝혀야 한다.

그래서 지난날 세계의 진리를 통합하고, 세계의 핵심 본질을 규명 하고, 천지가 창조된 사실을 바탕으로 창조된 본의를 일깨웠다. 인 간은 진실로 성경에서처럼 특별한 은총을 입어 만물 중 유일하게 하 나님의 本을 입었다. "하나님이 자기 형상 곧 하나님의 형상대로 사 람을 창조하시되……."[135] 이 말씀 속에는 인간 본질에 대한 무궁한 의미가 내포되어 있다. 무형인 하나님의 本을 입어 인간이 유형화되 었다는 뜻이다. 그래서 인간은 하나님이 이룬 최고의 창조 작품이다. 피조체로서 이룬 개념이 결코 아니다. 천지가 창조된 이면에는 깊은 사랑이 배여 있었나니, 그 사랑을 인류가 온몸으로 받들어야 한다.

인간이 지닌 사고 작용과 의식은 뇌라는 조직 세포가 활동하여 이 룬 결과 작용이 아니다. 사고 본질은 인간이 창조됨으로써만 가능한 목적의식의 반영이다. 천지가 뜻으로 창조되므로 하나님의 본의를 알 인지력을 창조 기능으로 갖춘 것이다. 육신을 통해서는 한계가 있지만, 생각으로는 거의 무한하게 가늠하고 통할 수 있다. 하지만 그 통함은 어디까지나 창조된 능력 범위 안에서이며, 사유 기능은 만물이 뜻으로 창조된 본체인 사실의 확인이다. 뜻으로 창조되었기 때문에 뜻으로 통하고, 뜻을 인식할 수 있는 사고 기능을 지닌다. 그 것이 곧 인간 정신의 총체적 본질이다. 그래서 사고를 통하면 천지 가 창조된 목적을 가늠할 수 있다. 육신은 야수와 달라 보잘 것 없지

---

135) 창세기 1장 27절.

만, 인간은 하나님과 통할 수 있는 정신 본질을 갖추었다. 사고 기능은 하나님이 부여한 인간의 특별한 존재 양식이다. 정신이 하나님에게 속해 있어 인간이 마음대로 세계를 가늠할 수 있다.

그러나 인간 본질이 창조를 통하여 투영되었다고 해서 神과 인간이 동일하다는 뜻은 결코 아니다. 동일·동질성은 하나님이 인간을 창조한 데 근거한다. 인간은 결코 神이 아니다. 그런데도 인간은 神을 인식할 수 있다. 이것이 세계 가운데서 인간이 지닌 독보적인 지위이고 가치이다.[136] 인간은 神과 통할 수 있는 본질을 공유하고 있어 神의 뜻을 헤아리고 神의 뜻과 일치될 수 있다. 진리가 깃들어 있어 神을 모를 리 만무하다. 의식과 본성을 통해 직시할 수 있다. 본질과 동화되면 하나님과도 함께한다. 엄청난 사실을 안 것인데 대수롭지 않게 대한다. 아우구스티누스(오거스틴)는 자신이 이교도였을 때 쓴 『아카데미파를 논박한다』[137]에서, 인간의 최고선은 정신 또는 이성 안에서 존립한다고 썼다. 그런데 탁월한 기독교 신학자로 변신하여 쓴 『정정의 서』[138]에서는 인간의 최고선은 神 안에 존립한다고 하여 번복하였다.[139] 하지만 정작 중요한 것은 최고선이 이성 안에 있든, 神 안에 있든, 神의 형상을 본받은 인간 본성에는 어떤 변화도 없다는 사실이다. 에크하르트는 "神의 근거는 나의 근거이고 나의 근거는 神의 근거이다"라고 하였고,[140] 육구연은 天人合一의 원칙으

---

136) 神과 인간이 확실하게 존재하고 창조로 연계된 실상을 인간에게 주어진 정신 작용과 본질을 통하여 알 수 있다는 사실을 통하여 우리는 어떤 상황 속에서도 神과 인간이 연결된 고리를 찾을 수 있게 됨.

137) 『아카데미 파를 논박한다』, 3권 12장.

138) 『정정의 서』, 1권, 1장.

139) 『기독교의 본질』, 앞의 책, p.126.

140) 『종교란 무엇인가』, 앞의 책, p.122.

로서, "우주는 나의 마음이고 나의 마음은 바로 우주이다"라고 하였다.141) "天人合一 논리로서 天이 있는 곳에는 반드시 人이 있고, 人이 있는 곳에는 반드시 天이 있다. 하늘의 영묘(靈妙)함을 얻어 인간을 인간답게 하고, 天人合一의 조화성을 완성하여 새로운 가치를 창출했다."142)

여기서 동양이 일군 天 개념에 神을 대입시키면 창조를 통해 성립된 神과 인간 사이의 관계성을 드디어 해명할 수 있다. 그동안 동서양이 일군 어렴풋한 진리 개념들이 확실한 진리로서 부각된다. 성서에서도 신인동형론(神人同型論)적으로 한 표현이 많은데,143) 하나님의 눈과 코가 어디에 있겠는가만, 이런 점을 비판한 포이어바흐는 표현한 神의 형상들에 대해서 심한 거부감을 토로했다. 하지만 창조된 본의에 입각하면 몰이해로 생긴 거부감이 오히려 친밀해진다. 인간은 세상 가운데서 독존할 수 없고 인간만으로서는 본질도 규정할수 없다. 존재한 의미가 특별한 인간이 하나님 앞에서 똑바로 서야 만생들도 자기 자리를 똑바로 차지할 수 있다. 세계가 있는 곳에는 하나님이 있고 하나님이 있는 곳에는 항상 사랑이 있다. 이것을 모를진대 어찌 하나님이 이 땅에 강림한 모습을 뵈올 수 있겠는가? 관계를 정상화시켜야 하나님이 인류와 함께한 지상 천국을 건설할 수 있다.

---

141) "宇宙便是吾心 吾心便是宇宙(『상산전집』, 육구연)." - 『천인관계론』, 앞의 책, p.272.

142) 「동양 천관념의 종교학적 연구」, 앞의 논문, p.76.

143) 하나님의 얼굴(출 33:20, 23), 하나님의 눈(시 11:4, 히 4:13), 입(신 8:3), 오른손(출 15:12) 등등 - 『개혁주의 신론』, 앞의 책, p.121.

신 초월론

多는 多인 동시에 하나이다. 하나가 아무리 多해도 그것은 둘도 아니고 만도 아니다. 多로서 하나이므로 두루 통한다. 통하므로 삼라만상은 모두 합일할 수 있다. 이것이 온 인류가 합일성 경지에 도달할 수 있는 최대의 제공 원리이다.

—본문 중에서

제14장 개설

　"인식론은 앎에 관한 이론으로서 존재론, 가치론과 더불어 철학의 주요 분과이다. 앎이란 알려지는 대상과 아는 주관과의 관계에서 성립되는데"[1] 캘빈은 『기독교 강요』에서, "하나님을 알고 자신을 아는 것이 참된 지식"이라고 말했다.[2] 대체로 인식론의 고유 대상과 영역은 진리에 있는데, 이 연구가 神에 관한 인식 문제를 해결하기 위해서는 기존 인식 체제를 더욱 보완해야 하는 작업이 불가피하다. 하나님이 존재한다는 사실을 증명하는 것(존재론)과 하나님을 아는 방법을 모색하는 것은(인식론) 다르다. 하나님을 인식할 그 비밀스러운 길은 어디에 있는가? 감추어진 황금 루트를 찾아라. 여태껏 인류가 길을 찾지 못한 것은 神이 초월자로 존재하였기 때문이므로, 핵심

---

1) 『인식론』, 요한네스 혜센 저, 이강조 역, 서광사, 1986, 옮긴이의 말.
2) 「캘빈의 신 인식과 자기 인식의 공속성의 문제에 관하여」, 강학순 저, 신학지평, p.172.

된 키는 초월적인 神을 인식할 수 있는 방법론과 메커니즘을 갖추는 데 있다. 대상이 神인 만큼 이 연구도 선후천을 통틀어 삼세 간을 초월한 神적 본성을 마음껏 파헤치리라. 이 연구는 지상 강림 역사가 실현됨에 따라 인류가 모두 하나님을 인식하는 시대를 맞이하리라고 공언하였거니와, 그러기 위해서는 반드시 神의 초월성 문제를 풀어야 한다.[3] 초월자는 사차원적인 존재자란 뜻인데, 하나님이 바로 이와 같은 분이다. 초월성, 이것이 과거에 인류가 하나님을 보지 못한 주된 이유이다. 왜 神이 세상을 초월해서 존재하게 되었는가 하는 이유는 바로 창조에 있다. 스피노자는 "神은 존재하는 모든 것의 내재적 원인이지 초월적인 원인이 아니다"라고 했는데,[4] 그렇게 주장한 이유 역시 창조를 모르기 때문이다. 神은 그냥 초월자인 것이 아니다. 창조 역사로 인해 세상에 대해 초월되었고, 그러면서도 한편으로는 세상 가운데 내재되었다. 초월됨과 동시에 내재된 이상 인간은 어쩔 수 없는 제약이 있음에도 불구하고 슴一을 통하면 초월성 문제를 풀 수도 있다. 동서양에 걸쳐 선각들이 무수히 본체적인 개념을 개진시킨 것은 일체 근거가 창조에 있다.

그러므로 神을 인식하기 위해서는 계시, 깨달음, 이성적인 통찰, 분석과 함께 천인합일에 대한 사상도 함께 살펴야 한다. 神을 인식하는 것은 초월성, 통합성, 선재성, 결정성, 내재성, 인과성, 동시성을 포괄해야 하는 가슴 벅찬 진리적 과제이다. 그런데도 서양은 이런 인식 문제에 대해 열심히 파고들었음에도 불구하고 그 초점을 하

---

3) 지상 강림 역사는 인류가 어떻게 하나님과 일체될 수 있는가 하는 것과 함께할 수 있는가 하는 것을 제시해야 함.

4) 『서양 근대철학의 열 가지 쟁점』, 서양근대철학회 저, 창비, 2010, p.178.

나님에게 집중시키지 못해 神을 증명하지 못했다. 근대 인식론은 그 성립 목적이 결코 神을 인식하는 데 있지 않았다. 인문학적 기초를 얻기 위한 수단이요, 神을 버린 인간이 자연과학적인 진리 세계를 정초하고자 세운 이론이었다. 그렇다면 동양인들은 전혀 진리를 일구는 데 관여하지 않았던가? 동양인들은 道를 자각했고 반야란 초월 지혜를 추출했다. 사뭇 그 대상이 무형적이고 본체적이기 때문에 동서양을 아우른 통합인식론 정립이 긴요하다. "하루아침에 상식을 뒤엎은 새로운 질서로 인해 르네상스 시대와 16세기의 지식인들은 일대 정신의 혼란에 휩쓸렸는데"5) 오늘날 대두된 인식론의 전반적인 혁신 요구는 그 이상이다. 불가능한 것이 가능하게 된 시대를 맞이한 놀라움이란? "근대 자연철학은 거의 이천 년 동안 서양을 지배한 아리스토텔레스주의 자연학을 무너뜨리고 흔히 기계론으로 불린 새 자연 사상을 낳았다."6) 하지만 지상 강림 역사는 神을 인식할 수 있게 된 시대를 엶으로써 지금까지 쌓인 선천 질서를 송두리째 허물어뜨리리라.

5) 『신의 나라 인간 나라』, 이원복 글·그림, 두산동아, 2004, p.134.
6) 『서양 근대철학의 열 가지 쟁점』, 앞의 책, p.14.

제15장 동서 인식론 특성

1. 서양 인식론의 본질

"인식론(epistemology)은 지식의 문제를 다루는 철학의 분과이다."[7] 인간과 자연(우주)은 어떻게 된 것인가(존재론), 혹은 인간에게 바람직한 행동은 무엇인가(가치론) 하는 질문과 달리, 인식론은 인간의 지식이 무엇이고 어떻게 탐구하는가를 주된 과제로 삼는다.[8] 인식론의 출발 동기가 이러할진대, 서양 인식론이 지닌 본질이 무엇인가 하는 것도 결국은 지식론 영역 안에서 답을 찾을 수 있다. 이 연구는 그들이 풀지 못한 문제들을 해결하고자 하거니와, 인식론이 지식론에 머물러 있어서는 神을 볼 수 없다. 이것은 서양 문명이 神을 모신

---

7) 『현대 인식론』, 김기현 저, 민음사, 1998, p.6.
8) 『율곡철학의 이해』, 황준연 저, 서광사, 1995, p.25.

문명인데도 神을 증명하지 못한 주된 원인이기도 하다. 왜 서양 인식론은 神 인식 문제에 있어 백기를 들고 말았는가? 그 이유를 이제부터 밝히리라.

　인간은 항상 인식과 함께하지만 정신 작용으로 일어난 앎과 지식, 세상 질서와의 정합성 문제에 관해 관심을 가진 것은 서양의 철인들이었고, 본격적으로 관심을 가진 것은 근대로 접어들면서부터이다. 근대 철학사에서 두드러진 점을 들라면 바로 인식하는 이론에 대해 열렬한 관심을 가진 것을 꼽을 수 있다. 당시의 철학자들은 앎의 기원 문제, 앎의 정당성 문제, 앎의 한계성 문제에 대해 깊고 폭넓게 천착(穿鑿)했다.9) 근대 철학을 선도했던 대부분 철학자들은(베이컨, 홉스, 데카르트, 라이프니츠, 로크, 버클리, 흄) 인식론자로 분류해도 큰 무리가 없다. 인식론적 담론은 유럽 사회의 대부분 지적 성원들이 직간접적으로 열렬하게 참여한 역사 과정이 있었다.10)

　세계사를 구성한 사건들은 대개 역사란 무대 위에서 이미 표면화된 상태인데, 그렇다고 그것이 역사의 전부인가 하면 절대 그렇지 않다. 드러나지 못한 역사가 있듯, 인식론도 근대에 와서 본격화되기는 했지만, 그렇게 되기까지는 연면하게 이어진 역사가 있었다. 그래서 이 연구에서는 서양 인식론이 풀지 못한 문제점을 부각시키고 인간이 세계를(지식, 진리, 본체, 神) 파악하는 기능인 감각적 지각과 정신적 지각을 상호 대비시켜서 논거하고자 한다. 원인과 결과를 통해 드러나는 현상적 질서와 시공간에서 존재하는 사물은(물질) 오감을 통해 직접 지각할 수 있지만 진리, 이치, 원리, 神은 그런 물

---

9) 천착: 어떤 학문이나 원인 등을 깊게 파헤쳐 알려고 하거나 연구함.
10) 『서양 근대철학의 열 가지 쟁점』, 앞의 책, p.92.

질적인 인식 영역이 아니다. 작용은 하고 있지만 감각할 수 없는 문제점에 대하여 서양 인식론은 어떻게 대처하였던가? 부족함이 많기 때문에 새로운 관점을 확보할 필요가 있다. 이에 한계점에 도달한 서양 인식론의 본질을 파헤쳐야 한다.

그렇다면 지각은 무엇인가? 감각적인 지각 외 순수한 정신적 지각도 있기 때문에 양 요소를 포괄한 공통점을 추출해야 한다. 상식적인 판단인데도 현실은 그렇지 못해 인식 이론이 사상계에서 경험론과 합리론으로, 혹은 유물론과 관념론으로 갈라져 대립하였다. 지각은 감각인가, 아니면 마음의 자각인가? 감각 기관의 자극을 받은 결과를 놓고 본다면 감각과 동일시되고, 마음이 내린 판단 행위로 보면 관념성을 띤다.[11] 그런데 이처럼 다르게 본 것은 처음 제기된 의문의 성격이 가진 성향 때문이므로 이것만 다르게 설정하면 결과도 다르게 얻을 수 있다. 즉 인식의 주체적인 작용은 지각에 있고, 감각, 마음 작용은 그 같은 정보를 제공하는 수단이다. 서울은 한 곳이지만 가는 길은 여러 갈래가 있다. 지각할 수 있도록 하는 다양한 정보 제공 기관 안에 오감이 속해 있다. 의견이 분분한 경험 이전에 존재했다고 본 본유관념설은 지각이 감각된 경험 루트를 통하지 않더라도 얼마든지 정보를 받을 수 있다는 사실로서 답할 수 있다. 순수 사유를 통해서도 지각 작용은 일어난다.[12] 새로운 지식을 습득하고 새로운 가치 세계를 개척하는 것은 경험만 유일할 수 없다. 그렇다면? 지각이 일어난 이면에는 의식이란 잠재된 작용도 있다. 표면화

---

11) 위의 책, p.130.
12) 데카르트의 자각: 나의 존재 근거는 내가 아무리 의심해 보아도 내가 의심하고 있다는 사실 자체만큼은 의심할 수 없는 정신적 자각과 이치적인 근거에 있다.

된 지각 작용과 함께 의식도 정보 인식 활동에 참여하여 저쪽 우주
로부터 내면의 존재 본질에 이르기까지 감지 영역을 확대시킨다. 그
래서 우리는 감각과 의식을 통해 안팎으로 받아들인 정보를 종합해
서 통찰을 이루어야 한다.

　그런데도 서양 인식론은 감각적인 지각만 고집한 결과 세계를 부
분적으로밖에 보지 못해 대립이 불가피해졌다. "플라톤이 말한 진리
는 정신으로 파악할 수 있는 이데아에 대한 지식이고, 아리스토텔레
스는 감각을 통해 파악할 수 있는 에이도스에 대한 지식"에 해당한
다.13) 감각과 의식 세계를 포괄하지 못하여 파악할 수 있는 세계관
이 한정되었다. 플라톤이 가시계(可視界＝현상계)와 가지계(可知界＝
이데아, 본체계)를 구분한 것은(이원화) 탁견이다. 세계는 절로 존재
한 것이 아니다. 볼 수 없더라도 지적으로 가늠할 수 있는(정신적으
로 인지함) 본체가 있다는 것은 창조 사실을 인지한 듯한 주장이다.
이처럼 세계를 구분해 놓은 단계에서 가지계까지 나갈 수 있게 길을
뚫었더라면(초월 인식론) 금상첨화였으리라. 아쉽지만 세계를 왜 그
렇게 구조화시킨 것인지 설명하지 못해 진리적으로 난제가 되어 버
렸다. 본체를 뒷받침하지 못한 주장, 곧 관념론이 되어버렸다. 그는
우리가 알고 있는 상식과 달리 이데아는 영원불변한 보편적 知의 대
상이고, 현상계가 오히려 知의 대상이 될 수 없다고 했는데, 이런 주
장은 제자인 아리스토텔레스에 의해 비판되었다.14) 그는 지각보다
감각을 우선시하여 의식을 통해 초월적인 본질 세계로 나갈 수 있는

---

13) 『서양 문명을 읽는 코드 신』, 김용규 저, 휴머니스트 출판그룹, 2010, p.209.

14) "플라톤은 경험 세계보다 완벽하고 시공에 따라 변하지 않는 관념의 체계로부터 이데아론을
　　창출해 냈다." - 「노자의 도에 대한 본체론적 이해 비판」, 이신성 저, 성균관대학교대학원 동양
　　철학전공, 석사논문, 2009, p.31.

문을 닫고 말았다. 그래서 "인식 세계의 神은 알 수도 없고 증명할 수도 없게 되어 버렸고(칸트), 神은 인간의 모든 현실로부터 추방되어 한낱 사유의 산물로 전락하고 말았다."[15]

이와 같은 결과가 드러나기까지 서양 인식론은 고대 때부터 어떤 사유 과정을 거쳤는가? 역사적인 근거를 통해 보면, 그리스 최초의 철학자로 일컬어진 탈레스가 관심을 가진 것은 자연철학이었고, 그는 눈에 보이는 것을 철학의 대상으로 삼았다. 이처럼 "자연철학으로부터 출발한 그리스 철학은 세상 만물을 구성하는 궁극적인 요소가 무엇인가 하는 문제를 필두로 철학적인 사유를 했다."[16] 그래서 소크라테스 이전의 철학자들은 인식론 분야에 대해 별로 관심이 없었다. 역사상 감각적인 인식 이론이 힘을 발휘한 것 역시 이런 전통에 기인한다. "눈에 보이는 것이 철학의 대상이었지만, 피타고라스가 등장한 이후부터는 눈에 보이지 않는 것들에 관해서도 관심을 두었다. 파르메니데스가 변하는 것은 없다고 한 견해를 소크라테스는 진리라는 개념으로 받아들였고, 플라톤은 이데아로서 정리했다."[17] 이런 변화가 있었지만, 소크라테스 이전 철학자들은 인식론 분야에 대해서는 정말 큰 관심이 없었다. 반면에 변화의 성질은 무엇인가, 변화란 과연 가능한가란 문제 등에 관해서는 관심을 두었다. 이런 질문에 대해 초기 철학자들은 이견을 보였지만 자연에 대한 참된 인식이 가능하다는 점은 일치했다. 단지 인식하는 방법에 있어 헤라클레이토스는 감각의 사용을, 파르메니데스는 이성의 역할을 강조한

---

15) 「칸트의 요청으로서의 신 존재와 실존적 신 인식의 문제」, 김영순 저, 숭실대학교대학원 철학과, 석사논문, 2010, p.33.

16) 『사람이 알아야 할 모든 것, 철학』, 남경태 저, 들녘, 2007, p.227.

17) 『신의 나라 인간 나라』, 앞의 책, p.84.

차이가 있다.[18] 감각과 지각의 양분 의견이 이때부터 표면에 떠올랐다. 하지만 기원전 5세기경이 되자 기존 관습과 제도와 상식들에 대해 비판하는 분위기가 조성되었고, 이때 소피스트들이 등장해 우리가 자연에 대하여 안다고 생각하는 것 중 사실상 자연의 객관적인 모습과 일치하는 것은 어느 정도이고, 인간의 상상력을 통해 가공된 것이 어느 정도인지 검토하기 시작했다. 그중 고르기아스는, "실체는 없다. 혹 그러한 것이 있다 하더라도 우리는 그것에 관해 알 수 없다 하였고, 이런 극단적 회의주의가 알려진 바로써 인식론의 시원을 이룩하였다."[19]

오거스틴(354~430), 토마스 아퀴나스(1225~1274) 등이 이름을 올린 중세시대에는 보편자에 관한 이론이[20] 논쟁점으로 떠올라 신학적인 함축성을 지니고 가열되었다. 이런 주제와 관련하여 참여한 주요 학파들은 실재론, 개념론, 명목론으로 대별되었는데, 실재론자들은 보편자가 객관적인 실재성을 가진다고 생각하였고, 개념론자는 보편자의 정신 내에서 개념으로서만 존재한다고 했으며, 명목론자는 보편적인 유일한 것은 단어(말)일 뿐이라고 했다.[21] 하지만 이런 논쟁 가닥도 알고 보면 보편, 즉 神이란 존재가 어떻게 현 존재의 사물 이전에 선재할 수 있느냐는 말과 관련이 깊다. 중세는 지상 강림 본체가 드러나지 못한 때로서 보편성을 쉽게 인정할 수 없었으리라는 것이 불 보듯 하다. 보편은 어떻게 개물(個物)에 앞서 있는가? 경험

---

18) 『인식론의 역사』, D. W. 햄린 저, 이태하 역, 소나무, 1991, 발걸음을 내디디며.

19) 위의 책, p.10.

20) 보편논쟁: "중세 스콜라 철학에 있어서의 최대의 논쟁. 보편(universalia)은 실체로서 존재하는 가, 또는 인간의 사고 속에서만 존재하는가라는 문제이다." -『세계철학대사전』, 고려출판사, 1992, p.425.

21) 『인식론의 역사』, 앞의 책, p.34.

없는 본유 관념은 존재할 수 있는가? 이런 논쟁점은 관념적인 이데아가 어떻게 원형 실체이고 초월될 수 있느냐는 문제의식과 대동소이하다. 본의를 모른다면 이해하기 어렵기 때문에 보편은 명칭에 불과하거나 사유의 추상적인 소산으로서, 끝내 개물의 뒤에 존재한다고 말했다. 선후를 시간적으로 인식하는 것은 창조된 이후부터이라, 창조를 모르면 선재 된 존재 상태를 이해할 수 없다. 일체가 사전에 구유되었기 때문에 창조 역사가 실현될 수 있었던 것인데도 말이다. 보편(본체)이 있고 그로부터 우주가 생성을 시작해 시간과 삼라만상이 존재하게 되었다.[22]

토마스 아퀴나스는 13세기 아리스토텔레스의 철학을 받아들여 『신학 대전』, 『대이교도 대전』 등을 저술하였고, 가톨릭을 옹호한 방대한 신학 체계를 수립하였다. 그가 이룬 신학은 어디까지나 神을 중심에 둔 것이지만, 한편으로는 인간의 자율성을 높이 평가하고 강조한 측면도 있어 신앙과 신학을 거부한 인간 중심 사상을 발아시키기도 하였다. 그래서 넓게 보면 그는 오히려 근대를 탄생시킨 철학자이자 사상가로서, 중세를 완성시킨 동시에 붕괴시키는 데 중요한 역할을 하였다. 이후 로저 베이컨(1214~1294), 둔스 스코투스(1266~1308), 윌리엄 오컴(1285~1349) 등이 등장하여 가톨릭 교리에 정면으로 저항했다. 중세의 막이 서서히 내려 보이지 않는 神을 증명하려 했던 천여 년간의 노력은 작별을 고하고 인간 자신(나)을 찾아 머나먼 여행을 떠나게 되었다.[23]

자연의 모든 것을 神의 섭리로 이해한 중세적 자연관은 목적론적

---

22) 『선재우주론』, 졸저, 한국학술정보, 2009년 출판.
23) 『신의 나라 인간 나라』, 앞의 책, pp.124~125.

자연관이다. 중세에는 자연의 대상들이 神의 섭리로 자신이 가지고 있는 목적을 성취하는 방향으로 나간다고 생각했다. 그러나 이성에 의해 진리를 인식할 수 있다고 확신한 근대 과학자들 앞에서 神의 섭리는 더 이상 설득력을 잃어버렸고, 形而上學적인 사변에 불과한 것으로 간주되었다. 이성과 모순되는 내용은 제거하고 자연에 대해서만 탐구했다. 근대과학은 앞장서 자연의 사물들에서 목적, 의미 같은 정신적인 요소들을 제거했다. 자연은 더 이상 살아 있는 유기체적 자연이 아니다. 하나의 거대한 기계였다(목적론적 자연관→기계론적 자연관). 아울러 근대철학은 새로운 과학적 세계관의 形而上學적인 토대를 마련하기 위해 실체에 대한 개념도 정립되어야 했다. 데카르트의 철학적 회의를 필두로 실체에 대한 탐구가 함께 시작된 것이다.[24]

하지만 이 단계에서 확인하고 넘어갈 것은 근대 인식론은 이 연구가 神 인식에 대한 가능성을 타진한 정립 의도와 달랐다는 데 있다. 근대 인식론은 神을 인식하기 위해 세운 이론이 아니다. "근대철학은 언급한바 인간 이성의 기능에 대한 분석과 이해, 그리고 인문학적 학문의 기초를 얻기 위하여 인식론을 중요하게 여겼다. 神 중심인 중세시대를 마감하고 인간을 중심에 둔 시대를 열면서부터 모든 의문은 교회가 아니라 인간에게 물어야 한다는 사고가 지배적이게 되었다. 그래서 인식의 명증성을 확보하는 일이 사상적으로 시급한 과제로 떠올랐다."[25] 이와 같은 필요성을 직시하고 등장한 철학자가

---

24) 『서양 근대철학의 열 가지 쟁점』, 앞의 책, p.162.
25) 「고대 플라토니즘과 오거스틴의 인식론에 관한 연구」, 조완형 저, 관동대학교 선교신학대학원 신학과, 석사논문, 2011, p.121.

바로 근대철학의 아버지로 불린 데카르트이다. 그는 자신의 생각과 존재를 확고하게 믿었고, 이런 확신을 통해 외부 세계를 추론했다.[26] 세상에서 확실한 것은 오직 내가 존재한다는 사실에 있고, 내가 생각하고 있다는 데 있다.[27] 절대 확실한 존재로서 神 대신 자아(나)를 철학의 중심에 둔 그는 전혀 새로운 철학의 역사를 썼다.[28] 이후부터 神의 자리를 뒤로 물리고 실체 개념을 철학의 중심에 세운 철학자들은 근대과학과 어울리는 새로운 形而上學을 구축하는 데 매진했다. 이런 열기에 호응하여 갈릴레이, 뉴턴 같은 특출한 과학자들이 합세하였고 데모크리토스, 에피쿠로스 등을 통해 이어진 유물론 전통이 이때부터 힘을 얻고 활개를 치기 시작했다.

한편 이 같은 단계에 도달하기까지는 영국에서 입안된 경험론적 인식 이론도 한몫하였다. 사실 서양 인식론의 본래의 정초자는 영국의 철학자인 존 로크이다. 그는 『인간오성론(1690)』을 통해 인간 인식의 기원, 본질, 확실성에 관한 문제를 최초로 체계적으로 취급하였다. 뒤를 이어 버클리, 흄 등이 계속 연구하였다. 대륙에서는 칸트가 『순수이성비판』에서 이성의 철저한 자기비판을 통하여 인식의 조건과 범위 및 한계를 해명하여 인식론을 철학의 전면에 세웠고, 근세 이후부터는 철학의 중심 과제로서 본격적인 논구 대상이 되었다.[29]

로크는 "감각에서 반성으로 더 높은 단계로 발전하는 인간 지성

---

26) 『서양 근대철학의 열 가지 쟁점』, 앞의 책, p.6.

27) Cogito, ergo sum!(나는 생각한다. 고로 나는 존재한다!)

28) 『신의 나라 인간 나라』, 앞의 책, p.99.

29) 『인식론(수정판)』, J. 헤센 저, 이강조 역, 서광사, 1994, 옮긴이의 말.

의 구조를 해명"하고자 했다.[30] 경험론에 근거해서 귀에 익은 유명한 명제들을 쏟아 내었다.

"신의 관념은 생득(生得)이 아니다."[31] "우리의 일체의 지식은 경험에 근저를 가지며, 이 경험에서부터 일체의 지식은 궁극적으로 유래한다." "마음은 글자가 전연 없는 백지(白紙)이며, 관념은 조금도 없다고 상정(想定)하자." "관념을 가진다는 것과 지각은 같은 것이다." "어느 때 인간은 관념을 가지기 시작하느냐고 질문을 받는다면 처음으로 감각할 때라고 함이 참다운 대답이다." "감관(感官)이 영혼에게 생각해야 할 관념을 갖추기 전에 영혼이 사색한다고 믿는 이유를 나로서는 알 수 없다." "우리가 지니는 단순 관념은 경험이 가르쳐 주는 것이다."[32]

로크는 관념을 형성하는 최대 수단을 감각에다 두었다. 그리하여 경험이 관념을 형성하는 것으로 확신했다. 플라톤과 중세를 거쳐 데카르트, 라이프니츠에 이르기까지는 감각이 지식의 바른 수단으로서 자격을 지니지 못했다. 따지고 보면 정말 감각이 지닌 허술함과 감각 때문에 발생한 착각들이 부지기수이다. 그런데도 인간이 가진 지식이 감각으로부터 시작된다고 여긴 단순하고도 상식적인 생각이 당시에는 혁명적인 발상으로 받아들여졌다.[33] 그는 "합리론자들의 본유 원칙과 관념적인 이론을 조목조목 공격한 후, 모든 앎의 재료는 경험으로부터 오는 것이란 결론에 도달했다. 경험에는 감각경험과 반성경험이 있고, 감각경험을 통해서는 색, 맛, 소리, 형태 등의

---

30) 『인간오성론』, 존 로크 저, 한상범 해설, 대양서적, 1977, p.21.

31) "로크가 공격한 생득관념이나 원리 학설은 데카르트와 라이프니츠의 이론이다." –「존 로크의 인간오성론에 있어서의 관념에 관한 고찰」, 박양규 저, 전북대학교 교육대학원 일반사회전공, 석사논문, 1981, p.27.

32) 위의 책, pp.54, 57, 58, 59, 62.

33) 『논술과 철학강의(논술편)』, 김용옥 저, 통나무, 2007, p.143.

관념을 가지고, 반성경험을 통해서는 우리의 사고 작용 및 의지작용에 대해 관념을 갖는다."[34] 일체의 관념은 경험 이후에 형성되는 것이라고 못 박아 초월적인 神과의 단절을 부추겼다. 영국 경험론은 이런 로크의 사상을 발단으로 존재는 지각되는 것이라고 외친 버클리(1685~1753)를 거쳐 흄(1711~1776)에 이르러 철학의 흐름을 완성했다. 흄은 경험으로부터 형성된 관념을 다시 세분하여 "모든 관념은 직접적인 체험인 인상으로부터 일어나고, 그로부터 고급 관념 또는 지식이 이루어진다. 즉 마음은 관념의 묶음에 지나지 않는다"고 했다.[35] 인상은 말 그대로 순간적으로 스치면서 남게 되는 인식 또는 관념적인 잔상이다. 오류투성이인 정보인데 고급 관념까지 형성한다고 생각하다니! 지각한 수단의 불미 때문에 세계를 바라본 관점까지 한정시켜 버렸다.

독일에서는 칸트란 철학자가 등장하여 대륙의 합리론과 영국의 경험론을 종합하였지만, 그로 인해 더 이상 神은 볼 수 없게 되고 말았다. "칸트가 살았던 시대는(1724~1804) 계몽주의적 가치관이 사회 전반에 파급되었던 때로서 계몽주의가 신학을 위한 철학의 시대를 종결시켰다."[36] 이후부터 유물론, 무신 사상, 물질, 주지, 황금만능, 과학 지상주의가 대부분 판을 차지했다. 그런데도 분연하게 일어났어야 할 기독교 신앙자와 신학자들은 침묵만 지키고 있다. 그렇다고 하나님마저 침묵으로 일관하였겠는가? 절대 아니다. 연면히 역사하여 지상 강림 역사를 완수했고, 이 땅에 강림하여 인식론의 대

34) 『서양 근대철학의 열 가지 쟁점』, 앞의 책, p.191.

35) 『새우리말 큰사전』, 신기철・신용철 편저자, 삼성출판사, 1985, p.3826.

36) 「이성에 대한 칸트의 이해와 그 관점에서 바라본 종교」, 오승수 저, 부산가톨릭대학교대학원 신학과 종교철학전공, 석사논문, 2004, p.5.

혁명을 기도하려 하고 있다.

2. 동양 본체론의 과제

거인의 어깨 위에 올라선 어린아이처럼 동양인들이 이룬 진리 성과인 본체론은 서양 인식론이 도달한 한계성을 딛고 곧바로 문제를 해결할 수 있는 대안으로 등장했다. 서양이 인식 이론으로 무장하고 세계를 활보했을 때는 존재 가치가 미약하였지만, 그들이 힘을 모두 잃고 무대 위에서 사라지려고 하는 시점에서 동양본체론이 이 땅에 강림한 하나님의 본체성을 뒷받침하기 위해 새로운 혁명적 이론을 제기하게 되었다. 결과를 놓고 보면 서양 인식론은 하나님을 인식하지 못했고, 기독교 신학은 神을 증거하는 데 실패했다. 하지만 인류 역사는 그렇게 해서 종막을 고하여 버릴 것이 아니다. 제2막, 제3막…… 계속해서 새로운 막을 펼칠 것인데, 동양본체론이 미래의 막을 펼치는 데 전격적으로 기여하리라. 서양이 실패한 상태인데 어떻게 동양이? 일찍이 본체 접근 방법, 곧 수행을 통해 도야한 직관적 각성에 일체의 비밀이 있다. 이것만 원리화시키면 하나님의 본체적 속성인 초월성, 전체성, 선재성, 창조성, 불변성, 영원성을 인식해서 증거할 수 있다.

마터링크(Maeterlinch)는 동양과 서양을 다음과 같이 비교했다.

> 하나는 이성, 과학, 의식을 만들어 내고, 하나는 직관, 종교, 무의식을 감추고 있다. 여러 번 그들은 서로 침투하고 혼합하고 같이 일하려고 애썼다. 그러나 이 지구 상에서 가장 활동적인 서양은 동양의 노력을 마비시키고 파멸시켰다. 우리는 서양 문명이 가져

온 물질적인 과학의 혜택을 받고 있다. 그러나 오늘날 겪는 재난
도 바로 서양 문명의 결과가 아닐 수 없다. 이제야말로 마비된 동
양을 깨워야 한다.[37]

과거에는 무지한 관계로 인류가 타 문명을 짓밟는데 망설임이 없
었다. 그러나 물고기가 우리와 사는 환경이 다르고 생존 목적이 다
르다고 해서 멸종을 방관할 수는 없다. 알고 보면 상호 필요한 존재
인 것처럼 동서 문명도 마찬가지이다. 서로 구원하기 위해 섭리 되
었다. 동서양이 공히 개척한 인식 수단인 이성과 직관이 그러하다.
본체가 드러나지 못한 상태에서는 세계가 불명확했기 때문에 오감
으로 분별할 수 있는 이성이 활성화되었다. 동양인들이 왜 수행을
고집했던 것인지 진의를 몰랐다. 하지만 지상 강림 역사 실현으로
현상계와 대비된 본체계의 존재성이 부각되므로 직관적인 방법의
필요성이 증대되었다. 적합한 사례로서는 이천오백 년 전에 인류에
게 길을 가리킨 佛陀의 깨달음이 있다. 그는 고행을 마다치 않은 끝
에 심오한 정신적 자각을 하였는데, 그것이 다름 아닌 개별적이고
독자적으로 보인 무형의 존재 현상들이 서로 연결되어 있다고 말한
연기의 도리이다. 이것은 세상의 이면에 보이지 않는 본체 세계, 바
탕 세계, 차원 세계가 있다는 것을 직시한 것이다. 이것은 결코 오감
으로 감지할 수 있는 세계가 아니다. 정신을 집중해야 얻을 수 있는
정신 자각의 일종이다. 초월적인 본체 세계를 인식할 수 있는 길을
튼 것이지만, 인류는 선천 세월이 다하도록 이와 같은 정신 경지를
이해하지 못했다.

---

37) 『기독교와 인디아 사상』, S. 라다 크리슈란 저, 황필호 역, 종로서적, 1992, pp.175~176.

왜 우리에게 선각들이 갈고 닦았던 의식을 통한 직관이 필요한가 하면 하나님을 자각하는 것도 성령으로 임재한 사실을 즉각 깨닫는 (직시) 형태인 때문이다. 그 이후 인식한 정보를 면밀하게 분석하는 것은 논리성을 동원한 이성적인 활동의 몫이다. 수행을 통해 의식을 고도화시키면 존재한 본질 상태가 충일해지는데, 이것은 신앙인이 믿음을 가지면 성령의 은혜로 충만해지는 것과 같다. 서양에서만 진리를 일구고 인식에 대한 원리를 궁구한 것이 아니다. 동양인들은 지혜를 구했고, 道를 체득함으로써 진리성을 자각했다. 서양의 철학자들은 본유관념설을 두고 지난한 논쟁을 벌였지만, "明代 양명학의 개조인 왕수인은(1472~1528) 양지설(良知說)을 부르짖었다. 맹자는 사람이 배우지도 않았는데 능한 것은 양능이요, 생각하지도 않았는데 아는 것은 양지"라고 하였다.[38] 본유관념설을 일찌감치 인정한 것이다. 선지(先知)를 인정한 것은 창조를 인정한 것과 같은데, 그 이유는 인간의 원래 바탕이 구조적으로 하나님과 교통할 수 있는 영적 기능을 갖추고 있기 때문이다. 인간의 정신 능력, 사고 작용, 의식적인 교통 상황 등이 모두 해당한다. 본체, 天, 神과도 통하지만, 욕망과 無明에 가려 있어 수행이 필요했다. 수단에 따라 결과가 주어지는 것인데, 수행을 쌓아 道를 깨우친 覺者들은 어떤 진리 세계를 본 것인가? "화엄의 삼계유심(三界唯心), 일체유심조(一切唯心造), 천태의 일념삼천(一念三千), 선종의 견성성불(見性成佛)" 등은[39] 공히 시공의 질서를 초월하여 무수한 개체를 꿰뚫고 일치시킨 본체적 특성을 직시한 진리이다. 唯心적 직시는 무형인 본질 세계를 간파한 정신적 경

---

38) 『논술과 철학 강의』, 앞의 책, p.224.
39) 『유식무경(유식불교에서의 인식과 존재)』, 한자경 저, 예문서원, 2002, 맺는말.

지로서 초월 세계를 넘나든 부처님의 각성이다. 이런 경지 안에서는 일체의 분열적인 제한성이 사라지고 무궁한 우주 공간과 두루 통한다. 하나 가운데 일체가 있고(一中一切多中一), 일체 가운데 하나가 있다(一卽一切多卽一). 하나가 그대로 일체이고 일체가 그대로 하나이다.[40] 하나가 분열하여 만개했기 때문에 무수한 생성 과정만 완료하면 결국 하나이다. 하나, 본체, 유일한 하나님이 삼라만상 세계로 펼쳐졌다.

살펴보면 초월 세계와 교감한 경험 사례가 분명하게 있었는데도 칸트는 "우리는 사물의 본질이 아니라 단지 현상만 인식한다, 물자체는 인식할 수 없다"고 하였다.[41] 이것은 감각적 지각과 이성을 인식 수단으로 삼은 데 따른 오판이다. 직관과 대비시켜 놓고 보면 이 같은 지적이 더욱 확실하다. 그렇기 때문에 우리는 수행으로 도달한 직관적 메커니즘을 원리적으로 정리할 필요가 있다. 부처는 천안통을 가지고 가만히 앉아서도 천 리를 내다본다고 했다. 그러나 우리는 그런 심안을 마냥 부러워만 할 것이 아니다. 우리도 노력하면 체득할 수 있다. 의식 안에서 일어나는 가능한 지각 작용이다. 인간은 과연 어디까지 알 수 있을까? 칸트는, "인식 능력의 한계를 설정하는 것은 결국 이성의 작용 안에 있다"고 했다.[42] 그러나 지적한 대로 인식 수단은 이성을 활용한 지각이 전부가 아니다. 동양의 覺者가 도야한 의식 작용도 있다. 여기서 희비가 엇갈린다. 인식 수단을 이성에 둔 서양의 철인들은 수단이 지닌 자체의 제한성으로 인해 神을

---

40) 「화엄사상과 현대물리학의 비교 연구」, 허정화 저, 동국대학교 불교문화대학원 불교전공, 석사 논문, 2003, p.6.

41) 『인식론』, 앞의 책, p.67.

42) 「이성에 대한 칸트의 이해와 그 관점에서 바라본 종교」, 앞의 논문, p.1.

보지 못했고, 의식을 활성화시킨 동양의 覺者들은 현상계와 본체계를 넘나든 득도의 희열을 맛보았다.

道, 神은 삼세 간에 걸쳐 초월적으로 존재하고 있기 때문에 직관으로 꿰뚫어 직시해야 한다. 동양인이 일군 본체 문명은 사차원성을 본질로 하는데, 이렇게 지적한 것이 무슨 뜻인가만 알면 동양 문명을 낱낱이 해부할 수 있다. 지성들이 적극적으로 참여하여 해부 작업을 한다면 동양 문명이 어떻게 이 땅에 강림한 하나님의 본체성을 뒷받침할 수 있는가 하는 이유도 알게 된다. 서양 사상은 한계성을 역력하게 드러내었지만, 동양 사상은 인류를 무궁무진한 진리세계로 인도하리라.[43] 강림한 하나님을 진리적으로 뒷받침해야 하는 과제를 동양본체론이 짊어졌다.

3. 인식의 작용설

"인식론(認識論)은 지식, 앎이라는 뜻의 그리스어 'epistem'에서 나왔다. 이것은 지식+logos(논리, 방법론)의 합성어이다."[44] 사상(思想)과 사상이 지향하는 대상 또는 사태와의 관계를 탐구하는 학문이다. 즉 인식론에서 문제 삼은 것은 다름 아닌 사상이 존재와 일치하는가 하는 여부에 있다. 일치하면 비로소 그것을 진리라고 부른다. 진리 개념이 그대로 인식론을 구성한 중심 개념이다.[45] 전통적으로는 대

---

43) 칸트를 필두로 한 서양 문명 전체는 神을 온전히 담아낼 수 있는 그릇이 아니었다. 이것을 이제 맞이한 지상 강림 시대에 동양 문명이 모든 세계관적 역할을 대신해야 한다. 그 가능한 진리적 역할을 동양 문명이 일으켜야 한다. 강림한 하나님의 본체성을 증거할 진리적 역할을 동양 문명이 감당해야 함.

44) 「존 캘빈의 인식론」, 이광재 저, 신학지평, 24집, 2011, p.258.

45) 『인식론』, 앞의 책, p.14.

상에 대해 그것이 무엇이고 어떻게 있느냐는 존재적 물음이다. 어떻게 알 수 있느냐는 방법 문제로 전환시켰다고 하지만[46] 사실은 표상적인 지각에 머문 상태일 뿐이라, 의식을 통한 일깨움 방식을 통하면 존재가 지닌 자체의 구조 상태까지 파악할 수 있다. 서양에서는 철저히 감관(감각기관)에 주어지는 각각의 자료를 가지고 인상(impression)을 획득한다고 보고, 그렇게 인상이 반복되는 과정에서 인상은 떨어져 나가고 반복된 인상이 관념(idea)을 형성한다고 생각했다.[47] 대상이 있으므로 인식도 있는 것이고, 그런 측면에서 본다면 대상이 관념을 형성시킨 주체로 볼 수 있다. 그러니까 "인식론이 대부분 감각적 지각과 지적 인식에 국한되고 말아",[48] "지식의 개념이 무엇인가에 대해 묻는 것이 인식론의 주된 특징이 되었다. 이런 성향과 관련하여 합리론자들은 이성을 활발하게 사용하여 진리를 찾았고, 경험론자들은 감각적인 경험이 진리를 제공한다"고 확신했다.[49]

감각(경험)과 지적(이성) 전통으로 기둥을 세워 서양 인식론이 이 땅에서 앎의 집을 짓다 보니 언급한 대로 베이컨의 경험론과 데카르트의 합리론과 같은 사상 형태로 구성되었다. 하지만 감각과 이성은 세상 위에 드러난 현상의 세계를 분별할 수 있는 인식적 수단에 불과해 플라톤이 제기한 이데아설처럼 현실적으로는 줄 없이 연이 공중에 떠 있는 것처럼 되어 버렸다(관념설). 노자는 『노자도덕경』 첫머리에서, 道可道非常道 즉 道를 道라고 말하면 그렇게 말하여진 道는

46) 『기로에 선 인류사의 철학적 성찰』, 유성동 저, 문예운동사, 2009, p.224.
47) 『논술과 철학강의(철학강의편)』, 앞의 책, p.252.
48) 『인식론』, Kenneth T. Gallagher 저, 김보현 역, 울산대학교출판부, 1994, p.18.
49) 『인식론의 역사』, 앞의 책, pp.12~13.

항상 그러한 道가 아니라고 하였는데, 그 이유가 道 자체에도 있지만 인식상에도 있다. 道라고 말한 순간 인식 자체가 지닌 제약성이 전제된다. 아무리 세세하게 인식해도 道 자체는 완전히 파악할 수 없다. 그래서 道라고 말하면 그렇게 말한 순간 道가 아니게 된다. 이데아도 마찬가지이다. 감각과 지적인 지각만으로 어떻게 초월적인 이데아를 드러낼 수 있겠는가? 이데아를 개념 속에 집어넣어 버린 것은 이데아의 개념화 작업이다. 그 개념은 지성으로 이해할 수는 있지만, 그것이 이데아 자체는 아니다. 그래서 관념성에 머물렀다. 줄이 없는 연은 하늘을 날 수 없다. "플라톤이 말한 동굴의 비유는 우리가 느끼면서 사는 현실 세계는 그림자처럼 실체가 아니고 다만 상(像)으로 묘사된 허구의 세계이고, 그런 상을 만드는 진실된 존재가 바로 이데아라는 뜻인데, 이런 요지가 플라톤 철학에서 인식론을 이룬 핵심이다.[50]

주장된 인식론을 파고들어 가 보면 그곳에는 사전에 설정된 세계관과 깊이 연관되어 있다. "고대에는 아리스토텔레스, 중세에는 토마스 아퀴나스가 당시에 지배적이었던 실재론적인 바탕에서 대상을 본위로 한 모사설을 세웠고, 근대에는 칸트가 주관 본위인 대상 산출설을, 현대에 와서는 여러 철학자가 비판적인 실재론에 근거해서 주관과 객관과의 상호 작용인 대상 파악설을 세웠다."[51] 칸트가 과거의 대상 본위인 관점을 뒤엎고 주관 본위로 코페르니쿠스적인 전회를 이룬 이후부터는 인식론 영역에서 더 이상 특별한 변화는 없었다.[52] 이런 추세를 두고 볼 때 주관 본위나 대상 파악설보다는 기존

---

50) 『신의 나라 인간 나라』, 앞의 책, p.76.
51) 『인식론』, 앞의 책, 옮긴이의 말.

인식설이 지닌 메커니즘만 잘 보완해도 오히려 훌륭한 인식 이론이될 수 있다. 예를 들어 "소크라테스는 우리의 영혼은 오래전에 여러가지의 존재 형태로 모든 것을 이미 경험했다고 했다. 어떤 의미에서 영혼은 모든 것을 이미 알고 있다."[53] 이유에 대해서 설명하지않았지만, 이런 설이 다분히 선언적인 것 같아도 다시 보면 더 사실에 가깝고 거부할 수 없을 정도로 진리성을 내포하고 있다. 플라톤이 말한 인식 이론도 이와 같은 영혼선재설에 기반을 두고 있다. 그는 자신의 견해를 보태어 모든 것을 알고 있음에도 인간은 태어난순간 잊어버렸기 때문에 이것을 애써 상기해야 한다고 했다. 그래서일명 상기설(Anamnesis)이다. "감각 대상은 영혼으로 하여금 이미 알고 있었던 것들을 상기하도록 영혼을 자극한다"고 하였는데,[54] 여기서 작용한 메커니즘만 더 보완하면 존재하는 내면을 인식하는 이론이 될 수 있다. 저편의 이데아 세계에서 경험한 것을 일깨워 상기한다고 한 주장을 우습게 보아서는 안 된다. 불교인들은 그렇게 해서내세를 경험했던 사람들이 아닌가?[55] 우리가 세상을 통해 지각한 앎이 전부가 아니란 뜻이다. 이런 상기설을 주장하게 된 연원을 추적해 보면 그것이 다름 아닌 대창조 역사이다. 인간과 미물 할 것 없이삼라만상은 빠짐없이 창조를 경험했다. 인간의 지각 여부와 상관없이 사물은 창조된 비밀을 간직하였다. 오거스틴이 내세운 조명설도한계성과 진리성을 함께 내포하였는데, 태양이 떠오르면 어둠이 걷

---

52) 지각표상설: 우리가 지각하는 것은 대상 자체가 아니라 표상, 곧 대상이 우리 마음에 재현된것이다. 지각한다는 것을 관념을 갖는 것과 동일시 한 데카르트와 로크의 주장임―『서양 근대철학의 열 가지 쟁점』, 앞의 책, p.133.

53) 『인식론의 역사』, 앞의 책, p.16.

54) 위의 책, p.17.

55) 내세설은 선재 존재설(경험설)로서도 볼 수 있다.

히고 세상이 환하게 밝아지는 것처럼 우리가 가진 앎도 그렇다. "모든 인식은 하나님의 조명 아래 있어 가능하다."[56] 인간이 사물과 일체 현상을 인식할 수 있는 근거를 하나님이 마련했다. 그것이 무엇인가? 사고할 수 있는 정신 능력이고 존재한 본질성을 파고들 수 있는 의식이다. 그래서 오거스틴은 "조명설을 내세워 플라톤의 상기설과 플로티노스의 유출설(一者의 넘침)을 극복하려고 하였는데",[57] 여기에는 충분한 진리성이 내포되어 있다. 조명설을 원리적인 측면에서 보면 하나님의 본체가 현현된 것과 비슷하다. 하나님의 본체가 드러남으로써 무형인 본체 역시 세계 가운데서 존재적으로 확고해졌다. 하나님이 이룬 지상 강림 권능으로 밝혀진 지혜이다.

한편 인식론에 있어 또 하나 타당성을 확인할 수 있는 주장은 인식 작용이 대상의 모사라고 본 설이다. 일찍이 아리스토텔레스가 이런 생각을 가졌고, 토마스 아퀴나스가 완성해 오늘날에 이르렀다. 아리스토텔레스는 말하길, 가시적인 세계에 사는 인간은 감각으로 사물을 인식한다. 즉 감각적인 지각을 통해 인식한다. 감각적인 지각은 지각된 대상과의 동화로서 감각된 대상의 모사라고 했다. 지각된 것이 현실적으로는 존재하고 있는 그것이다.[58] 서양이 세운 근, 현대 문명은 바로 아리스토텔레스 유의 세계관과 인식 이론을 선호한 결과로 구축된 문명 체제이다. 이 연구는 지속적으로 경험과 감각 위주의 인식 이론을 비판하고 플라톤이 펼친 초월적인 선재 이론을 옹호한 형편인데, 그것은 비단 이 연구가 지닌 사상적 성향 때문

---

56) 「고대 플라토니즘과 오거스틴의 인식론에 관한 연구」, 앞의 논문, p.104.

57) 위의 논문, p.101.

58) 위의 논문, p.41.

인 것만은 아니다. 서양 문명이 선호한 지각 수단이 지닌 한계 때문에 神을 보지 못한 것이고, 정말 현상계가 지닌 분열성을 넘어서지 못했다. 그렇다고 이런 사실을 비판만 하고 있으면 무슨 소용이 있겠는가? 초월적인 하나님을 인식할 수 있는 황금 루트를 직접 개척해야 한다.

4. 인식론의 대혁명

우리는 사물을 인식할 수 있는가? 진리에 도달할 수 있는가? 하나님에게 이르기 위해서는? 데카르트는 이렇듯 진리에 도달할 수 있는 길을 모색하기 위하여 방법적인 회의를 모토로 삼았다. 우리가 인식한 것이 진리인지 아닌지는 회의가 제일 큰 장애물이므로 회의만 거두면 순수한 진리를 추출할 수 있다. 의심하고 의심해도 더 이상 의심할 근거가 없게 된 상태, 의심하고 있다는 사실 자체만큼은 차마 의심할 수 없게 된 분명한 존재 상태를 확인하게 되었다. 우리가 그러하듯 하나님도 마찬가지이다. 사물들이 간직한 존재 비밀, 그 감추어진 진리성을 파악하기 위해서는 가설이란 사고적 추측 과정을 거쳐야 하듯, 하나님이 존재한 사실을 확인하는 것은 믿음을 가진 사고적 결단과 그것을 지킨 행위적 절차를 거쳐야 한다. 도달한 것은 실행해서 이룬 결과이다. 방법적이므로 실패할 것인지 성공할 것인지는 지켜보아야 하고, 성공하면 그때 비로소 시도한 방법이 옳게 적용된 것을 확인할 수 있다. 그래서 데카르트는 회의란 사고적 실험 과정을 거친 것처럼, 이 연구는 '길은 어디에 있는가'란 명제를 통해 인생 전체를 담보로 한 행위적 결단과 투신 과정을 겪었다. 내세운 가치와 바친 믿음은 헛되어도 좋다. 오직 한 가지 바란 것은 길을 완성하는 것이라고 스스로 촉구하였다. 그리하여 마련된 믿음의 시험대 위에 모습을 나타낸 분이 진리의 성령으로 강림한 하나님이다. 이런 성과가 하나님에게로 나갈 수 있게 하는 중추 역할을 담당하였다.

인생, 사물, 神을 막론하고 인식할 수 있는 길을 모색하는 것은 존재하는 대상과 별도로 설정해야 하는 진리 탐색 과정이다. 이것은 지질 조사를 통해 석유가 매장되어 있을 가능성이 높은 곳을 시추해 보는 것과도 같다. 석유가 땅속에 파묻혀 있는 것을 아는 것도 중요하지만, 그것을 찾아내기 위해 탐사하고 채취하는 과정도 중요하다. 거기에도 진리성은 내포되어 있다. 존재로서 내포한 진리도 있지만, 진리를 분별하는 인식 작용에도 원리는 있다. 이것을 철학에서는 존재론적 본질과 인식론적 본질로서 대별하였다.[59] 존재한 본질을 찾아가는 사고 과정은 감각적인 경험을 초월한 순수 인식 절차이다. 개별적으로 인식한 과정을 종합하면 개별을 통해서는 볼 수 없었던 통찰을 이루는데, 이것은 존재 자체와는 아무 상관 없이 사고만으로 인출한 정보이다. 그래서 칸트는 물자체(物自體)란 개념을 세워 존재와 인식이 가진 관계를 명확히 하였다. "물자체는 인식 주관에 의해 나타난 현상이라 物이 아니다. 자체로서 존재하고 있는 본질체이다. 눈앞에 나타난 현상은 감각 내용을 인식 주관이 재구성한 관계로 존재 자체가 아니다."[60] 칸트는 인식과 물자체와의 차원적인 격리성 이유에 대해 물자체와는 별도로 존재한 인식을 재구성하는 것으로

59) 『인식론』, 앞의 책, p.186.
60) 『한 권으로 읽는 서양철학사』, 강성률 저, 평단, 2009, p.205.

접근했는데, 이것은 인식이란 사고 작용 자체가 지닌 원리성을 보지 못해서이다. 코페르니쿠스적인 전회 운운할 만큼 관점 면에서 혁신은 있었지만, 인식 작용 자체가 지닌 진리 통찰 작용은 보지 못했다. 이것은 서양 인식론이 지닌 특징인 동시에 끝내 넘어서지 못한 한계선이다(근거 잃은 관념성).

　그 극단적 사례를 우리는 영국의 경험론자인 버클리를 통해 확인할 수 있다. 그의 단언적 명제인 "존재는 지각하는 것이다"란 말을 통해서도 짐작할 수 있듯, "모든 것은 오직 정신 속에서만 존재하고, 그 밖의 다른 방법으로는 존재하지 않는다. 사물의 존재는 그것이 지각된다는 것을 의미할 뿐이다"라고 하여[61] 물자체와 인식과의 상호 관계를 차단해 버렸다. 존재에 따른 인식과의 관계를 전제는 했지만 정작 존재와 연결된 관계성은 배제해 버렸고, 인식 작용에 따른 원리성도 규명하지 못했다. 같은 계열의 경험론자인 흄도 존재와의 관계를 통해 내세운 이론을 보면, "인간의 정신에 나타나는 모든 표상을 인상과 관념으로 나누고, 인상은 우리 밖의 사물에 대한 감각과 내부의 반성으로 얻어진 표상을 말하고, 관념은 인상이 사라진 뒤에도 우리의 마음속에 남아 있는 표상들을 가리킨다고 지적했다."[62][63] 인식을 외부 존재를 파악하는 수단으로 보고 인상 뒤에 남은 관념의 독자성을 인정한 듯하지만, 자체 지닌 원리성은 끝까지 추적하지 못했다. "인상은 관념에 앞서고 관념은 인상에서 얻어진다. 인

---

61) 위의 책, p.204.

62) 위의 책, p.206.

63) "흄은 지각을 두 종류, 즉 인상과 관념으로 나누고, 인식을 다시 감각 인상과 반성 인상으로 나눈다. 그 관계는 발생적인데, 마음에 먼저 인상이 등장하고, 그 인상이 기억되어 다시 떠오르는 것이 관념이다."-『서양 근대철학의 열 가지 쟁점』, 앞의 책, p.200.

상과 관념을 결합해서 복합 관념이 형성된다"고 한 수준에 그쳤다.[64] 인식 작용의 특성을 더욱 세분화시켰다. 그러니까 원자, 몸, 눈, 운동, 물질, 우주에 존재하는 모든 것이 이미지라고 한 극단적인 생각도 서슴지 않게 되었다.[65] 칸트는 "경험을 토대로 하면서 경험보다 앞서 존재하는 인간 사고의 기본 구조, 즉 아프리오리(a priori)한 능력이 존재한다(선험적 지식)"고 하였지만,[66] 구체적인 이유는 밝히지 못했다. 창조된 본의를 깨닫지 못한 것이다. 자연 사물의 인과성과 보편타당성이 경험 이전에 존재했다고 보아 선험성은 인정하였지만, 인식 자체가 내포한 원리성까지는 미치지 못했다. 칸트가 인과성을 인정한 것은 자연 과학이 성립할 수 있도록 한 근거는 부여하였지만, 그로 인해 인식의 정당한 원리성 규명은 더 이상 기대할 수 없게 되어 버렸다.

인식이 세계 안에서 분열적인 질서를 따르는 한 사물을 인식하는 데 있어 제한성이 있으리라는 것은 피할 수 없다.[67] 그리고 우리는 정말 그렇게 한정적인 관점을 가지고 세상을 바라본다. 인식은 색깔을 지니고 있다고도 볼 수 있어 존재가 지닌 순수한 색깔이 무엇인지 가늠하기 어렵다. 존재와 인식이 그렇다면 우리는 진상 보기를 포기하고 말 것인가? 애써 증거한 지상 강림 역사도 그 의미가 사라지고 만다. 그것은 인식의 초점을 외부 대상에 두었기 때문에 초래된 당연한 결과이다. 내부로 향하면 전혀 다른 진리 세계를 볼 수 있

---

64) 위의 책, p.206.
65) 『존재이야기』, 조광제 저, 미래&B, p.242.
66) 『신의 나라 인간 나라』, 앞의 책, p.166.
67) "우리가 확신하는 유일한 존재자는 지각이다(흄)." 그러나 거기에는(인식) 제한성이 있음.

는데, 그런 전환 요구에 인류가 일찍이 이루지 못한 인식론의 대혁명이 있다. 새로운 세계를 볼 수 있는 인식 원리를 추출할 수 있다. 그것이 무엇인가? 인식 작용은 단순한 사물의 모사, 반영이 아니다.[68] 의식을 크게 변화시킨다(모멘트 역할). 존재에 대한 인식만 정확히 하면 근본을 변화시키고 의식이 혁신된다. 神을 인식하면 영혼이 구원되고, 존재한 가치를 인식하면 인생이 변화되며, 자아를 인식하면 의식을 깰 수 있다. 동일한 작용이지만 결과는 전혀 달라 서양 인식론이 감각의 근거로 삼은 경험이 자체 의식을 분열시키는 수단으로 전환된다.[69][70][71] 당연히 인식에는 감각적인 지각 활동을 포함한다. 붉은색, 부드러운 촉감, 달콤한 향기 등등 지각된 정보를 가지고 어떤 사물인지 판단한다. 그런데 그 초점을 인식 작용과 분열성에 맞추면 사정이 달라진다. 객관과 주관을 벗어나 의식 자체를 분열시킨 작용이 된다. 인식은 의식의 표상화로써 분열을 통해 의식이 지닌 구조를 나타낸다. 인식의 뿌리는 어디까지나 의식 안에 있고 무의식, 잠재의식이 표층으로 드러나 의식이 명료화된다. 이런 관점만 확보한다면 우리는 일체의 기존 인식설을 통합할 수 있다. 서양 인식론은 끈질기게 생득 관념을 주장했지만, 아직도 합당한 이유를 밝히지 못한 실정인데, 이 연구가 확보한 통합인식론에 입각하

---

68) "인식의 본질에 관하여 사실적으로나 역사적으로나 다 같이 중요한 의미를 갖고 있는 최초의 대답은 인식 작용은 대상의 모사라는 것이다. 이러한 관점이 고대의 사유를 지배하였다(아리스토텔레스-토마스 아퀴나스)." - 『인식론(수정판)』, 앞의 책, p.40.

69) "가시적 세계에 살고 있는 인간은 우선 감각적 사물을 인식한다. 인간의 인식 작용은 감관 지각과 더불어 시작된다." - 위의 책, p.40.

70) "인식 과정은 감각이 오성에 감각의 상을 제공한다. 사물의 본질적 개념은 감각적 재료로부터 추상을 통하여 획득된다. 감각적 인식이라는 토대 위에서 정신적 인식이 일어난다. 우리들의 모든 지적 인식은 감각에서 도출된 것이다." - 위의 책, pp.42~43.

71) 경험은 의식의 분열을 촉진하는 촉매 역할을 함.

면 풀 수 있다. 인식은 분열하지 않으면 인식할 근거가 생성되지 않아 관념상 백지와 같은 상태로 있지만, 그런 여건 속에서도 선재성은 이치적으로 추론할 수 있다. 인식할 수 없는 상태일 뿐 존재하지 않는 것이 결코 아니다. 이런 자각으로부터 인식론의 대혁명 역사가 시작된다. 초월적인 하나님 세계로 진입하고자 함에 이 연구가 제시한 통합인식론은 모든 인류를 하나님에게로 인도하는 디딤돌 역할을 할 것이다.

제16장 신 인식방법

1. 섭리를 통한 인식

　아리스토텔레스는 『논리학(Organum)』에서 연역법을 강조했다. 연역법은 논의와 논증의 방법이다. 그리고 '아는 것이 힘이다'란 명제를 세운 프랜시스 베이컨은 『신기관(新機關 −Novum Organum)』, 혹은 『신도구(新道具)』에서 근대 과학의 새 방법인 귀납법의 논리를 강조했다. 귀납법이 새로운 진리를 발견하는 논리라고 굳게 믿은 그는 중세의 추상적인 스콜라 철학을 통렬히 비판하고 근대 과학과 과학적인 방법을 역설, 확립하였다.[72] 방법을 달리해 새로운 진리를 일구고 새로운 시대를 열었다. "베이컨이 학문에서 대혁신을 부르짖은 이후부터 서양의 자연과학은 비약적으로 발전하였다. 코페르니쿠스·

---

72) 『철학의 즐거움』, 안병욱 저, 계명사, 2007, pp.250~251.

케플러·갈릴레오·뉴턴·파스퇴르·고흐·아인슈타인·퀴리 부인·왓슨·멘델·에디슨 등 다사제제(多士濟濟), 과학의 위대한 천재들이 헌신적으로 연구하여 인류역사에 큰 변화를 일으켰고 놀라운 진보를 가져왔다."[73] 대표적인 사례로서 다윈은『종의 기원』이란 야심만만한 책을 썼는데, 그는 모든 생물은 진화한다는 식의 주장을 대전제로 하여 결론을 이끌어 낸 연역법을 사용하지 않았다. 먼저 다양한 증거 자료를 제시한 다음, 그런 자료를 통해 알 수 있는 불가피한 결론으로서 모든 생물은 진화한다는 귀납법을 활용했다.[74] 베이컨은 자연과학이 서유럽 사회에서 자연탐구의 새로운 방법론으로 등장했을 때 이것을 이론적으로 뒷받침하였고(귀납법), 자연과학적인 방법을 통하여 자연과 神에 대해 인간의 승리를 확보하려고 했다.[75]

베이컨처럼 방법을 달리해서 새로운 진리 세계를 개척한 사람이 있을진대, 神을 인식하는 문제에도 방법론을 강구한 사람이 있을 법하다. 탐구하는 대상이 다르면 접근하는 방법도 다르다. 그렇다면? 연역법도 아니고 귀납법도 아닌 또 다른 방법이기 때문에 인식론에 있어 대혁신이 필요하다. "개체적 물질이 객관적으로 실재하는 것이라고 보면 유물론이 되고, 보편적 관념이 객관적으로 실재하는 것이라고 보면 독단적 관념론"이 되는데,[76] 하물며 대상까지 다르다면? 삼라만상은 존재하는 형태가 분명하지만, 神은 그렇지 못하다(무형). 그래서 神도 어떻게 보는가에 따라 인식 방법이 달라진다. 방법을

---

73)『서양 문명을 읽는 코드 신』, 앞의 책, p.253.

74) 위의 책, p.413.

75)『논술과 철학강의 2(철학강의 편)』, 앞의 책, p.174.

76)『유식무경, 유식불교에서의 인식과 존재』, 앞의 책, p.14.

모색하여 설정하는 것이 어렵기는 하지만, 정립하고 나면『신기관』이 거둔 성과 이상으로 인류의 빛나는 지성들이 그 길을 추종하여 정열과 지혜를 바치리라. 방법을 새롭게 강구하기 위해서는 기존의 인식 방법을 탈피해야 한다. 지성들이 神을 체험하지 못한 것도 하나님의 나라를 보지 못한 것도 결코 아니다. "오거스틴은 플라톤 철학으로부터 숲 속의 언덕에 평화의 나라는 볼 수 있었지만, 어떻게 그곳에 갈 수 있을 것인가 하는 것은 답을 얻지 못했다. 플라톤 철학도 도착한 지점이 어디라는 것까지는 보여주었지만 도달할 수 있는 길은 만족할 정도로 제시하지 못했다. 명상, 수행, 기도는 쉼 없이 하였지만, 어떻게 해야 영원한 세계에 이를 수 있는가 하는 문제는 여전히 막막하다.

　하나님이 살아 역사한 사실을 밝히는 것과 하나님을 인식하는 길을 제시하는 것은 양상이 다르다. 하나님을 인식할 수 있는 그 비밀스러운 길은 어디에 있는가? 깊숙한 곳에 감추어져 있는 그 황금 루트를 찾아라. 하나님은 존재하나 비물질적이란 것이 제일 큰 문제이다. 그러나 나라는 존재를 놓고 보면 직접 만져 보고 숨 쉬는 것을 확인해서 판단하는 것이 아니다. 의지작용도 있고 마음 대 마음을 통해서도 느끼는 것처럼, 하나님이 존재한 특성과 역사한 근거를 통해 확인할 수도 있다. 그중 광범위하게 살필 수 있는 영역 중 하나는 하나님이 여태껏 인류 역사를 주재, 섭리한 사실이다. 이런 섭리성을 살피면 神을 인식할 수 있는 실마리를 붙들 수 있다. 하나님을 안다는 것은 인류에게 둔 신성한 뜻과 계획을 안다는 말인데,[77] 그것

---

77)「토마스 아퀴나스와 마틴 루터의 하나님 인식」, 정동선 저, 호남신학대학교신학대학원 신학과, 석사논문, 2001, p.71.

은 그냥 전달될 수 없다. 섭리를 통해 의지를 표출하기 때문에 섭리를 알면 하나님의 뜻을 읽을 수 있다. 하나님을 직접 인식하는 것과 진배없다. 하나님은 섭리한 역사를 통해 스스로를 계시한다. "섭리는 하나님이 그의 모든 피조물을 보존하며, 세계에서 생성하는 모든 일에 작용하며, 만물을 그것들의 정해진 목적으로 인도하는 神적 세력의 지속적 수행이다(벌코프)." 하나님이 창조 역사를 주재하였다면 그 주재성을 통해, 인도하였다면 인도한 발자취를 통해, 작용된 의지 실체를 추적하는 것이 神을 인식하는 길이고 방법이다.

뜻은 의지를 통해, 의지는 섭리 된 역사를 통해 전달되므로, 우리는 그렇게 하여 수놓아진 발자취를 추적하면 하나님이 이룬 역사가 결코 무작위적일 수 없는 철저한 법칙성을 발견할 수 있다. 이것을 우리는 당연한 상식으로 받아들이고 있지만, 사실은 사전에 결정된 의지가 있었다. 우리는 이와 같은 뜻을 거부할 수 없거니와, 하나님이 주재한 섭리적 질서는 결코 넘을 수 없는 분명한 원칙이 있다. 우리가 생각하는 상식과도 일치한다. 즉 죄악을 저지른 악인은 결코 천국에 가서 머물 수 없다. 이것은 죄를 저질렀기 때문에 받게 되는 당연한 처분이 아니다. 악인은 결단코 천국에 머물 수 없도록 하나님이 미리 결정해 두었다. 善 가치를 지향하도록 유도하기 위한 선택 사항이 아니다. "선한 사람이 복을 받고 악한 사람이 벌을 받는 것은 반대의 경우보다 훨씬 바람직하다? 천국에서 악한 사람이 더 행복을 누린다면 누가 善을 행하겠는가?"[78] 그러나 그것은 상상으로 생각해 볼 수 있는 우려일 뿐, 정말 그렇게 될 가능성은 추호도 없

---

78) 『한 권으로 읽는 서양철학사』, 앞의 책, p.231.

다. 이것이 하나님이 태초로부터 적용해 온 섭리 원칙이다. 하나님이 정한 결정 의지이다.

> 천주의 응보는 사(私)가 없습니다. 善한 자는 반드시 상을 받고 惡한 자는 반드시 벌을 받습니다.[79]
> 善을 행하는 자에게는 하늘이 복으로써 이를 갚고, 불선(不善)을 행하는 자에게는 하늘이 화로써 이를 갚는다.[80]

원칙이 철저하게 세워져 있는 관계로 결정적인 법칙도 적용될 수 있다. 종두득두(種豆得豆) 종과득과(種瓜得瓜), 즉 콩을 심으면 콩을 거두고, 오이를 심으면 오이를 거둔다. 자기가 심은 것을 거두고, 심지 않고서는 거둘 수 없다.[81] 正道→正行→正果가 한 길로 소통된다. "덕자본야 재자말야."[82] 무엇이 인생의 근본인가? 덕이 근본이고 재물은 말단이다. 이것이 뭇 존재 가운데 적용된 본질 작용의 대원칙이다. 무형의 이치가 있는데 그것이 種豆得豆이고 德本財末이다. 본질 작용은 무형의 의지 작용인데, 이것이 섭리로 운행되어 하나님의 창조 목적을 완성시킨다. 창조 이래 하나님이 주재한 섭리 의지는 변함이 없었나니, 그렇기 때문에 그 뜻은 아무도 거스르지 못했다. 하나님이 세운 창조 목적은 반드시 실현된다. 이것이 세상에서는 거부할 수 없는 이치이자 법칙으로 나타났고, 역사 과정에서 길을 인도한 성령의 역사 발자취로 표출되었다. 하나님은 어디에 계시는가? 세상을 주재한 섭리 의지 가운데 있기 때문에 일관성 있는 뜻만 파

---

79) 『천주실의』, 마테오리치 저, 이수웅 역, 분도출판사, 1988, pp.53~56.
80) "爲善者 天報之以福 爲不善者 天報之禍" - 『명심보감』, 계선 편.
81) 『철학의 즐거움』, 앞의 책, p.190.
82) "德者本也 財者末也 外本內末 爭民施奪." - 『대학』, 傳十章.

악할 수 있다면 그것이 바로 하나님을 보는 것과 같다. 성경 속에만 하나님이 존재하고 있는 것이 아니다. 자연의 법칙을 통해서만 알 수 있는 것도 아니다. 너와 나의 인생 역정 가운데서도 얼마든지 발견할 수 있나니, 이런 사실을 알 수 있게 하는 것이 바로 믿음을 바친 인생 투신이다. 그리하면 정말 이 땅에 강림한 하나님을 뵈올 수 있다.

2. 지혜를 통한 인식

神에 대해 전문적으로 파고든 신학자들은 어떠한 경로를 통해 神을 인식할 수 있느냐는 문제를 나름대로 해결하려고 노력했다. 바르트는 『교의학』에서 신학적 인식론을 세웠는데, 핵심은 神은 오로지 자체 계시에 의해서만 알려진다는 데 있다. 하나님은 하나님에 의해, 하나님을 통해서만 인식된다. 애써 神에 대한 인식 경로를 트고자 한 것이 오히려 한정시켜 버리다니! 하나님과 인간 사이에는 죄와 악으로 인해 은폐되어 있어 인간의 힘으로, 혹은 계명에 대한 순종과 허락 없이는 하나님을 알 수 없다고 했다.[83] 어떤 이유에서건 하나님은 존재하는 세계의 뒤편에서 초월자로 계신다. 대책을 세워 지혜를 강구해야 하는 이유이다. 계시에 의존하고 은폐된 사실을 인정한다면 오히려 하나님을 인식할 수 있는 범위를 확장시킬 수도 있다. 존재하지 않고 계시하지 않았다면 기대할 것도 없지만, 숨어서라도 존재한다면 찾을 수 있다. 분별할 수 있는 관점을 확보하는 것

---

83) 「칼 바르트의 신 인식론 연구」, 최자원 저, 목은대학교신학대학원 신학과 조직신학전공, 석사논문, 2005, p.25.

이 숙제일 뿐…….

　神이 계시에 의해 알려진다는 것은 통상 인간에게 한 말씀을 통해서인 것으로 알지만, 이미 이루어진 역사를 통해서도 뜻이 충분히 내포되어 있다. 살아 역사한 실존성을 체험하는 것도 중요하지만 완수된 성업을 통해서도 지혜는 구할 수 있다. 그것이 무엇인가? 하나님은 천지를 창조한 흔적을 남겼고, 섭리한 발자취도 있다. 하나님은 존재하지 않는 것이 아니라, 세상 뒤에 계시기 때문에 지혜를 동원해야 한다. 전등을 켜면 사물을 분간할 수 있고, 송곳으로 찌르면 속에 있는 내용물을 꺼낼 수 있는 것처럼, 감각은 보고 느껴서 겉 테두리를 지각하는데 유효하고, "지혜는 사물에 대한 통찰력으로 본질을 꿰뚫는 인식 능력이다."[84] 지혜적인 방식을 택할 수밖에 없는 이유가 하나님에게 있다. 은폐되어 있기 때문에 지혜로서 가능한다(바르트). 야스퍼스도 비슷한 용어로 암호란 말을 썼다. "초월자인 神은 사유가 아닌 암호라는 매개에 의해 사유되므로, 암호를 통해 초월자의 존재로 육박해 들어갈 수 있다"고 보았다.[85][86] 암호화된 하나님도 지혜를 통하면 풀 수 있다. 지혜는 시공간을 초월하기 때문에 하나님을 인식할 수 있는 방법으로 유효하다.

　지혜는 일단 정신적인 이치로 추적하는 방식이다. 그렇다고 전격적으로 관념적이라는 뜻은 아니다. 『장자』에서 혜시(惠施)는 말하길, "지극히 큰 것은 밖이 없고 지극히 작은 것은 안이 없다"라고 했다.[87] 이런 형태의 존재 추적 방식이 바로 관념적인 사고방식이다.

---

84) 『세계관, 종교, 문화』, 안점식 저, 죠이선교회, 2012, p.37.

85) 「칸트의 요청으로서의 신 존재와 실존적 신 인식의 문제」, 앞의 논문, p.38.

86) "야스퍼스는 神을 최고의 암호로, 암호의 암호로 표현하고 있다." -「칼 야스퍼스의 암호에 관한 연구」, 장인연 저, 동아대학교대학원 철학과, 석사논문, 1991, p.112.

마하트마 간디는, "밤하늘 별들 사이에 빛나는 초승달이나 해 질 무렵 붉게 물든 저녁노을 같은 아름다운 자연 풍경은 그 현상 뒤에 하나님이 계신 것을 생각나게 하는 진리적인 면이 있다. 하나님이 창조했기 때문에 아름다울 수 있다"고 했다[88] 어느 모로 보나 인과 관계가 모호하다. 그러나 지혜는 나타나 있는 근거를 보고 보이지 않는 세계를 가늠하는 방식이다. 조건이 충족될 만큼 확실한 근거가 있다. 즉 현재 주어진 조건, 질서, 이치를 근거로 보이지 않는 것, 도래하지 않은 것, 전체적인 것, 차원적인 것을 가늠할 수 있다.[89] 예를 들어 숫자가 무작위로 나열되어 있다면 그것을 통해서는 어떤 질서, 일관성, 통일성, 법칙성도 가늠할 수 없다. 성질, 성향, 특성을 판단하기 어렵다. 하지만 숫자가 홀수로 구성되어 있고 일정한 질서를 겸비한 상태라면 우리는 그다음에 이어질 수를 헤아릴 수 있다. 이런 전제 조건 방식이기 때문에 칸트는 神의 존재를 요청할 수 있었다. 먼저 무엇이면 무엇이라고 한 조건을 세우고, 그런 조건들을 충족시킬 수 있다면 가설이 사실로서 확증된다. "칸트는 인간의 도덕적 의지가 지향한 최고선을 실현할 수 있는 조건(도덕성의 완성)으로 두 가지를 요청하였는데, 한 가지는 인간 영혼의 불멸이고 나머지 한 가지는 상응하게 복을 보장받을 수 있는 神의 존재이다."[90][91] 인간이 지닌 조건만으로서는 영원한 생명을 얻을 수 없다(영혼불멸).

---

87) "至大無外 至小無內." ─『장자』, 천하 편.

88)『다석 유영모 명상록』, 박영호 역·해자, 두레, 2001, p.24.

89) 장자와 간디가 전제한 것은 거의 일방적인 조건 제시임.

90)「칸트의 요청으로서의 신 존재와 실존적 신 인식의 문제」, 앞의 논문, p.25.

91) "칸트는 최고선에 도달 가능하게 하는 도덕적 세계의 창조자, 곧 神을 전제했다." ─ 위의 논문, p.22.

도덕적인 최고선을 실현할 수 없다. 구원을 얻고 은혜를 입어야 하므로 神은 존재해야 한다. 세상이 지닌 전체적인 조건이 神을 필요로 했다. 그런데 정말 부활이 있었고 최고선을 실현한 성인이 이 땅에 탄강하였다면? 神이 존재한 사실이 인정된다. 강림한 하나님을 인식한 순간 인류는 정말 살아 역사한 하나님과 조우할 수 있게 된다.

하나님이 은폐되고 암호화되고 초월자가 된 주된 원인은 창조에 있다. 현상적인 제약 때문에 참된 실재에 도달할 수 없는 이유도 여기에 있고, 동일한 이유로 온갖 제약을 넘어 세상 어디에도 존재할 수도 있다. 그래서 야스퍼스는 참된 존재(초월자)를 향하여 물어나가는 것이 形而上學이고, 중요한 것은 암호해독이라고 말했다. 초월자가 숨겨온 비밀 수수께끼를 푸는 것인데,[92] 정작 해독할 수 있는 기준과 기호에 대해서는 언급하지 않았다. 지혜의 방법을 동원하지 않을 수 없다. 지혜란 나타나 있는 조건만 보고 하나를 통해 열 가지를 가늠하는 것이다. 부분을 통해 전체를 판단한다. 초월자라고 해도 예외는 없다. 주자가 논거한 사례가 바로 지혜적인 인식 방법이다.

> 性은 무엇이라고 말할 수 없다. 性이 善하다고 할 수 있는 까닭은
> 단지 그 측은(惻隱)·사양(辭讓)의 사단(四端)이 善한 것만을 보면,
> 그 性의 善을 볼 수 있다. 예컨대 흘러가는 물이 맑은 것을 보면
> 그 원류가 반드시 맑다는 것을 아는 것과 같다.[93]

하류에서는 상류에 있는 물이 맑은지 탁한지 알 수 없다. 하지만 물은 상류에서 하류로 흐르기 때문에 굳이 상류까지 가보지 않더라

---

92) 위의 논문, p.35.
93) "…… 如見水流之淸 則知源頭必淸矣." -『주자어류』, 권 5.

도 판단은 가능하다. 하류 물이 맑다면 상류 물도 당연히 맑다. 이것은 의심할 여지가 없다. 상류로 가보아야 하는 물리적인 거리를 단축시키는 지혜적 가늠 방식이다.

　암호를 독해하는 문제도 동일한 방식이다. 암호는 그냥 보면 알아낼 수 있는 정보가 하나도 없다. 하지만 암호는 결코 원칙 없이 정보를 감추어 놓지 않았다. 복잡하게 조합해 놓았지만 필요한 사람들에게는 메시지가 전달될 수 있게 하였다. 서로에게 통하는 약속 기준이 있다. 神의 암호도 마찬가지이다. 그래서 현상계에 감추어진 결정적인 질서들을 면밀하게 추출해야 한다. 칸트는 왜 "사물의 본질이 아니라 단지 현상만 인식할 수 있다"고 했던가?[94] 그 이유는 바로 현상계를 통해 추출한 질서를 기준으로 하여 본체계를 가늠했기 때문이다. 그러나 반야란 초월적 지혜가 있지 않은가(본체적 질서)? 서양의 철인들이 선호한 神 증명 방식 중 하나인 우주론적 논증에서, "만약 하나님은 언제나 존재하기 때문에 전혀 설명이 필요 없다면, 모든 것에는 원인이 있어야 한다는 우주론적 논증의 기본 전제가 틀렸다는 것을 오히려 증명한다."[95] 초월된 하나님을 증명해야 하는데 그 판단 기준을 피조체가 지닌 현상계적 질서를 동원한 것이다. 그러니까 이치에 어긋났고 논리상 모순이 발생하였다.

> 無로부터 무언가가 생겨났다는 식의 믿음은 거짓일 뿐 아니라 우리가 현실 질서로 확인하고 있는 질량에너지 보존 법칙을 무참히 짓밟는 것이다.[96]

---

94) "물자체는 인식할 수 없다. 사물이 존재한다는 사실만 인식할 뿐 그 사물이 무엇인지는 모른다 (칸트)." -『현대인식론(수정판)』, 앞의 책, p.66.
95) 『우주에는 신이 없다』, 데이비드 밀스 저, 권형 역, 돌을 새김, 2010, p.36.

과연 그런가? 그렇게 철칙화된 근거인 원인이 사실은 창조로 인해 생긴 것이라면 하나님은? 그런 원인 없이 존재할 수 있다. 가르치는 교사는 학생이 지닌 자격 조건과 다르다. 현상계와 본체계를 인식하는 것도 그러하다.

그러므로 우리는 현상계가 지닌 인과성을 통해 하나님을 보아서는 안 된다. 그와 같은 법칙을 발생시킨 본체 질서를 기준으로 삼아야 한다.[97] 이런 지혜적 구안 방식에 대해 적용되어야 하는 것이 곧 천지 창조 역사이다. 창조된 본의만 알면 현상계가 지닌 제한성을 통해서도 하나님을 볼 수 있는 지혜를 강구할 수 있다. 有는 모두 無로부터 시작된다고 한 것처럼(왕필), 창조에 입각해서 보면 지금 세상이 有한 것은 정말 그 이전이 無일 수밖에 없기 때문이다.

> 有는 모두 無로부터 시작된다. 그러므로 아직 형체가 없고(無形) 이름이 없는(無名) 때가 즉 만물의 시작이 된다.[98]

이것은 『노자도덕경』 40장에서, "천하 만물은 有에서 生하고 有는 無에서 生한다"라고 한 말에 대해 주를 단 것인데,[99] 왕필도 왜 有한 천하 만물이 無로부터 生한 것인지에 대한 이유는 밝히지 않았다. 알고 보면 창조가 해답인데 동양본체론은 이런 창조 사실을 시인한 논리적 전개 사례가 많다. 우리는 처음 태어나면 이름이 없지만 그렇다고 해서 존재하지 않는 것은 아닌 것처럼, 천지가 창조되지 않았

---

96) 위의 책, p.36.
97) 道는 시간과 공간을 초월한 무형의 실체이지만, 현상계에 존재하는 실체는 불가능하다.
98) "凡有皆始於無 故末刑無名之時 則爲萬物之始." -『노자도덕경』, 1장, 왕필 주.
99) "天下萬物生於有 有生於無." -『노자도덕경』, 40장.

다고 해서 하나님이 존재하지 않는 것 역시 아니다. 이것이 삼라만 상인 有가 無로부터 生한 이유이다. 만물이 無로부터 시작되었다는 것은 창조론적 시각이다. 無는 감각적인 지각으로서는 무엇으로도 인식할 수 있는 근거를 찾을 수 없다. 그렇기 때문에 무한자인 하나님을 인식하기 위해서는 감각적인 지각 시스템을 지혜적인 자각 시스템으로 전환해야 한다. 성령의 역사는 하나님이 뜻한 의지 표출 작용이다. 차마 거부할 수 없는 엄밀한 운행을 통해 사전에 길을 예비한 하나님의 선재 사실을 확인할 수 있다. 하나님은 만인이 가늠하는바 확실한 인식으로 존재한다. 성부의 시대에는 하나님이 이른 말씀을 통해, 성자의 시대에는 예수 그리스도가 이룬 사역 역사를 통해, 그리고 보혜사로 강림한 지상 강림 시대에는 하나님의 본체성을 지혜로서 가늠할 수 있다. 선천에서는 통합적인 창조 본체를 분열시키는 것이 대진리적 과제였다면, 후천은 그렇게 해서 만개된 분열성을 극복하고 통합해야 하는 것이 지상과제이다. 시대적인 상황이 급변했기 때문에 인류는 지혜적인 방법을 강구하여 강림한 하나님을 인식할 수 있어야 한다.

3. 직관을 통한 인식

감관을 통해 사물을 탐구하고 지성을 통해 본성을 헤아리는 방법은 서양 인식론이 이미 개척하여 놓았다. 하지만 뭇 사물을 있게 한 순수 본질은 무형이므로 이런 상태를 파악하기 위해서는 인식 방법을 달리해야 한다. 이에 동양에서는 수행을 쌓는 방법으로 무형의 실체에 접근했다. 그러나 道는 구했지만, 방법을 구체화하지는 못했다. "道를 깨닫는 방법은 일명 직관이라고도 하며, 직관을 통해 선현들이 道와 합일했다."100) 직관이 괭이로 땅을 일구는 작업이라면 이론은 그렇게 해서 파헤쳐 놓은 땅을 고르는 작업이다. 광물을 탐사하는 과정과 직접 캐는 작업과의 차이와도 같다. 감관이 대상과의 관계성을 통해 인식하는 것과는 판이하다. 의식으로 내면세계를 파고드는 직관 작용은 거시세계와 미시세계가 지닌 차이성과도 비교된다. 일찍이 보지 못한 또 다른 세계가 펼쳐져 있다. 그래서 맹자는 "心을 끝까지 파고들면 그 性을 알게 되고, 그 性을 알면 天을 알 수 있다"고 했다.101) 우주를 모두 살펴야 神을 볼 수 있는 것은 아니다. 의식의 깊이는 어디까지이며 맞닿아 있는 곳은? 존재를 말미암게 한 근원 뿌리까지이다. "마음을 다함으로써 본래성을 자각하고, 본래성을 자각하는 것은 그대로 天命, 天道를 자각하는 것이 된다(맹자)."102)

혹자는 우주에는 神이 없다고 공언하였는데, 이것은 관념이 세계와 동떨어진 상태에서 내린 오판이다. 감관을 수단으로 삼았기 때문인데, 직관을 통하면 실질적인 본체에 도달한다. 감각으로 표상 면을 지각하는 것과 의식으로 내면의 본질을 직관하는 것은 메커니즘이 전혀 다르다. 일깨움은 직관으로 존재한 본질 세계를 파고드는 방법으로서 神을 인식할 수 있는 지름길이다. 하나님은 눈으로 보고 감지할 수 없다. 의식을 통해 살아 역사한 작용성을 깨우쳐야 한다. 무지와 고통을 낳은 無明을 거두고 열반에 이를 수 있는 것도 의식을 통한 깨달음이고, 벗어날 수 없는 죄악을 회개하고 천국에 이르

100) 「신인조화에 나타난 신인관계 연구」, 윤재근 저, 대순사상논총, 권 3, 1997, p.8.

101) 『천인합일 사상』, 이광율 저, 중앙, 1996, p.102.

102) "盡其心者 知其性也 知其性則知天矣." -『맹자』, 盡心上, 1장.

는 것도 정신적인 자각의 일종이다.

> 우리 主 예수 그리스도의 하나님, 영광의 아버지께서 지혜와 계시
> 의 정신을 너희에게 주사 하나님을 알게 하시고……103)

초월적인 본체성은 정신적인 자각을 통해 의식을 전환하는 순간
포착된다. 神 인식의 저변에는 깨달음이 있고, 깨달음이 있어야 영혼
의 구원 역사가 그 뒤에 있다.

> 선지식이여! 내가 홍인(弘忍) 화상의 문하에 있을 때 한 번 가르침을
> 듣고 바로 대오(大悟)하여 진여본성(眞如本性)을 즉각 깨달았다.104)

진여본성이란 무엇인가? 상식과는 차원이 다른 그 무엇을 엿본 정
신 경지 상태이다. 하나님이 계시로 역사하기 위해서는 시공간을 주
재해야 한다. 그래서 역사를 겪고 나면 하나님이 나라는 실존 공간
보다 앞서 역사한 사실을 발견하게 된다. 정상에 올랐는데 먼저 남
겨진 발자국을 발견하는 것처럼, 하나님은 시공간을 초월해 계신 선
재자이다. 예사롭지 않은 초월적 질서를 육조 혜능이 깨달았다.
覺者가 어떻게 일상적인 지각 작용과는 차원이 다른 깨달음을 얻
게 되는가 하면, 거기에는 그만한 세계적 작용이 뒷받침되어 있었기
때문이다. 깨침을 일으킨 직관 작용에 진리와 본성의 선재성이 자리
잡고 있다. 플라톤이 인식의 선험성을 말하였고, 칸트가 범주의 선
험적인 틀을 주장한 것은 경험이 기준이다. "모든 지식은 선험적이
라, 인간 세상에서 새롭게 형성된 것은 아무것도 없다. 교육도 그들

---

103) 에베소서 1장 17절.
104) 『중국철학의 역학적 조명』, 이현중 저, 청계, 2001, p.325.

이 그것을 기억하도록 돕기만 하면 된다"고 강조했다.[105] 그러나 사실은 선험성이 아니다. 정확하게 말하면 시공의 분열 질서를 앞서 존재한 선재성 형태이다. 그리고 더 정확하게 말하면 분열 중인 시공간적 질서가 기준이 된 것이고, 본체 자체는 처음부터 불변하였다. 그래서 현상계적 질서를 기준으로 삼은 경험론자, 과학자들은 선재된 존재 상황을 도무지 이해할 수 없었지만, 우리에게 직관 작용이 있다는 것은 초월적인 본체가 정말 존재한다는 사실을 시사한다. 선재 된 초월성이 없다면 직관 작용도 일어날 수 없다. 그런데도 경험론자인 로크는, 『인간오성론』에서 선재성을 허용하는 神의 생득 관념을 부인하고 나섰다. 그 이유는 인식하는 초점을 외부에 둔 때문인데, 내부로 맞추면 긍정할 수 있다. 캘빈은 본성적으로 인간에게는 심겨진 神에 대한 관념이 있다고 말했다. 그는 "인간의 마음 가운데는 타고난 본능에 의해 하나님에 대한 자각이 있다는 것이 확실하다고 믿고 천성적인 감각의 존재성을 주장하였다."[106] 왜 그런가? 하나님이 인간을 창조한 때문이다. 그래서 하나님과 인간은 떨어질 수 없게 된 것인데, 이것을 억지로 격리시킨 것은 서양 신학이 저지른 잘못이다. "자신을 깊이 성찰하면 神에게로 나아갈 수 있고, 神을 깊이 성찰하면 인간을 알 수 있다. 하나님은 그가 지은 만물 속에 자신의 영광된 흔적들을 분명하게 새겨놓았다."[107] 그것을 우리는 직관을 통해 일구어낼 수 있다.

직관을 통하면 무엇을 알 수 있는가? 孔子는 "吾道一以貫之"라고

---

105) 「고대 플라토니즘과 오거스틴의 인식론에 관한 연구」, 앞의 논문, p.23.
106) 「캘빈의 신 인식과 자기 인식의 공속성의 문제에 관하여」, 앞의 논문, p.165.
107) 위의 논문, p.165.

했는데,[108] 여기서 一이 의미한 것은? 증자(曾子)는 충서(忠恕)라고 했지만, 그것은 달을 가리켰는데 손가락을 본 것과 같다. 道를 寬했다는 것을 통해 우리는 세계가 지닌 구조를 알 수 있다. 道는 인식상 아무런 걸림이 없는 본질체이다. 한통속, 한 본질, 하나이기 때문에 一以貫之할 수 있다. "칸트가 말한 사고방식의 혁명이 시사하는 철학적 의미는 대상의 형식이 인식을 규정하는 것이 아니라 인식의 주체가 대상을 규정한다는 태도의 전환에 있다(코페르니쿠스적 전회 -Kopernikanische Wendung)."[109] 그러나 둘러치고 메친다는 말처럼 관점상의 전회일 뿐, 대상 자체는 변한 것이 없다.[110] 다르게 보니까 다르게 볼 수밖에 없었다. 이런 전회로서는 새로운 정보를 얻을 수 없고 본질을 규정할 수 없다. 주관, 객관을 막론하고 현상계를 통해 드러난 구조를 통하여 그 너머에 있는 본체계(神의 세계)까지 가늠해야 한다. 불가능하다고 생각하는가? 가능한 여기에 인식론의 대혁명이 있다.

주자학에서는 이통기국(理通氣局)에 대해 말했다. 왜 理는 두루 통하는데 氣는 국한되는가? 그 이유에 대해 혹자는, "理는 形而上學적이므로 하나(一), 보통(常), 두루(遍) 나타난 것이고, 氣는 形而下學적이므로 변(變)함과 정(定)함, 사라지고 커 나감(消長)이 있게 나타난다."[111] "理는 형체와 동작이 없고 원융무애하여 제한을 받지 않는 보편적인 성격을 갖지만, 氣는 형체가 있고 동작이 있어 변화와 제한을 받는 특수한 성격을 띤다"고 하면서 비교하였다.[112] 氣의 국한은 현상계

---

108) 『논어』, 견인 편.

109) 「이성에 대한 칸트의 이해와 그 관점에서 바라본 종교」, 앞의 논문, p.10.

110) "칸트의 인식론은 객관(보이는 것)이 주관(보는 것)을 구성한다는 재래의 생각을 주관(보는 것)이 객관(보이는 것)을 구성한다는 주장으로 바꿈"-『논술과 철학강의(철학강의편)』, 앞의 책, p.162.

111) 「퇴율 성리학의 비교 연구」, 채무송 저, 성균관대학교대학원 박사학위논문, 1972, p.111.

가 지닌 분열질서의 제약성을 지적한 것이다. 하지만 氣는 氣化된 理로서 본래는 만사에 걸쳐 두루 형통하다. 그런데 왜 국한된 것인가? 창조로 인해 존재화된 때문이다. 이런 본의 특성과 연유를 알아야 현상계가 지닌 제한성을 통해 국한되기 이전에 존재한 본체계와 神의 존재 상태를 가늠할 수 있다. 존재화로 인해 결정된 관계로 국한되었지만, 존재 밖에서는 만사형통하다. 결정 이전의(창조) 理는 通이고, 결정 이후(존재)의 氣는 국한이다. 그렇기 때문에 현상계에서 나타난 氣의 국한성을 통해 理의 형통성을 알 수 있다.[113] "氣의 근본이 하나인 것은 理와 통하기 때문이고, 理가 만 가지로 나뉜 것은 氣가 국한된 때문이다."[114] 창조 원리를 인식한 것과 대동소이한 논거 전개이다. 그릇 밖에 있는 理적 본질은 어떤 그릇에도 담을 수 있지만 담고 나면 그 그릇 속에 국한된다. 주전자에 담긴 물은 따르는 데 시간이 걸리지만, 물자체가 그런 경과 시간을 가진 것은 아니다. 하지만 물은 왜 따라야 하는가? 왜 인식에는 제한이 있는가? 물이 한꺼번에 쏟아낼 수 없는 것과 현상계가 지닌 분열성을 고려한다면 만인은 능히 초월적인 하나님의 존재 상태를 가늠할 수 있다.[115] 플라톤은 "감각적 사물들은 시간과 공간의 제약을 받고 있어 이데아(본체계)에 관해 참된 지식을 얻는 것이 불가능하다"고 했는데,[116] 그것은 창조 본체가 규명되지 못한 여건 속에서의 세계관적 한계이

---

112) 『율곡철학의 이해』, 앞의 책, p.99.

113) "無가 이미 없는 것이라면 有를 생겨나게 할 수 없다." -『장자주』, 제물론 편, 곽상 저.

114) 『전서』, 권 10.

115) 현상은 본질의 분열로 인해 표상된 질서에 대한 인식이다. 분열하여 드러난 것이 세상이라면 분열하지 않는 원래 상태는? 이렇듯 드러난 현상을 통해 표상 이전의 본질을 가늠할 수 있다. 현상을 통해 현상 이면에 존재한 존재의 통체 구조를 가늠하는 것이 지혜이다.

116) 「노자의 도에 대한 본체론적 이해 비판」, 앞의 논문, p.18.

고, 지상 강림 역사가 실현된 지금은 가능해졌다. 본질 자체에는 어떤 제한도 없다. 세계는 이미 존재하고 있고 완비된 통합 본질로 구성되어 있다.

4. 인식과 본질

철학이 인식적인 문제를 중요 과제로 다룬 것은 인식을 통해 세계의 구조를 밝히고 궁극적인 실체에 접근하고자 한 지대한 노력의 일환이다. 세계와 인식은 깊이 연관되어 있다. 불교에서는 지혜와 선정, 번뇌와 보리가 둘이 아니라(不二) 보고 깊은 관련성을 표명하기도 했다. 이것을 이 연구에서는 단도직입적으로 '인식이 곧 본질의 투영이다'라고 단정 짓거니와, 앞에서도 이 연구는 인식을 통해 세계의 구조를 알 수 있다고 말한 바 있다. 왜 그런 것인지, 선현들이 말했는데도 불구하고 왜 제대로 이해할 수 없었던 것인지 설명할 수 있다. 선천에서는 관계성을 트기는커녕 오히려 단절시켜 버렸는데, 그 대표 주자가 바로 칸트이다. 그는 "궁극적으로 진짜 존재하는 것은 진짜 존재하는 사물이 아니라 사물을 진짜 존재하는 것이게끔 한 선험적 통각(정신)에 있다"고 했다.[117] 사물과 통각을 단절시킨 관계로 관념론자로 분류되는 것은 당연하다. 그의 사상을 이은 철학자들도 사물 자체와(물자체) 선험적 통각으로 정의된 정신을 서로 대립된 것으로 여겼다.[118] 공간과 시간은 사물을 통해 주어지는 형식, 즉 인간이 사물을 직관하는 주관적 형식에 지나지 않는다고 본 것이다.

---

117) 『존재이야기』, 앞의 책, p.170.

118) 위의 책, p.170.

근대의 과학정신에서도 경험주의의 실재관을 그대로 받아들여 물리적인 세계를 주관적인 인식으로부터 독립시켜 자체 존재하는 객관적인 실재로 간주하였다.[119] 따로국밥이란 말이 있듯, 의도와 달리 인식과 세계를 단절시키는 데 일조하였다. 인식을 통해서는 神을 알 수도 증명할 수도 없다. 경험론자인 흄은 "표상은 단지 외부 대상의 재현에 불과하다는 신념에 대해 추호도 의심하지 않았다."[120] 표상은 어떻게 해서 나타난 것인가? 무슨 이유로 외부 대상뿐이라고 말한 것인가?(감관) 표상은 본질이란 몸통의 얼굴이 아닌가? 이런 관계성을 밝혀야 표상을 통해 본질이 지닌 구조도를 파악할 수 있다. 표상이 전부는 아니지만 출토된 기와 조각의 웃는 얼굴 모습처럼 부분을 통해서도 우리는 얼마든지 전체적인 모습을 그려 낼 수 있다. 하지만 후설은 "대상은 항상 의식에 의해 구성된 것이라 했고(현상학), 사르트르는 대상은 우리의 의식 밖에 실재한다고 하였다. 즉자(即自), 즉 존재는 인간에 의해 의식되건 의식되지 않건 자체로서 본래부터 존재한다"는 신념을 견지했다.[121] 창조와 무관한 神은 상정한 대로 즉자할 수 있지만, 창조된 세계 안에서는 하나님이 홀로 절대적인 즉자가 될 수 없다. 세계와 함께하기 때문에 삼라만상과 연관되어 있고, 세계를 철저히 뒷받침할 수 있다.

이것이 지상 강림 역사 실현으로 확보한 세계관적 관점이다. "존재는 이미 神적인 것도 아니고 더없이 높은 초월자도 아니다. 그저 있는 것이고, 그 이상도 그 이하도 아니다. 창조되지도 않았고, 존재

---

119) 「이성에 대한 칸트의 이해와 그 관점에서 바라본 종교」, 앞의 논문, p.14.
120) 『흄의 철학』, A. J. 에이어 저, 서정선 역, 서광사, 1987, p.61.
121) 『한 권으로 읽는 서양철학사』, 앞의 책, p.320.

할 이유도 없으며, 다른 존재와 어떠한 관계도 없는 무의미함이다 (사르트르)."[122] 이전까지는 그렇게 말해도 비판할 근거가 없었지만, 이제는 세계관적 오판 근거가 확고하다. 서양 인식론도 形而上學적인 본체 세계를 파고든 흔적은 있지만 결국은 현상계에 관심을 둔 본래 관점으로 되돌아가 버렸다. 그들은 궁극적인 실재를 추적하면서 원인의 무한 소급 문제를 해결하기 위해 자기 원인적인 존재를 상정하였지만, 이것은 현상계의 인과적 질서를 물자체에 적용시킨 데 따른 문제의식일 뿐이다. 왜 그런가? 서양 인식론은 끝내 본체계의 존재성을 거부하고 말아 그로부터 양산된 초월성에 대한 질서 정보를 전혀 받지 못했다. 하나님이 천지를 창조한 절차를 알 수 없게 되었다.

세상 질서는 어떻게 세워졌는가? 인식은? 인식은 의식이 분열하여 생긴 것이다. 의식이 없으면 인식도 없다. 대상과 아무런 상관없는 의식 자체의 지각 작용이다. 천지는 홀로 존재할 수 없다. "하나님은 그 본질로 말미암아 존재 자체이기 때문에 창조된 존재는 하나님의 결과여야 한다."[123] 창조된 세계는 하나님과 긴밀하게 연결된 원인과 결과와의 관계 속에 있다. 그래서 우리는 원인을 통해 결과를 알고, 결과를 통해 원인을 아는 것을 당연한 것으로 여긴다. 세상을 통해서 하나님을 아는 것은 물론이고 인식함 자체, 곧 분열된 의식 구조를 통해서도 하나님을 알 수 있다. "空은 自性을 갖고 있지 않지만, 아무것도 없는 것이 아닌 사물의 실상 개념이다."[124] 自性이 없어 인식은 할 수 없지만 空은 제 현상을 있게 한 바탕 본질로서 분명히

---

122) 위의 책, p.321.

123) 『신학대전(1)』, 토마스 아퀴나스 저, 8, 1, ad1., 157.

124) 「승조 조론에 나타난 공사상 연구」, 지혜경 저, 연세대학교 철학과, 석사논문, 1998, p.2.

존재한다. 분열된 인식 구조를 통해 바탕 된 의식이 존재하는 것을 아는 것처럼……. 아무런 형체가 없기 때문에 空은 오히려 모든 존재의 근거가 될 자격을 가진다. 인과로 연결되어 있어 空이 그대로 色化된다. 色과 空은 다르지 않다.[125] 왜 "理氣는 하나이면서 둘이고 둘이면서 하나인가?"[126] 창조를 모르면 세상 누구도 각성된 본체 논리를 이해할 수 없다. 하나인 본체로부터 삼라만상이 존재하게 된 조화로운 창조 논리이다. 세상은 크게 존재와 본질로 나눌 수 있는데, 이런 세상이 어떻게 존재하게 되었는가 하면 바로 본질로부터 창조되었기 때문이다. 그래서 삼라만상을 이룬 만물의 모습이 그대로 세상을 있게 한 본질의 모습이 된다. 존재가 곧 본질이다(色即是空). 존재를 통해 본질을 보고 표출된 인식을 통해 본질까지 가늠할 수 있는 것이 사유가 지닌 정당한 기능이다. 물론 인식과 존재와 본질이 100% 같은 등식이 될 수는 없다. 그러나 인식이 지닌 제한성과 창조된 절차만 고려한다면 인식은 100% 본질의 반영이다.

그런데도 여태껏 이런 등식(=)을 성립시킬 수 있는 여건이 조성되지 못했던 것은 어떤 실마리를 가닥 잡지 못해서인가? 하나님은 삼세 간을 초월한 영원한 실존자인데, 하늘 아래서는 영원한 것이 하나도 없기 때문이다. 생로병사가 인생의 행복을 가로막았다. 그렇다면 100% 이질 된 것이 아닌가? 이것은 지상 강림 역사 이전에 벗어나지 못한 한계 관점이고, 완수 역사 이후는 인식 하나로 일체의 생멸 현상을 극복할 수 있다. 생멸 현상, 그것이 바로 영원한 본체가 현상계 안에서 영원할 수 있기 위한 생성 시스템 방식이었다는 것

---

125) "色不異空 空不異色 色即是空 空即是色." -『반야심경』
126) 『율곡철학의 이해』, 앞의 책, p.95.

을! 滅해야 다시 生할 수 있게 된 것이 영원한 본질 시스템이다. 존재는 생멸해도 본체가 항존하기 때문에 다시 生할 수 있다. 세계는 무한성으로 분열하고 영원성으로 생성한다. 현상적으로는 소멸해도 본체적으로는 항구적이다. 아무리 만개하고 변화되었어도 본질은 결국 하나이다. 칸트는 어떻게 인식 작용이 일어나기 이전에 존재한 사물 자체(물자체)를 상정할 수 있었던가? 의식을 통하면 존재한 심연의 세계를 파고들 수 있고, 우주의 끝과도 통할 수 있다. "변하지 않는 것이 앎의 대상이고 변하는 것은 진리 대상이 될 수 없다"고 본 관점도 있지만,[127] 변화하는 곳에 무궁한 진리가 깃들어 있고, 변화를 살펴야 변함없는 본체를 가늠할 수 있다. 정확히 보면 "본체는 감각적 세계의 원인이 되는 세계로서 形而上學의 주요 내용을 구성한다. 변화를 규정하는 그 무엇으로서, 현상계를 이룬 바탕 근거이다."[128] 세계는 뿌리를 본체로 하고 가지를 현상으로 하고 있어 그 구조가 엄밀하다. 씨와 열매, 알과 닭, 존재와 본질, 인식과 의식은 통합 본질이 생성으로 인해 나뉜 모습이다. 이것을 깨닫기 위해 선현들이 각고의 정열을 쏟았다. 보혜사가 본체자로 강림한 오늘날 바야흐로 세계의 참모습을 꿰뚫게 되었다. 영원성을 넘나든 지혜, 곧 초월적인 하나님과 교통할 수 있는 영안을 선물로 부여받았다.

---

127) 『논술과 철학강의(철학강의편)』, 앞의 책, p.258.
128) 「노자의 도에 대한 본체론적 이해 비판」, 앞의 논문, p.1.

제17장 신의 초월성 인식

1. 초월성 근거

  우주의 기원은 자연적인가, 초자연적인가? 아인슈타인이 말한 사차원은 정말 존재하는가? 神은 세상에 대해 어떻게 초월적인가? 자연은 절로 그러하다는 뜻인데, 어떻게 절로인 자연이 알고 보면 그토록 치밀한가? 자연스럽다는 것은 아무런 걸림이 없을 정도로 완벽한 시스템이 아닌가? 시스템화되어 있으니까 오히려 자연스럽다. 처음부터 엄밀한 질서 체제를 갖춘 것이라면 이전에는 더 엄밀한 질서 체제, 그러니까 초월적인 神이 존재했다는 뜻이다. 정녕 인간이 지닌 앎이 백지와 같은 상태에서 시작된 것이라면 인류 문명도 백지와 같은 상태에서 답보되어야 한다. 그런데 문명은 계속 진보하였다. 그동안 쌓아 올린 지식은 과연 어디로부터 인출된 것인가? 인류가 발견한 무수한 원리, 법칙, 새로운 사실들, 깨달음이 아무런 근거도 없이 생겨난 것인가? 태초 때부터 있었던 것이 지성이 개오됨에 따라 발견된 것들이 아닌가? 사실상 우주는 처음 시작부터 법칙화되어 있었고 진리성을 간직하였다. 세계가 지극히 자연적인 것도, 진리가 존재한 것도, 우주가 출발부터 초자연적이었다는 것을 시사한다. 시작이 이러할진대 이것이 곧 神의 초월성을 추적할 수 있는 일말의 근거들이다. 하지만 입증한다는 것은 결코 쉬운 일이 아니다.

　"플라톤 사상은 불완전한 현실 세계를 초월해 있는 이상세계를 추구한 이원론이다."[129] 그러나 현실은 불완전한 것이라기보다는 다 드러나지 못했기 때문이고, 원형의 모사가 아니라 반대로 철저한 반영체이다. 이런 사실을 직시하지 못하고 현실과 동떨어진 이상만 추구했기 때문에 그의 사상은 관념화되고 말았다. 이상적인 세계만 추구할 것이 아니라 실질적으로 초월할 수 있는 원리적 근거를 찾아야 한다. 칸트는, "지식은 경험과 함께 시작되지만, 그것이 모두 경험으로부터 비롯되는 것은 아니다. 우리는 인식의 보편타당성을 경험하기 이전부터 지니고 있는 어떤 형식 속에서 얻는다"라고 했다.[130] 무엇이 초월적인가? 지식은 경험에서 비롯된 것이지만 경험 이전에 인식할 수 있는 어떤 형식을 사전에 갖추었다. 이것은 경험의 선후 과정(시간적 질서)을 넘어서 있는 모종의 초월성을 엿본 상태인데, 神은 그런 선험성보다는 전체 세계를 초월할 수 있는 근거가 필요하다. 칸트는 인간의 인식 기능인 이성이 가진 한계를 상정한 상태이

---

129) 「현대단학의 신인합일론 소고」, 안진경 저, 국제평화대학원대학교 평화학과 이론 전공, 석사 논문, 2005, p.3.
130) 『율곡철학의 이해』, 앞의 책, p.93.

라 종교와 神의 초월성 문제에 대해 자신이 말한 아프리오리한 선험력과 연관 짓지 못했다. 설사 인식은 하기 어렵더라도 神의 대표 속성인 초월성 문제만큼은 얼마든지 논의할 수 있다. 孔子도 "초월적인 神에 대해서 말한 적이 없고, 영원성의 문제에 대해 극히 냉담하였지만",131) 나의 道가 一以貫之하다고 말한 것은 道가 본질체로서 지닌 초월적인 특성을 직시한 것이다. 이런 안목을 갖추어야 깊이 감추어져 있는 초월성 근거를 찾아낼 수 있다.

학자들은 지식을 경험적 지식과 선험적 지식(초월적 지식)으로 나누기도 했는데, 선험은 인식보다는 우주 전체가 지닌 경험이 기준이다. 인간은 경험하고 이해하는데 한계가 있지만, 우주는 일체의 지식을 이미 함유하고 있는 상태이다. 우리의 앎과 상관없이 지구 상에 존재한 뭇 생명체는 예외 없이 생존하기에 적합한 구조를 치밀하게 갖추었다. 인간의 앎이 얼마나 미약한 것인가? 그 이유는 무엇인가? 미물들도 대우주적인 창조 역사에 직접 참여했던 까닭이다(창조를 경험함). 이런 사실들이 곧 초월성을 시사하는 근거이다. 세상과 아무 상관 없는 절대적 근거일 수 없다. 아리스토텔레스는 현실 세계와 동떨어진 이데아란 절대 초월성에 대해 비판하고, "형상과 질료라는 개념을 통해, 개별자를 떠난 보편자의 세계는 존재하지 않고, 현상 세계를 벗어나 존재하는 이데아의 세계는 없다"고 했다.132)133) 현실 세계와 무관한 절대 초월성은 설사 존재한다고 해도 무의미하

---

131) 『동양 윤리사상의 이해』, 조현규 저, 새문사, 2006, p.34.

132) 『중국철학의 역학적 조명』, 앞의 책, p.20.

133) "아리스토텔레스는 플라톤처럼 사물의 본질을 사물을 초월하는 이데아라 보지 않고, 그 사물에 본래부터 들어 있는 궁극적인 무엇인가를 구성하는 것으로 보았다." - 「존 로크의 인간오성론에 있어서의 관념에 관한 고찰」, 박양규 저, 전북대학교교육대학원 일반사회전공, 석사논문, 1981, p.75.

다. 우리에게 필요한 것은 세계 안에서 발견할 수 있는 초월성에 대한 근거이다. 절대적인 초월성은 사실상 세계 안에서의 초월성을 있게 하는 근거인데, 이것을 부정한 것은 아리스토텔레스가 저지른 실책이다. 형상이 언제나 질료를 통해 개별자로 나타난다고 통찰한 공적은 있다. 즉 "형상은 언제나 개별적 사물들 안에 들어 있는 관계로 개별적인 사실을 인식할 수 없으면 그것의 보편적 원리도 인식할 수 없다."[134] 왜 그런가? 하나님은 절대적인 초월자로서 홀로 존재하지 않고, 창조를 통해 세상과 함께한 사실을 엿본 것이다. 함께하는 관계로 세상 가운데서 초월될 수 있는 길도 열린다. 형상은 사물들이 창조를 경험했기 때문에 선험, 선재 된 초월성을 갖추고 있다. 이것은 본체가 시공간 안에서 존재하면서 동시에 초월된 근거이기도 하다. 창조로 인해 아리스토텔레스가 말한 것처럼 본체와 현상은 단절될 수 없고(함께 함), 神과 세계도 마찬가지이다. 함께 함으로써 세계 안에서 초월할 수 있는 존재 방식이다. 道와 만물은 단절될 수 없다. 시공간 안에서 내재적, 시간적이라고 해서(함께하기 때문에) 神이 본체자로서 지닌 불변성, 완전성을 잃어버린 것은 아니다.[135] 道는 내재적이고 바탕 된 본질체로 존재한 관계로 오히려 초월될 수 있다.[136] 시공간의 제약을 벗어나 있기 때문에 온갖 존재를 뒷받침할 수 있게 된 창조 이전의 본질체이다.

---

134) 위의 논문, p.20.

135) 「노자의 도에 대한 본체론적 이해 비판」, 앞의 논문, p.48.

136) 본체가 현상과 단절되어 있어야 한다고 생각한 것은 창조를 몰랐기 때문이다. 즉 "자기원인적인 본체는 존재론적으로 자기 원인적이며, 궁극적으로 현상에 영향을 줄지언정 영향을 받지 않아야 한다. 이런 근거로 본체와 현상이 서로 분리될 수 없다는 논거는 스스로 자족적인 본체임을 포기하는 것이고, 스스로 자족적인 본체가 아님을 주장하는 근거가 된다"고 한 것은(위의 논문, p.47.) 하나님과 세계가 창조로 인해 하나인 존재자란 사실을 모른 것임. 세계는 神적 본질로 구성된 하나님의 몸이다.

이치적으로 보아도 초월성은 존재한다. 보조국사(지눌)는『수심결』에서, "사물의 본래 성품이 空하다고 비추어 보는 것을 각기 선정과 지혜"로 표현했다.137) 본래 성품이 空한 것은 사물의 바탕 된 본질이 空하다는 뜻이고, 그렇게 空한 본질은 현상계의 분열 질서를 초월해 있다. 사물은 본래 空한 성품, 곧 초월적인 바탕 본질에 근거했다. 창조에 대한 본체론적 표현이다. 주자는 "사물이 아직 없었을 때부터 이미 理를 갖추고 있다"고 했다.138)

> 대저 천지가 있기 전부터 理가 먼저 있었으며, 그런 다음 천지가
> 있게 되었다. 만일 이 理가 없었다고 한다면 천지도 없었을 것이
> 다.139)140)

사물이 존재하기 이전에 理가 없었다면 창조도 실현될 수 없다. 理는 사물에 대하여 사전 결정적이다. 법칙은 절대로 진화하지 않았다. 理를 갖추지 못한 상태에서는 어떻게 해도 천지가 창조될 수 없다. 그래서 창조는 理의 선재, 곧 초월성을 조건으로 했다. 창조의 초월적인 특성을 주자가 직시했다. 그리고 또 "천지는 形而下者이다"라고도 하였는데, 形而上者와 구분한 것은141) 천지가 창조로 인한 피조성인 것에 대한 정확한 인식이다. 神의 초월적인 본체 자리를 주자가 확보했다. 이와 같은 理(우주 창조의 근본 원리)의 존재 특성에

---

137) 「보조국사의 생애와 사상」, 보조국사 열반 820주년 기념사업회 저, 불일출판사, 2011, p.178.

137) 「보조국사의 생애와 사상」, 보조국사 열반 820주년 기념사업회 저, 불일출판사, 2011, p.178.

138) "夫有事物之時 此理已具." -『주자어류』, 권 95.

139) 위의 책, 권 1.

140) 理는 곧바로 들이댄 神이다. 그러나 사실은 理化된 창조 바탕이다. 理 이전에는 無極인 하나
　　님이 존재했다.

141) "天地是形而下者." -위의 책, 권 68.

대해[142] 율곡은 이기지묘(理氣之妙), 즉 理와 氣[器, 현상, 질료적인 것]는 분리될 수 없다고 한 말로서도 표현하였다.[143] 아리스토텔레스가 이데아설에 대해 반기를 들었던 형상, 질료 개념과도 비슷하다.[144] 초월적인 理라도 사물 안에서는 당연히 氣와 함께한 형태로 존재한다. 함께한다고 해서 理가 氣에 대해 초월성을 발휘하지 못할 리는 결코 없다. 氣는 결정적이기는 하지만(개별 존재화), 그렇게 결정되었기 때문에(국한) 적어도 氣에 대해서만큼은 理가 초월성을 발휘할 수 있다.

삼라만상은 초월적인 본체로부터 창조되었다. 이것을 도식화하면, "道는 無極, 一은 太極, 二는 陰陽이다."[145] 無極으로부터 一이 된 것은 無極이 통체성을 갖추기 위한 필연적 유극화 절차이다. 그리고 온갖 극이 극대화된 太極으로부터 陰陽이 발생한 사실은 뭇 존재가 존재(양)와 본질(음)로서 양극화된 상황에 대한 지적이다. 이것이 세계가 초월적인 본체[無極, 道]로부터 생성하여 만물화된 과정에 대한 정확한 경위이다. 道는 궁극적인 본질 상태이고, 一은 만물이 생성으로 분열하기 이전인 통합성 상태이다. 道는 인식 이전, 존재 이전으로서 無이고, 一로부터 만물까지는 有이다.[146] 극이 양의[음양]된 것은 영원한 본체성에 대한 반영이다. 만물이 현상계 안에서 영원하기 위한

---

142) 노자도 道가 천지 이전의 근원적인 무엇이라고 말함.

143) 『율곡철학의 이해』, 앞의 책, p.88.

144) 주자는 "理는 形而上者이고 氣는 形而下者이다. 形而上下로 말하면 어찌 선후가 없겠는가?(『주자어류』, 권 1)"라고 하여 氣와 理를 엄밀하게 나누었지만, 동시에 "천하에 理 없는 氣 없고, 또한 氣 없는 理 없다(위의 책, 권 1). 理는 氣를 떠난 적이 없다(위의 책, 권 1)"라고 하여, 理와 氣가 서로 불상리(不相離)하며, 불상잡(不相雜)함을 동시에 강조함-「노자의 도에 대한 본체론적 이해 비판」, 앞의 논문, p.39.

145) 위의 논문, p.113.

146) 위의 논문, p.115.

생성 시스템이다. 창조된 세계는 有를 본질로 한다.[147] 有가 초월적인 시스템 안에 온통 휩싸였다. 理氣가 불상리하면서도 불상잡한 것은 하나님과 세계가 떨어질 수 없게 창조된 때문이다. 우리는 A와 통화하고 있으면서 동시에 B와 통화할 수 없는데 하나님은 동시 교통이 가능하다. 초월적이지 못하다면 창조는 실현될 수 없고 따라서 神을 추적할 수도 없다.

그래서 살펴보면 어떤 문화권에서도 반드시 神은 사유되었다고 할 수 있다. 동서양을 막론하고 절대적인 초월자를 상정했던 것은 그 근거가 모두 창조에 있다. 창조로 인해 하나님이 뭇 피조물에 대해 초월적일 수 있었고, 인류는 그런 하나님을 절대화시켰다. 선천에서 하나님과 세계를 분리시킨 것은 본의에 대해 무지했던 것이 원인이므로, 하나님이 창조자로서 세계에 대해 초월됨과 동시에 세계 안에 내재된 본체자란 사실을 이해한다면 만인은 神이 아무리 초월적이더라도 함께할 수 있는 길을 찾게 되리라.

2. 초월성 인식 유무

결과를 놓고 보면 하나님은 태초 때부터 인류 역사와 함께하였다. 오늘날 지상 강림 역사가 완수된 상태이고 미래에도 영원히 함께하리라. 수많은 발자취가 남겨졌는데도 불구하고 하나님은 인식할 수 있는 존재인가라고 정색하고 묻는다면 대답할 말이 궁하다. 북한 땅

---

147) "사물, 즉 有는 본질과 존재로 이루어지며, 본질이란 有로 하여금 바로 有가 되도록 有를 구성하는 것, 有를 정의할 수 있는 것, 有의 본성을 이루는 것, 有의 可知的 보편이다(토마스 아퀴나스)." -「존 로크의 인간오성론에 있어서의 관념에 관한 고찰」, 앞의 논문, p.75.

은 우리나라 땅인데 왜 밟을 수 없는가? 휴전선이란 철책이 가로막고 있기 때문이다. 우리가 하나님을 인식하지 못하는 주된 원인은 바로 초월성이란 장애물 때문이다. 이런 점을 고려하여 "인간의 인식 능력, 인식 가능성, 인식의 조건과 한계성을 함께 논의하고, 어떤 방법으로, 어느 정도까지 神을 인식할 수 있는지, 神 인식 조건은 무엇인지, 神 인식과 인간의 자기 인식은 어떤 관계에 놓여 있는지",148) 어떤 특성에 가려 神에 대한 접근이 어려웠던 것인지까지 밝혀야 한다. 神 존재 인식의 핵심적인 장애는 神이 초월자라는데 있으므로, 이런 특성이 있는 神을 어떻게 인식할 수 있느냐는 문제를 방법적으로 풀어야 한다. 일체의 가능성 여부를 타진하고 진작시키리라.

하나님을 인식하는 데 있어 어떤 조건과 장애 때문에 지성들이 백기를 들고 말았던 것인지 이유를 알아야 한다. 여기에는 인식 자체가 지닌 문제도 있지만, 神이 지닌 특성 문제도 한몫하였다. 칸트는 경험과 독립된 초자연적인 세계는 인정하였지만(물자체, 神), 이성이 지닌 한계로 인하여 초자연적인 세계는 인식할 수 없다고 못 박았다. 그렇게 판단한 주된 원인은 감관을 인식 수단으로 삼았기 때문이라고 지적한 바 있지만(감관→이성→한계), 동양에서 일군 의식→직관 루트를 통하면 장애를 극복할 수도 있다(불교의 반야 지혜).149) 논리실증주의자들 역시 비트겐슈타인과 같이 초월적인 形而上學을 배격했다. 즉 形而上學적인 주장은 경험적으로 검증할 어떤 수단이 없다. 노력해도 결국은 무의미하다. 절대자는 시간을 초월한 존재자

---

148) 「캘빈의 신 인식과 자기인식의 공속성의 문제에 관하여」, 앞의 논문, p.163.

149) 초월적인 인식은 초월적인 본질을 직시하므로 가능하다. 감관을 넘어 시공을 초월한 운행 본질을 의식적으로 감지한다(선지자들의 예언).

라 우리가 가지는 경험을 통해서는 검증할 수 없다.[150] 경험을 기준으로 삼고 神을 절대자로 상정한 이상 도달할 결론은 이미 정해진 것과 같다. 그런 神은 오히려 시간 밖에 있는 초월신이 아니라 관념적인 神이다. 지금 우리의 영혼과 함께한 살아 있는 神이 아니다. 초월성 문제를 풀지 못한 것은 선천 하늘이 지닌 세계관적 한계이다. 스피노자는 無로부터의 창조와 초월적인 존재로서의 神을 부정하고, 그 대안으로 모든 것은 神 안에 존재한다(신즉자연)는 일원론적 세계관을 내세웠다. 일장일단(一長一短)이 있는데, 一長은 神을 세계화시킴으로써 드러난 장점이고, 一短은 절대 초월성이 부인됨으로써 초래된 단점이다(최초의 원인성이 소멸됨). 그래서 범신론은 신론으로서 완성된 이론이 아니다. 신론은 반드시 세계의 궁극적인 원인 문제를 해결해야 한다. 어려우니까 과학은 아예 이런 문제를 회피하고 탐구 영역을 제한시켜 버렸다. "과학은 자연적 원인을 통해 자연계를 설명할 뿐이다. 과학은 초자연적인 것에 관해서는 아무 말도 할 수 없다."[151] 문제는 초월성을 거부하는 한 어떤 영역도 영원히 우주의 시원 문제를 풀 수 없다는 데 있다. 이런 이유로 과학은 인류가 바라는 이상 세계 건설의 토탈 지휘자 자격을 상실했다. 세계는 미래에 제삼의 주인공이 등단하길 기다려야 했다.

인류는 노력했지만 자체 지닌 능력의 한계로 좌절을 경험했다. 주된 이유는 인간에게 있지만 神에게도 원인은 있다고 했다. 一者, 즉 神은 초월자(플로티노스)인 관계로 인식하는 대상이 될 수 없다.[152] 神은 영원히 一者로서 독존한 것이 아니다. 神의 전지 전능성,

---

150) 『한 권으로 읽는 서양철학사 산책』, 앞의 책, p.358.
151) 『신 없는 우주』, 빅터 스텐저 저, 김미선 역, 바다출판사, 2013, p.40.

無로부터의 창조, 사물들을 창조하면서 질료를 전제하지 않는다와[153] 같은 명제들을 쏟아내었다. 인간 스스로가 神의 절대적인 독립성을 부추긴 측면이 강하다. 그럼에도 불구하고 하나님은 어떤 분인가? 유일, 절대, 불변, 무한, 자존하시다.[154] 우리가 지닌 인식 그릇으로서는 다 담아낼 수 없는 무궁한 존재 속성이다. 그중에서도 자존성(自存性)은 창조와 관련하여 절대적인 존재자로서 지닌 원인을 자체 안에 품고 있어 인식하기가 불가능했다. 유일은 하나라는 뜻인데, 하나는 절대로서 상대가 없다. "神은 만물의 궁극적인 근원인데, 근원은 무규정적이고 무한정적이다."[155] 구분, 분류, 특징지어지기 이전이므로 인식할 수 없다. 인류가 神을 인식하지 못한 더 큰 이유는 하나님이 지닌 사차원적인 존재 속성이기(초월, 절대, 선재, 통합성) 때문이 아니라 그와 같은 특성을 전혀 자각하지 못한 인류의 무지에 있다. 자각했더라면 인식할 수 있는 길도 찾았으리라. 무지하니까 아예 인식할 수 있는 길이 폐쇄되어 버렸다. 하나님 자체는 전체, 통째, 하나인 형태로 존재하지만, 그런 하나님이 태초에 창조 역사를 단행한 관계로 세상 만물과 함께할 수 있게 되었다. 그리고 그렇게 창조한 목적을 달성하기 위하여 억겁에 걸친 생성 역사를 펼쳤다. 창조는 실현되었지만 한꺼번에 드러날 수 없기 때문에 지금도 인류 역사를 주재하는 중이다. 창조는 분열을 통해 낱낱이 구분한 역사이다. 폴 틸리히는, "神은 존재하는 어떤 한 존재가 아니라 존재

152) 「고대 플라토니즘과 오거스틴의 인식론에 관한 연구」, 앞의 논문, p.42.
153) 『서양 문명을 읽는 코드 신』, 앞의 책, pp.360~361.
154) 『신론(하나님의 계획과 섭리』, 김규승 저, 신한흥, 2001, p.149.
155) 『서양 문명을 읽는 코드 신』, 앞의 책, p.84.

자체, 즉 모든 존재하는 것들이 공통으로 갖는 것이다"라고 하였다.[156] 神이 그대로 전체자란 뜻인데, 그런 神이 세상 안에서 현현하므로, 역사적으로는 그런 존재를 다양하게 분열시킨 섭리가 있게 되었고, 지상 강림 역사를 전환점으로 드디어 통합 시대로 접어들었다. 一者는 인식할 수 없지만, 一者는 본체자로서 걸림 없이 천지 만물을 유출시켰다. 태양은 직접 접근할 수 없지만 빛이 와 닿는 것처럼……. 무규정자, 무한정자는 인식할 수 없어도 그런 존재 속성을 확인함으로써 만상을 결정하고 한정시킨(창조 역사) 절대적 하나님을 지혜로 가늠할 수 있다. 직접 보아야 神이 존재한 유무를 판가름할 수 있는 것은 아니다. 버클리는 정말 그런 기준에 근거해 '존재는 지각됨이다'라고 하였지만, 이런 명제는 반은 옳은데 나머지 반은 틀렸다. 존재한다고 해서 그것이 모두 지각될 수는 없다. 오거스틴은 창조와 함께 시간이 생겼다고 했는데, 시간이 생성되기 이전에는 시간도 無이고 인식도 無였다. 현실적으로는 인식 여부가 존재를 판가름하는 기준이 되지만, 그 같은 인식 작용이 전혀 작동되지 않는 창조 이전이란 경계선도 있다. 그래서 인식상으로는 비록 無하더라도 하나님은 존재할 수 있게 된다.

아리스토텔레스는 神의 초월성을 거부한 대표적인 철학자이다. 스승인 플라톤이 세운 초월적인 유신론을 부인한 것인데, 그가 말한 대로 초월되면 아무것도 인식할 수 없지만, 내재하게 되었을 경우에는 양상이 달라진다(내재적 범신론). 내재하게 되면 함께할 수 있게 되는데, 지적한 바대로 인식 수단이 지닌 한계 때문에 본질화된 초

---

156) 『위대한 두 진리』, 데이비드 레이 그리핀 저, 김희헌 역, 동연, 2010, p.158.

월성을 보지 못하고 말았다. 이런 한계성은 플라톤도 마찬가지이다. 상식과 달리 形而下學적인 가시계(可視界)를 그림자의 세계로, 形而上學적인 可知界(가지계)를 참된 세계로 보았다.[157] 세계를 그렇게 이원적으로 구분한 것은 불가피한 일이다. 성부에 이어 성자가 강림함으로써 삼위일체론이 정립되어야 했던 것처럼, 현상계 외 이데아계를 다시 설정해야 한 것은 천지가 창조된 때문이다. "이데아계는 간단한 논리적 질서가 아니다. 形而上學적인 질서로서 形而上學적인 본질성의 왕국이다."[158] 현상계와는 차원이 다른 초감각적 세계이다. "플라톤은 일생을 통하여 이 이데아 세계를 인식하고자 하였고, 그것이 가능한 것으로 믿었다."[159] 하지만 선천 본질이 분열 중인 상태라 상기설을 통해 회상할 수 있다고 한 정도에 머문 애매한 주장이었다.

세계의 지성들은 다시 눈을 돌려 이데아계, 곧 본체계에 이르는 길을 개척한 동양의 지혜 일굼 방식에 관해 관심을 가져야 한다. "불교에서는 언어로 표현될 수 없는 실체는 직관을 통해 깨달으라고 했다. 그래서 직관으로 깨달음을 얻는 방법을 강구한 것이 바로 선(禪)이다."[160] 禪을 통해 정진하면 잠재된 의식이 충일되어 우주의 본질 구조와 운행 질서를 꿰뚫을 수 있는 기력이 쌓인다. 하나님은 창조를 통해 세상에 존재한 일체를 인식할 수 있는 흔적을 남겼다. 뭇 존재는 공통된 바탕 본질이 있어 神과 통할 수 있는 진면목을 두

157) 「고대 플라토니즘과 오거스틴의 인식론에 관한 연구」, 앞의 논문, p.16.
158) 『인식론』, 앞의 책, p.93.
159) 「현대단학의 신인합일론 소고」, 앞의 논문, p.9.
160) 『21세기에도 우리 문화가 살아남을 수 있을까』, 김기승 외 저, 지영사, 2003, p.180.

루 갖추고 있다(인간은 소우주). 갈파한 바 하나가 곧 우주이고 우주
가 곧 하나이다. 한 티끌 속에 우주의 정보가 모두 들어 있다. 부분
이 전체를 본유한 상태이다. 외부보다는 내면의 세계를 직시해야 神
의 존재 속성 곧 초월, 절대, 불변, 영원, 자존성을 보다 확실하게 발
견할 수 있다. 누구도 과거 세계로 되돌아갈 수는 없지만 발굴된 유
적을 통해 지난 역사를 재구성할 수 있는 것처럼, 하나님 자체는 파
악할 수 없어도 하나님이 역사하여 남긴 주재 질서를 살피면 존재한
특성을 판단할 수 있다. 神은 자연을 통해서도 계시하지만, 시공을
주재한 성령의 역사를 통해서도 계시한다. 내면을 통해서도 계시하
는데, 이렇게 역사된 발자취를 살피면 인류는 너나 할 것 없이 강림
한 하나님의 위대한 본체 모습을 뵈올 수 있게 되리라.

3. 초월성 실태

"「역대기」와 「열왕기」에 기록된바 야훼와 바알 사이를 방황하는
이스라엘 백성들을 보면 의아하다. 누가 진짜 하나님인지 너무도 분
명한데, 이스라엘 백성들은 두 神 사이를 오가며 방황하였다. 그래서
선지자 엘리야는 야훼가 하나님인지 바알이 하나님인지 양자택일하
라고 도전한다(왕상 18:21)."[161] 神이 확실하지 못하면 인류가 방황
하기 때문에 존재한 실태를 확실하게 파악해야 한다. 선현들은 지성
이면 감천이라 믿었고, 맹자는 자신을 다하면 天을 안다고 했지만,
그래도 여태껏 天이 존재한 상태는 불분명했다. 당연히 이르는 길도

---

161) 『세계관, 종교, 문화』, 앞의 책, p.126.

파악한 모습도 불명확하였다. 누구도 확실하게 하나님을 형상화시키지 못했다. 이런 조건 속에서 이 연구가 존재한 실태를 규명하고자 하는 것은, 그것이 곧 神 인식을 가능하게 하는 방법적 일환이다. 존재한 실태를 알아야 인류가 神을 확실하게 인식할 수 있다.162) 지상 강림 역사 실현으로 하나님을 맞이한 인류가 겪어야 할 변화는? 하나님이 존재한 실태를 정확하게 파악하여 확실하게 인식하는 것이다. 인식 방법과 접근 루트를 확보하여 다양한 모습으로 화된 神을 가려낼 수 있는 판단 기준을 세워야 한다.

이런 조건을 갖추기 위해 우리는 양파껍질을 벗기듯, 현상계와 질서 차원이 다른 神의 속성을 차근차근 규명하는 실태 확인 절차를 밟아야 한다. 진리는 물질이 아닌 것처럼 神도 물질이 아니기 때문에 물질처럼 존재한 실태를 파악할 수는 없다. 스피노자는 존재하는 모든 것은 실체 아니면 양태라 했는데, 실체와 양태는 어떻게 구분할 수 있는가? 神은 유일한 一者로서 불변한 실체이지만, 양태는 그와 같은 실체로부터 말미암은 피조체이다. 양태는 끝까지 一者가 확보한 범위를 벗어날 수 없다. 그래서 실체는 양태를 낳은 근원 된 본체란 차이에도 불구하고 결국 실태는 양태이고 양태는 실태이다. 스피노자(1632~1677)보다 조금 이른 시대를 호흡했던 데카르트(1596~1650)는 또 다른 관점에서 실체를 규정했는데, 그는 실체를 다른 것의 도움 없이 스스로 존재하는 것이라고 정의했다.163) 우리는 의존하지만, 그가 규정한 실체는 자존자이다. 실체는 결국 어김없는 神

---

162) 神의 실태를 확실하게 밝혀야 神의 본체를 확실하게 규정할 수 있다.

163) "존재하기 위해 다른 아무것도 필요하지 않는 것" —『한권으로 읽는 서양철학사 산책』, 앞의 책, p.194.

이다.

동양에서는 노자가 道의 실태를 역할적인 측면에서 파악하였는데, "無名은 천지의 시원이다"라고 한 것이 그것이다.[164] 태초에 천지가 창조되기 전에는 이름조차 없는 단계가 있었는데, 無名인 상태가 정말 근원적인 실태이다. 천지의 시원에 無名인 단계가 있었다는 것은 높은 곳을 오르기 위해서 반드시 밟아야 할 첫 계단과 같다. 道→無名→有名→만물에 이른 과정은 道가 시원자로서 가진 역할을 분명히 했다. "만약 모든 相이 실재하지 않은 것임을 알면 부처를 보게 되리라"한 것처럼,[165] 相이 실재하지 않는 그곳(無名)에 창조가 있고(불교), 하나님이 존재하고 계시다. 이런 비밀을 꿰뚫어야 부처, 곧 하나님을 볼 수 있다. 주자학에서는 또 다른 논거로 理와 氣를 우주론의 두 원리로 파악하였는데, 理를 形而上者로, 氣를 形而下者로 구분한 것은 두 원리가 지닌 초월성을 인정한 것이다. 창조에 필요한 필수 구성 요소를 추출하고자 한 노력의 일환이다.

한편 이일분수론(理一分殊受論) 논거를 통해서도 확인할 수 있는바, "理一은 초월적인 본체로서 우주만물의 근본원리이고 절대유일한 존재이다. 그리고 分殊는 경험계의 자연현상과 인간사에 가로 놓인 차이성이다."[166] 경험계의 자연현상은 우리가 경험하고 있는 질서로서 당연히 수긍되지만, 理一은 본체계가 지닌 초월 질서인 관계로 쉽게 확인할 수 없다. 그런데도 인정하지 않을 수 없는 것은 分殊적 질서의 확고함이 그 근거이다. 통합적인 질서가 구축되어 있지 않은 상

---

164) "無名天地之始 有名萬物之母." - 『노자도덕경』, 1장.

165) 『金剛般若波羅密經五家解』, 제1, 法會因有分.

166) 『천인합일 사상』, 앞의 책, p.118.

태인데 분열적인 질서가 생성될 수는 없다. 원판이 존재해야 조각도 존재할 수 있다. 분열적인 생성 질서가 그러하다. 이런 본체계적 질서가 선천에서는 명확하게 드러나지 못해 분열성이 대세를 이루었던 것이지만, 지상 강림 역사 이후부터 본체가 드러남과 함께 분열된 세계 질서를 통합할 수 있는 단계에 접어들었다. 이 연구도 현상계와 구분된 神의 실태를 파악함으로써 본체계로부터 인출한 통합 질서를 보편화시킬 수 있게 되었다. 理一은 말 그대로 유일함 그 자체인데, 분열함으로써(창조→생성) 만물 가운데 편재되었다. 제반 분열을 주도한 본체자로서 지닌 세계를 통합할 수 있는 절대 권능이다. 하나님은 창조 역사를 실현하기 위해 자체 본체를 太極化하여 극을 극대화시켰다. 아리스토텔레스가 개념 잡은 부동의 원동자는 결코 가정된 동자가 아니다. 천지 만물이 질서정연한 것은 차원적, 총괄적인 실체가 존재한 때문이다. 구슬은 손에 쥐고 있는데 자신이 만든 것이 아니라면? 천지는 존재하는데 세상 어디에도 직접 창조한 원동력을 찾을 수 없다면? 세상 질서가 정연할진대, 그렇게 질서화시킨 제1 원동자는 반드시 존재해야 한다. 본체는 파생된 객체와 차원을 달리한 근원체이다.

이렇듯 차원 자체가 전혀 다른 神의 초월적인 상태에 대해 이 연구는 사차원적인 개념을 통해 神이 존재한 실태 상황을 확정 짓고 싶다. "하나님이 단일하다고 보는 견해의 핵심은 인식의 초시간성에 있다. 인간의 유한한 인식력은 시간에 따라 변하지만, 하나님의 무한한 속성은 아무런 제약이 없다. 그래서 하나님은 과거의 일과 현재의 일과 미래의 일을 모두 같은 방식으로 인식하고, 모든 것이 변함없는 무궁한 현재로서 파악했다(오거스틴)."[167] 하나님은 처음인 동시에 나중이다. 하나인 시간을 무수하게 나눔과 동시에[168] 나눈 모든 것을 장악하고 계시다. 하나님은 전에도 계시고 지금도 계시고 미래에도 계신다. 하나님은 시간을 초월하지만, 자체로서는 초월이라고 할 것조차 없다. 스크린은 수많은 인생 드라마와 역사적인 기록물을 비추고 있지만 스크린 자체는 아무런 변함이 없는 것처럼, 태초부터 시간은 무수하게 흘렀지만 존재하는 시간은 언제나 지금인 현재뿐이다.

하나님은 무한, 불변, 영원, 자존한 분으로서 시공간을 초월해 계시지만, 그러면서도 부족한 뭇 영혼들을 사랑으로 감싸 안고 계시다. 하나님이 사차원적인 초월자인 것은 하나님 자체 때문이 아니다. 세상 모두와 함께하기 위해서이며, 만 영혼을 구원하기 위해서이다. 하나님은 천지 역사를 섭리한 주재자, 뭇 존재의 변화를 규정한 결정자, 어김없이 생성 질서를 부여한 시원자, 하나로부터 만물을 펼친 만화자(萬化者), "자체 안에 전체를 내포한 무한자",[169] 삼라만상을 있게 한 근원적 바탕자, 억겁에 걸친 분열 질서를 통합할 권능자이다. 강림한 보혜사가 규정된 실태 조건에 걸맞은 하나님으로 강림하여 이 땅에서 창조 주권을 확립하고 참된 하나님의 나라를 건설하리라.

---

167) 「아우구스티누스: 신적 예지로부터의 필연성과 인간의지의 자유에 관하여」, 이성훈 저, 총신대학교신학대학원 신학과 조직신학전공, 석사논문, 2008, p.29.

168) 하나가 나누어진 것이 시간임.

169) 『서양 문명을 읽는 코드 신』, 앞의 책, p.168.

4. 초월성 현현

우리는 인식에 있어 제한성이 있는데 어떻게 초월적인 하나님을 볼 수 있는가? "수보리야, 네 생각은 어떠하냐? 身相으로 여래를 볼 수 있겠느냐? 못하옵니다. 세존이시여, 신상으로서 여래를 볼 수는 없습니다. 무슨 까닭인가 하면 여래께서 신상이라고 말씀하는 것은 신상이 아니기 때문입니다. 부처님이 말씀하길, 온갖 相은 모두가 허망하니, 相이 相 아닌 줄 알면 바로 여래를 보리라."[170] 어떻게 여래를 볼 수 있는가 하는 것은 하나님을 어떻게 인식할 수 있느냐는 문제의식과 대동소이하다. 부처는 현재 지닌 신상, 모습, 존재를 통해서는 결코 볼 수 없다. 相이 相이 아닌 줄을 깨달아야 한다. 그리해야 여래, 곧 하나님을 볼 수 있는 지혜를 구한다. 초월적인 본체는 그냥 현현되지 않는다. 하나님은 전체자, 통합자로서 섭리 역사를 통해 神적 본질(의지)을 늘어 뜨려 놓는 상태로서, 그 대표적 영역이 현상계로부터 본체계까지이다. 따라서 이렇게 펼쳐진 영역을 모두 통합해야 하나님의 모습이 구성되고 완전한 존재자로서 현현된다. 그리하여 강림한 것이 보혜사 하나님이거니와, 이런 목적이 있었기 때문에 인류는 선천에서 현상계와 본체계를 규명하고자 한 섭리 끈을 놓치지 않았다.

현상계는 직접 감각을 통해 확인할 수 있는 현실 세계이지만, 본체계는 어려움이 컸다. 보이지 않는 본체계를 일구기 위해 선각들이 고군분투하였다. 진리 추구 역사에 있어 좌표를 잃지 않았다. 동서

---

170) 『금강반야바라밀경』, 대정장 8, 757 하.

양을 막론하고 연면한 노력이 있었다. 먼저 "서양철학 편에서 이런 본체 개념을 형성하게 된 것은 엘레아 학파의 영향을 받은 플라톤 철학으로부터이다. 이후 아리스토텔레스가 나타나 더욱 분명히 하였고, 이것이 중세 신학의 핵심 개념을 이루고 근대 서양철학에까지 계승되어 근대적인 실체 개념의 바탕이 되었다."[171] "플라톤과 아리스토텔레스가 구축해 놓은 본체 개념이 중세시대에 와서는 기독교적인 세계관과 융합된 관계로(중세 신학) 중세 철학은 이전 철학과 크게 다르지 않다. 이런 전통이 근대철학에까지 전달되었고, 본체 개념은 자기 원인자로서의 실체 개념으로 발전하여 인식론의 중심 과제로 되었다. 그래서 유구하게 이어진 실체 개념에 대해 하나로 보는가 여러 개로 보는가에 따라 일원론과 다원론으로 갈라졌고, 실체를 인지하는 과정에서 주관과 객관이란 문제의식이 발생하였으며, 정신적인 것으로 보는가 물질적인 것으로 보는가에 따라 유심론과 유물론으로 나뉘었다. 일체가 플라톤이 세계를 현상계와 이데아계(본체계)로 이분시킨 문제 제기로부터 파생된 결과이다."[172]

동양 편에서도 본체계를 포착하고자 한 노력은 지대하였는데, 성과 면에서는 오히려 서양철학을 능가했다. 서양철학은 현상계를 탐구하는 데 주력하다 보니 본체계에 대해 끝내 부정하고 만 지경이 되고 말았지만, 동양에서는 섭리력이 미치는 한에서 본체계를 일군 진리적 사명을 충분히 발휘하였다. 동양의 儒·佛·道 三敎는 한결같이 수행을 통한 정신 자세와 관점을 공유한 전통이 있었는데, 道家의 시조인 노자는 "道를 천지 만물, 시공간을 초월한 존재, 단독적이고

---

171) 「노자의 도에 대한 본체론적 이해 비판」, 앞의 논문, p.16.

172) 위의 논문, p.27.

불변한 존재자로 묘사하였다."[173] 신유학을 일으킨 주자는 평생에 걸쳐 완성한 理氣論에서, "理는 만물의 본원이며 주재이고 초감각・초시공의 절대자"란 것을 강조하였다.[174] 불교의 "비담종(毘曇宗)은 본래 소승 불교 계통의 아비담심론(阿毘曇心論)에 바탕을 둔 종파인데, 제행무상(諸行無常)과 제법무아(諸法無我)를 설명하기 위해 변화하는 현상 사물 가운데서도 절대로 변화하지 않는 본체가 있다는 것을 삼세실유(三世實有) 법체항유(法體恒有) 사상을 통해 입증하고자 하였다."[175] 하나님의 존재 자리를 본체적으로 접근한 탁견이다.

아쉽게도 이런 불교적 전통 속에서 지금까지 수많은 수행자가 배출되었고 본체계로부터 초월적인 진리를 일구었음에도 불구하고 하나님은 끝내 보지 못했다. 본체계와 현상계를 통합하고자 한 노력이 없었다. 그 이유 역시 세계관적인 여건 때문인 만큼, 선천은 열심히 나누어 통합적인 창조 본체를 분열시킨 것이 지상 과제였다. 구분하는 것을 주된 과제로 삼다 보니 합치는 작업은 착안하지 못하였다. 이것이 선각들이 하나님의 대표적인 존재 속성인 진리, 즉 法(道)을 깨닫고서도 하나님을 보지 못한 근본 이유이다. 지상 강림 역사 이후부터는 일체를 합하여 하나로 일치시킬 수 있는 작업에 몰입할 수 있게 되었다. 하나님이 보혜사로서(진리의 성령) 강림하여 기치를 세웠나니, 세계와 진리와 인류 사회를 통합하는 것은 아무도 피할 수 없는, 도래한 종말 국면을 타개할 사상 최대의 지상 과제이다.

---

173) 위의 논문, p.32.

174) 『화담 서경덕의 철학사상』, 황광욱 저, 심산, 2003, p.86.

175) 『한국철학의 역학적 조명』, 앞의 책, p.165.

제18장 신인 합일성

1. 합일 의미

"합일을 문자적인 의미로 보면 나라는 주체와 다른 객체가 하나임, 혹은 하나로 되어짐을 말한다."[176] 대상에 따라 합일에 대한 의미가 조금씩 다르기는 하지만, 대체적인 표현으로서는 인간이 추구한바 궁극적인 실체와의 합일이 주된 목적이다. 노자가 추구한 천인합일성은 "존재의 보편적 생명 원리인 道를 인식(체득)하고 실천하는 것이었다."[177] 유교에서는 天을 중시해 천인합일이란 말을 썼지만, 노자는 이에 상응한 道를 최고 범주로 삼았다. 서양인들도 역시

---

176) 「현대단학의 신인합일론 소고」, 안진경 저, 국제평화대학원대학교 평화학과 이론전공, 석사논문, 2005, p.27.
177) 「노자의 천인합일 사상」, 이재봉 저, 인문연구논집, 3집, p.74.

神을 절대적인 존재로 믿어 신인합일이란 말로서 표현하였다. 인도 사상의 브라마니즘에 나타난 범아일여(梵我一如)란 사상도 있다. 일반적으로 神과 인간과는 종속적인 관계라고 여기는데, 神과 인간이 어떻게 하나 될 수 있는가 하는 것은 합일성으로 나가는 길에 있어 반드시 풀어야 하는 과제이다.[178] 원칙적으로는 상호 동질성을 확인할 수 있어야 한다. 인간과 神이 지닌 차이를 그대로 방치한 채 함께할 수는 없는 것이기 때문에 인간이 현실적으로 지닌 모순과 한계성을 극복하고 영원한 실존자를 향하고자 하는 것이 신인합일의 참된 의미이다. 神과 인간이 합일할 수 있기 위해서는 여러 가지 형태의 행위적 추구가 있을 수 있다. 道를 깨닫는 것, 神의 의지를 체현하는 것, 天命을 따르는 것, 천도를 본받아 고유한 본성을 회복하는 것, 상호 교감하는 것, 일치하는 것, 함께하는 것 등이 모두 해당한다. 하지만 뭐니뭐니해도 하나님을 살아 계신 인격체로 보고 그 뜻을 수용, 순응, 실천하고자 한 일련의 과정이 가장 근접된다. 뜻을 구현하기 위해서는 하나님을 아는 것, 곧 인식하는 것이 주된 과제이므로, 이런 노력 과정에서 합일할 수 있는 길을 발견한다. 전화를 걸면 상대방과 통화할 수 있는데, 하나님과도 통할 수 있다면 합일할 수 있는 길이 본격적인 궤도 위에 선다. 오거스틴은 "나는 하나님과 내 영혼을 알기 원한다. 그밖에는 아무것도 원치 않는다"라고 토로했고, 캘빈은 "인생의 주요 목적이 무엇이냐? 사람이 자기의 창조주 하나님을 아는 것이다(제네바 요리문답 제1)"라고 하였다. 하나님을 아는 것은 인간으로서 갖추어야 하는 지식의 근본으로서, 이런 근본

---

178) 합일 목적은 神을 인식할 수 있는 최상의 길이다. 그래서 만물이 창조된 기원과 관계성, 그리고 차이성과 동질성을 함께 밝히면 합일성에 도달함.

에 입각해야 영혼이 구원되고 영원한 본향을 되찾는다. 神을 아는 것은 삶의 한가운데서 이루는 선택 사항이 아니다. 필연적으로 알아야 하는 의무이다. 삶의 추구를 합일성에다 초점을 맞추어야 하는 것이 지상 강림 역사 이후 인류가 실천해야 하는 삶의 보편적인 목적이다. 유교가 개인과 사회가 어떤 태도와 생각을 가지고 살아야 하는가를 가르친 종교였다면,[179] 신인합일 목적은 인류를 지상 천국 건설이란 이상향으로 인도하리라. 선천에서는 선각들이 잠을 자지 않을 만큼 神을 찾아 헤매었는데, 그런 행업들을 바탕으로 이제는 온 인류가 함께 하나님과 합일할 수 있는 길을 찾아 나서야 한다.

동서양을 막론하고 神과 일치, 하나 되는 것은 인간으로서의 궁극적인 목적을 달성함과 동시에 최고의 가치를 실현하는 것이다. "플로티노스가 파르메니데스와 플라톤의 관점에 따라 하나를 추구했던 것"은 합일성을 지향한 것이고,[180] "유가의 궁리·진성의 學은 천인합일을 위한 성명지학(性命之學)이다."[181] 유가에서 세운 궁극적인 이상이 천인합일이었다면, 기독교 신비주의자들이 세운 궁극적인 목표 역시 신인합일이다.[182] 합일은 함께하는 것, 교통하는 것, 관계성을 회복하고자 한 의미를 지녔다. 부족한 인류가 神과 함께할 수 있는 길은 오직 합일하는 방법뿐이다. 그래서 동서양을 막론한 지성들이 공히 합일성을 추구했다.

神과 인간이 합일할 수 있다면 다른 존재와 문화 영역도 합일할

179) 『종교가 뭐예요』, 부르크하르트 바이츠 저, 신홍민 역, 양철북, 2009, p.242.
180) 「고대 플라토니즘과 오거스틴의 인식론에 관한 연구」, 앞의 논문, p.38.
181) 『유가철학의 이해』, 이강대 엮음, 이문출판사, 1999, p.120.
182) 「신인조화에 나타난 신인합일론」, 앞의 논문, p.17.

수 있는 길이 트인다. "동양에서는 道를 통해 인간과 자연 영역을 조화시킨 반면, 서양에서는 神으로 인해 인간과 자연 대상이 분리된 것으로 아는데",183) 길고 짧은 것은 끝까지 겪어 보아야 한다. 서양은 합일을 지향해 열심히 세계적 본질을 분열시킨 것이고, 동양은 그렇게 분열을 다한 이후의 세계를 합일시키기 위해 진리적인 바탕을 준비했다. 동서 문명이 공히 합일을 염두에 두고 각자 맡은 역할을 수행했다. 개인적인 합일, 진리적인 합일, 종교적인 합일, 문명적인 합일 과제가 깊이 도사렸는데, 그 실마리를 풀 수 있는 열쇠가 바로 신인합일의 가능성과 당위성과 원리성을 확립하는데 쥐어져 있다.

2. 합일 조건

神과 인간이 합일하는 것은 가능성 여부를 따지기 전에 거대한 세계관을 규명해야 하는 문제이고, 지금쯤은 모든 것이 이미 결판이 나 있어야 한다. 神은 절대적이고 인간은 피조물, 종속적이라고 보는 입장을 탈피하지 못하는 한 합일을 위한 실마리는 어디서도 찾을 수 없다. 그 거대한 세계관 제공이 바로 천지를 창조한 하나님의 본의 안에 있다. 창조가 실현된 것이라면 이로써 인출하지 못할 합일 논리는 하나도 없다. 단학에서 신인합일론을 내세운 것은 "神의 본성과 인간의 본성이 다르지 않다고 본 데 있다. 인간 안에 내재된 신성을 회복하면 실현하고 완성할 수 있다고 확신했다."184) 하지만 神과 인간은 절대 같을 수 없다고 본 관점도 있는 형편이므로 어떻게 동

---

183) 『동양과 서양』, 최영진 저, 지식산업사, pp.16~17.
184) 「현대단학의 신인합일론 소고」, 앞의 논문, 머리말.

일한 것인지에 대한 이유를 밝히는 것이 문제이다. 이것만 풀 수 있다면 그 뒤의 실마리를 푸는 것은 아무리 얽히고설켜 있어도 시간문제이다. 인간은 하나님의 품 안에서 잉태되었고 길러졌다. 천지는 아무런 근거 없이 하나님으로부터 뚝 떨어져 나오지 않았다. 본래 하나이기 때문에 합일이 가능하다. 합일해야 神도 세계에 대해 초월됨과 동시에 함께할 수 있다. 절대적인 하나님이 창조를 실현함에 따른 증거이다. 절대→창조→내재→합일은 인간이 초월적인 하나님과 하나 될 수 있는 세계관적 메커니즘이다. 합일되는 것은 제약을 지닌 인간이 하나님과 함께할 수 있는 유일한 길이다. 태초부터 하나님은 계시하였고, 그런 "역사를 통해 영광, 능력, 속성, 성품, 의지, 뜻, 목적을 나타내었는데",185) 현대인은 이와 같은 하나님에 대해 얼마나 알고 있는가? 합일해야만 하나님에 대해 온전히 알 수 있다. 그래서 우리는 반드시 합일할 수 있는 길을 터야 한다.

앞에서도 이 연구는 본체가 곧 현상이고 神이 곧 세계란 논거를 펼친 바 있거니와, 神과 인간은 비록 존재한 차원은 다르더라도 창조로 인해 결국은 동일하다. 여기에 인류가 神의 초월성을 극복할 수 있는 가능성이 있다. 창조주와 피조물은 하나이다. 만물일체, 천인합일 사상은 神과 인간과 만물을 하나라고 본 세계관이다. 그래서 인간이 창조되었다는 것은 神과 합일할 수 있는 확고한 가능성이다.186) 캘빈은 "모든 사람에게 하나님에 관한 지식이 본성적으로 심

---

185) 「게할더스 보스의 계시 이해」, 안일찬 저, 총신대학교대학원 신학과 조직신학 전공, 석사논문, 2008, p.22.
186) 神과 인간을 격리하고 인간의 이성을 과시한 서구 문명은 그 절대적인 신앙 체제 구축 노력에도 불구하고 도래한 종말성을 극복하지 못한 한계 문명이다. 하지만 예로부터 천인합일을 지향한 동양 문명은 미래의 인류를 하나님에게로 인도할 진정한 구원 문명이다.

어져 있고 그 지식은 선험적인 것이라 도저히 지울 수 없다"고 했다.[187] 왜 神에 관한 지식은 본성적인 동시에 선험적인가? 창조에 그 해답이 있다.

말미암았고 근거했고 동일한데 인류는 지난날 어떻게 하여 합일을 이루는 데 어려움이 있었는가? 가로 놓인 장애를 넘어 하나님과 일치되기 위해서는 애써 수행을 쌓아야 했다. 수행은 참으로 神과 인간 사이에 가로 놓인 장애물을 걷어 합일로 나갈 수 있도록 하는 길이다. 본래성을 회복하고자 한 노력은 인간이 하나님과 일치되는 최고의 가치매김이다. 그래서 노자는 천인합일을 논한 과정에서 복귀라는 의미를 보태었다.[188] 동양의 覺者가 "道의 내원(來原)을 天에 둔 것과"[189] 하나님이 천지를 창조했다고 말하는 것은 같은 뜻이다. 그런데도 인류는 이런 사실에 대해 망각하고 갖가지 이유로 본래성과 떨어져 있어 이것을 회복하기 위해 추구한 인간적 노력이 수행이다. 그런데 과거에는 그 실천하는 과정이 험난했고, 목적 달성이 희소하여 일부 특별한 소임을 부여받은 성인들만 성취한 이상에 불과했다. 그 결과 하나님이 그만큼 격리되어 버렸다. 이에 이 연구가 지상 강림 역사를 통하여 그 길을 보편화시키고자 한다.

인류가 수행한 목적은 동서양을 막론하고 인간이 자체 부여받은 본성(신성)을 회복하는데 주안점이 있다. 회복해야 하나 되고 일치될 수 있다. 믿은 바대로 "우리는 선천적으로 神 인식 능력을 부여받았지만, 한편으로는 타락으로 인하여 그 능력이 왜곡되었다."[190] 이것

187) 「존 캘빈의 인식론」, 앞의 논문, p.268.
188) 「노자의 천인합일 사상」, 앞의 논문, p.75.
189) 『천인합일 사상』, 앞의 책, p.15.

은 "사람 안에 性의 원리가 처음부터 들어 있어 그 본성을 회복하면 道의 원리와 완벽하게 일치된 존재가 될 수 있다"고 한 말과 같다.[191] "道家와 佛家는 한결같이 수행을 통해 形而上의 본체 세계를 자각하는 데 역점을 두었다."[192] 그 이유는? 수행을 쌓으면 "인간의 본래 모습인 神性(天性)을 회복할 수 있다. 그것이 神과 합일되는 것이고 구원을 얻는 것이다. 인간성 회복은 신인합일을 달성할 수 있는 첩경이다. "누구나 근본인 하나로 돌아가면 神과 일체된다."[193] 수행은 인류가 하나님과 본질적으로 합일되고 하나 될 수 있는 작용 메커니즘을 갖추고 있다. 인간이 도덕적으로 선하고 의롭게 헌신해야 하는 것은 그렇게 해야 하나님과 함께할 수 있고 영원한 본성을 회복한다. 그냥은 합일이 불가능하다. 수행은 인류가 하나님과 합일하기 위하여 쌓아야 할 필수 요건이다. "영은 하나님을 의식하는 것이고, 혼은 자기를 의식하는 것이며, 몸은 세상 또는 감각을 의식하는 것"이라고 할 때,[194] 이런 의식을 주재한 분이 바로 하나님의 영이다. 영은 인간의 혼과 통하며, 혼과 통한 의식은 존재하는 본질과 통한다. 의식과 통하면 인류는 수직적으로는 본질→존재→의식→혼→영과 직결되어 영원한 하나님에게 도달한다. 그리하면 인류는 인간으로서 지닌 온갖 제약적 요소를 극복하고 초월적인 하나님과 동일한 본래성을 회복할 수 있다.[195] 합일을 위한 메커니즘 체제는 체

---

190) 「캘빈의 신 인식과 자기인식의 공속성 문제에 관하여」, 앞의 논문, p.168.

191) 『종교가 뭐예요』, 앞의 책, p.223.

192) 『한국철학의 역학적 조명』, 앞의 책, p.35.

193) 『현대단학의 신인합일론 소고』, 앞의 논문, p.24.

194) 『하나님의 구속의 계획』, 메어리 맥도너 저, 한국복음서원, 2001, p.36.

195) 수행으로 존재한 본질을 갈고 닦으면 하나님과 동질화되어 하나, 일치, 합일지경에 이름.

제이려니와 요건은 어떻게 수행을 쌓았는가에 달려 있다. 수행으로 의식을 도야하면 기력이 충천하여 하나님과 영적으로 소통할 수 있는 교감 체제를 확립할 것이다.

3. 합일 근거

전통적인 기독교 교리에서는 천지가 창조된 사실과 하나님의 창조 권능은 인정하면서도 세계와의 관계성 면에서는 하나님을 절대자로서 경배한 방향으로 치달았다. 神과 인간이 합일하기 위해서는 동질, 동본인 근거를 뒷받침해야 하는데, 아예 추구된 방향 자체가 달라 기독교를 기반으로 한 서양 문명 가운데는 합일을 기대할 수 없게 되고 말았다. "하나님을 그분의 창조 세계와 동일시하면 안 된다고 본 것이 성경적 창조론의 근본적인 입장이다."[196] 기독교가 이런 사상을 가지게 된 것은 하나님의 창조 역사를 잘못 이해한데 원인이 크다. 그들은 창조에 대해 하나님을 피조물과 차별화시키는데 초점을 두었다. 이런 성향은 서양인들이 지닌 사고 특성에 기인한 것이기도 하다. 서양은 전통적으로 사물의 개체성에 관심을 두었는데, 이것은 동양이 사물의 동질성을 강조한 것과 대조된다. 동양에서 본 전체는 개체성이 없는 하나의 덩어리와 같은 상태인데(일체), 서양에서는 개체들이 모여서 이룬 집합적인 개념으로 여겼다.[197] 근대 철학을 연 데카르트가 정신과 물질을 분리시킨 이원론자란 사실은 익히 알려져 있다. 이런 사례를 통해서 확인할 수 있듯, 기독교는

---

196) 『하나님의 섭리』, 폴 헬름 저, 이승구 역, 한국기독교학생회출판부, 2004, p.84.
197) 『EBS 다큐멘터리 동과 서』, EBS 동과 서 제작팀·김명근 저, 예감, 2008, p.22.

도무지 신인합일성을 성취할 수 없는 결정적인 교리 체계를 구축하고 말았다. 타 문명과의 대화를 거부해 가장 배타적인 종교가 되어 버린 잘못과도 무관하지 않다. 그렇게 오판한 한가운데 無로부터의 창조 교리가 자리 잡고 있다.

중세시대의 교부인 터툴리아누스는 神이 죽은 자를 일으켜 세울 능력을 지녔다는 것을 보여주기 위한 근거로 無로부터의 창조 교리를 사용하였다.[198] 無로부터의 창조는 이미 주어진 재료를 바탕으로 형태를 만드는 것이 아니다. 창조가 없었다면 우주에는 하나님 외 아무것도 존재하지 않았으리란 의미이다. 이런 관점에 따라 하나님과 피조물 사이에는 절대적인 차이가 있고, 피조물이 창조주와 같이 된다는 것은 논리적으로 불가능하다고 믿었다.[199] 이런 논거를 반영시킨 사상가가 중세 초기에 기독교 교리의 초석을 다진 오거스틴이다. 그는 하나님과 피조물과의 차이에 대해 다음과 같이 말했다.

> 그러나 하나님 자신에 의해 나온 것은 하나님 자신에게서 나온 것과 같은 것을 뜻하지 않는다. …… 천지는 그분께서 만들었기 때문에 그분에 의해 나온 것이다. 그러나 그것은 그분의 실체로부터 나온 것이 아니므로 그분에게서 나온 것이 아니다.[200]

하지만 창조 전에 하나님 외 아무것도 존재하지 않았다는 판단은 전혀 다른 관점을 생성시킬 수도 있다. 세상 가운데 존재하는 일체는 인과 법칙의 지배 아래 있는데, 無로부터의 창조는 하나님만 이

---

198) 『위대한 두 진리』, 앞의 책, p.128.
199) 「신인조화에 나타난 신인관계 연구」, 앞의 논문, p.15.
200) 「아우구스티누스: 신적 예지로부터의 필연성과 인간의지의 자유에 관하여」, 앞의 논문, p.7.

법칙을 어긴 상태가 된다. 절대 그럴 수는 없다. 법칙은 다르게 적용될 수 없다. 창조 전에는 천지를 창조한 근거를 어디서도 찾을 수 없다. 그것은 무엇으로 보나 창조 전에 존재한 하나님밖에 없다.[201] 그래서 이 연구가 견지한 것도 하나님이 지닌 자체 본체를 근거로 천지가 창조되었다고 본 설이다. 얼토당토않은 주장 같지만, 동서 간에 걸쳐 전통적인 사상들을 살펴보면 놀랍게도 긍정적인 인식들이 많다. 동양에서 추구한 "천인합일 사상은 인간과 天(神)을 동일한 구조선 상에 놓고 인간 스스로에 대해 모든 가능 근거를 찾으려고 한 인간 중심 사상이었다."[202] 이질화된 상태로서는 끝내 하나 될 수 없고 함께할 수 없다. 기본적으로 "사람과 우주 만물은 다 같이 근본이 되는 하나에서 나왔다는"[203] 전제가 세워져 있어야 가능하다. 예수는 "나와 아버지는 하나이니라"라고 했는데,[204] 예수가 하나님의 아들이기 때문인 것은 결코 아니다. 예수는 인류의 대표자이므로 표준적인 본질을 내세워 神人 간의 동질성을 표명한 것이다. 장자는 "하늘과 땅은 나와 함께 동시에 생겨났고, 만물은 나와 함께 하나가 된다"라고 했다.[205] 선각들이 아니더라도 인간은 모두 형제자매로 믿고 있는데, 단지 말만 앞세운 것이 문제일 뿐이다. 관점을 획기적으로 전환해야 하는데, 하나님의 본체에 근거한 천지창조설을 통해 이런 요구에 부응하고자 한다.

　서로 소통하기 위해서는 마음의 문을 여는 것이 중요한 것처럼 인

---

201) 하나님 외는 천지를 창조할 바탕 재료가 없음.

202) 「노자의 도에 관한 연구」, 손영민 저, 동국대학교교육대학원 철학교육전공, 석사논문, 1991, p.1.

203) 「현대단학의 신인합일론 소고」, 앞의 논문, p.22.

204) 요한복음 10장 30절.

205) "天地與我竝生 而萬物璵我爲一." -『장자』, 제물론 편.

류가 하나 되기 위해서는 삼라만상이 창조로 인해 화신 된 동질성을 확인해야 한다. 그렇지 못하면 불통 상황을 면할 수 없다. 神人 간은 항상 교감되고 소통되어야 하는 것이 정상이다. 그런데 하나님이 초월자로서 격리되어 버리면 神人 간은 영원히 합일할 수 없게 되고 만다. 하나님은 창조주로서 절대 초월적이지만 한편으로는 창조로 인해 내재하므로 인류와 함께하고 있다는 사실에 주목해야 한다. 서양의 철인들이 神에 대해 가진 생각들, 즉 본체를 자기 원인적인 궁극자로 본 것은 옳은 판단이다. 하지만 창조주는 자기 원인적인 존재로서 그렇게 영원히 독존하지 않았다. 창조 역사 실현으로 인해 하나님은 만유의 아버지로서 만유 위에 계시고 만유를 통일하시고 만유 가운데 계시다(엡 4:6). 한 분인 하나님으로부터 만물이 있게 된 것은 주된 근거가 창조이다. 이것은 "道가 모든 것 속에 있으면서 시간과 공간을 초월한 비현상적 실재, 무한한 존재로 있다"는 것과 같다(道家).206) 지성들이 초월신과 내재적인 신관을 분리한 것은 초월성과 내재성을 아우를 수 있는 메커니즘을 갖추지 못했기 때문이므로, 창조만 알면 "사랑 안에 거하는 자 하나님 안에 거하고, 하나님도 그 안에 거하시느니라"고 한207) 이상적인 신인합일 도달 상태를 이해할 수 있다. 주자학에서도 "理와 氣는 결단코 두 가지이다"라고 한208) 理氣二元論적 주장이 있는가 하면 理氣一元論적 주장도 만만찮은데, 결론은 하나인 본체(太極)가 창조로 인해 理氣로 나뉜 것이다. 창조가 없었다면 초월도 없고 내재도 없고 신인합일도 시도할

---

206)「노자의 도에 관한 연구」, 앞의 논문, pp.9~10.
207)『서양 문명을 읽는 코드 신』, 앞의 책, p.728.
208) "理與氣決是二物." -『주자전서』.

이유가 없다. 창조로 인해 구분된 것이기 때문에 理氣, 神人 간은 결국 동질, 동본, 하나이다. 한때는 내재적인 범신론이 기독교 사회에서 위험한 이단 사상으로 몰려 배척되었지만, 인류의 진정한 구원 경지인 신인합일 목적을 달성하기 위해서는 생각을 달리해야 한다. 지상 강림 역사로 인류 사회에 전방위적인 가치 전도 역사가 불가피해졌다.

4. 합일 경지

분열이 극한 현대 사회에서 분파된 진리 세계를 통합하고 인류를 하나 되게 한다는 것은 요원한 꿈일는지도 모른다. 무수한 별이 밤하늘에 반짝이고 있는데 저 별들을 다 담아 놓을 수 있으려면? 우리에게는 대책이 없지만, 우주라는 그릇은 이미 다 품고 있다. 창조주 하나님이 마련해 둔 그릇이다. 인류가 한 동포라는 주장은 있었지만 정말 하나인 세계는 이루지 못했다. 원리성도 본체적인 바탕 그릇도 준비하지 못했다. 범아일여(梵我一如), 즉 브라만은 아트만이라고 하였지만, 어떻게 一如인 것인지에 대해서는 묵묵부답이다. 이것은 인류가 어떻게 하나님과 하나 될 수 있는가 하는 문제를 푸는 것과 같다. 여기에 엄청난 비밀이 숨어 있다. 『화엄경』에서는, "하나가 곧 多이고 多가 곧 하나이다(一卽一切 一切卽一)"라고 하였는데, 창조 논리가 개입된 것인데도 세인들은 끝내 이해하지 못했다. "形而上의 道가 드러난 것이 바로 形而下의 만물이다."[209] "만물은 道 자체의 자

---

209) "形而上者謂之道 形而下者謂之器." - 『주역』, 계사상 12장.

기 현현(顯現)"이라고도 했지만,[210] 形而上에 해당하는 본체는 베일 속에 깊이 가려졌다. 연유된 메커니즘을 어디서도 찾을 수 없다.

"하나가 모든 것이고 모든 것이 하나(의상)"이려면 어떤 창조 조건을 충족시켜야 하는가? 무수한 생성 과정을 일축시킨 명제이므로, 그렇게 된 과정을 되살릴 수 있다면 제기된 의문을 일시에 풀 수 있다. 어떻게 하나가 만개되고 만개가 하나 된 것인가? 성난 파도가 바위에 부딪치면 무수하게 물방울이 갈라지지만 잠잠해 지면 어느새 본래 모습으로 돌아간다. 우리는 현재 삼라만상을 보고 있지만, 본래의 "참된 존재는 단일한 것이다(파르메니데스)."[211] 하나인 본체가 창조로 인해 化된 것이 현재의 삼라만상이다. 플라톤은 "다수에 앞서 하나가 원천적으로 존재해야 한다"고 생각한 철학자인데,[212] 다수가 존재하기 위해서는 그보다 앞서 하나가 존재해야 하는 것은 당연하다. 하나가 곧 多이고 多가 곧 하나임에 창조가 조삼모사(朝三暮四)한 수수께끼를 낸 근원이다. 율곡은 어떻게 形而上者인 理와 形而下者인 氣가 둘이면서 하나이고, 하나이면서 둘(二而一 一而二)이라고 한 논리를 펼쳤던가? 하나인 본체로부터 化된 창조 원리에 기인했다. 多는 多인 동시에 하나이다. 아무리 하나가 多해도 그것은 둘도 만도 아니다. 多로서 하나이므로 두루 통한다. 통한다면 삼라만상은 모두 합일할 수 있다. 인류가 하나님과 합일할 수 있는 최대의 제공 원리이다.

두루 통할 수 있는 바탕 근거를 이 땅에 강림한 하나님이 마련하

210) 『중국철학의 역학적 조명』, 앞의 책, p.37.
211) 「아우구스티누스: 신적 예지로부터의 필연성과 인간의지의 자유에 관하여」, 앞의 논문, p.28.
212) 「고대 플라토니즘과 오거스틴의 인식론에 관한 연구」, 앞의 논문, p.37.

셨다. 神人 간이 합일한다고 함에 그 합일 양상에 대해 일반적으로는 존재 대 존재 간에 대해 가늠하지만, 상세하게는 상호 소통된 의식 대 본질 간이고, 하나님의 뜻 대 인간의 마음 간이다. 그래서 육구연은 "우주는 곧 내 마음이고 내 마음은 곧 우주"라고 한[213] 최상의 합일 도달 경지를 피력했다. 우주와의 합일 경지를 마음의 통함과 일치로써 실현했다. 예수가 나를 본 것이 곧 아버지를 본 것과 같다고 한 것은 뜻으로 도달한 신인합일 경지이다. 하나가 만개된 이상 만개된 만물은 다시 하나 될 수 있다. 창조되었기 때문에 인류는 하나님과 통한다. 성령의 은혜가 충만하면 神心 즉 吾心이다. 내가 품은 뜻이 그대로 하나님이 나를 통해 이루고자 한 하나님의 뜻이고, 하나님이 원한 뜻이 내가 세상 가운데서 이루고자 한 뜻이 된다. 이 것이 선지자가 하나님의 뜻을 대언한 영성적 경지이다. 신인합일은 세계적인 본질과 인간이 기른 의지와의 합일이고 道, 天, 진리도 포함된다. 神의 뜻과 일치된 상태를 경험하면 인류는 무아적 희열을 만끽하고 하나님으로부터 구원된 사실을 확신한다. 기록된바 거룩한 체험, 곧 합일 상태를 경험한 사례로서는 "모세의 소명 기사(출 3:1~6), 예언자 이사야의 소명 기사(사 6:1~7), 사도 바울의 소명 기사(행 9:1~9) 등이 있다.[214] 그들은 특별한 임재 역사를 체험했지만, 형상을 지닌 존재자로서 조우한 것은 결코 아니다. 일군 믿음과 소망의 화신체로서 신현 현상을 경험했던 것이고, 성령의 은혜로 충만한 합일 경지에 도달했다.

거듭 강조하거니와 신인합일 경지는 제약을 지닌 인류가 초월적

213) 『유가철학의 이해』, 앞의 책, p.107.
214) 『이름 없는 하나님』, 김경재 저, 삼인, 2003, p.51.

인 하나님과 함께할 수 있는 최적의 길이다. 일치된 사실을 깨닫는 순간 인류는 하나님이 지닌 영원한 존재 속성을 공유한다. 영원한 생명, 영원한 진리, 영원한 세계를 획득하리라(구원). 영생을 보장받기 때문에 신인합일은 인류가 그토록 찾아 헤매었고 구하고자 한 영원한 영혼의 본향으로서 하나님께 이를 수 있는 적격 황금 루트이다. 지상 강림 역사는 온 인류가 하나님과 함께하는 시대를 여는 것이며, 신인합일은 인류가 최선을 다해 구현할 수 있는 영광스러운 인생 목적이다. 지상 천국은 온 인류가 이 땅에 강림한 하나님과 하나 되고 일치, 합일, 함께 함으로써 건설하리라.

PART

05

결론

선천에서는 지성들이 이구동성으로 神은 인식할 수 없고, 파악할 수 없으며, 죽었다고까지 선언하였는데, 이 연구가 이런 단언을 뒤엎을 인식론의 대혁명을 기도하였다면 세상의 반응은 어떨까? 도대체 어떤 진리적인 근거를 확보하였기에 神은 존재하고 인식할 수 있으며 함께할 수 있다고 한 것인가? 일체의 가능성 있는 실타래를 이 연구가 이룬 지상 강림 역사가 휘어잡았다.

한민족 문명의 세계사적 역할

　인류가 선천 세월을 바쳐 이룩한 현대 문명은 계속 발전 수치를 갈아 치우고 있어 건강하고 희망적인 것처럼 비치지만, 어떤 선수가 금지 약물을 복용하여 기대 이상의 기록을 갱신하였다면? 인류가 예로부터 원했던 바람직한 문명 건설은 인류 문화가 서로 조화를 이루고, 그 위에서 피어날 합덕(合德)의 꽃이었다. 서구인들이 주도하여 건설한 현대 문명은 이런 기대치를 저버렸다. 그래서 이 연구는 서구 문명이 도달한 한계성을 넘어 초월, 합일, 포괄할 수 있는 신관을 정립함으로써 인류를 참된 하나님의 나라로 이끌고자 한다. "지금 인류가 당면한 전대미문의 위기는 서양 문화가 세계화되면서 불거진 위기라고도 할 수 있다. 오늘날 온 지구를 석권한 자본주의도 서양의 역사와 문화를 토대로 하여 만든 경제체제이다. 그런데 이 지구적 자본주의가 21세기 초엽에 엄청난 경제적 위기에 봉착했다. 또한, 지구온난화에 따른 기후변화는 석탄과 석유와 같은 화석원료로 산업을 가동한 결과이고, 이 같은 가동은 자본주의의 경제성장을 위해서는 필요불가결한 추진력이다. 원자력은 어떠한가? 원자력은 자본주의의 과학기술과 자본이 결탁하여 만들어낸 폭탄이고 에너지이다. 핵폭탄은 잠재적으로 인류를 위협하는 무시무시한 무기이다. 그렇다면 오늘날의 위기는 서양의 역사와 서양 문화와 떼려야 뗄 수 없게 된 셈이다."[1] 일련의 위기를 야기한 서양 문화는 자연을 탐구하여 일군 위대한 진리적 성과가 있었음에도 불구하고 결과적으로는 자체 문화가 둘러친 테두리를 벗어나지 못한데 주된 원인이 있다. 양보 없는 편중 문화 때문에 굳어 버린 한계벽이다.[2]

"콜럼버스는 1492년 에라토스테네스(Eratosthenes)의 도움을 받아 아메리카 대륙을 발견하였다. 그것은 인류문화사에서 르네상스와 대서양시대의 개막을 의미하는 역사적 사건이다. 그 이후로 500년 동안 호기심 많고 활기에 넘치는 서양인들은 지구 구석구석을 누비며 탐험과 정복을 거듭하였고, 드디어 인류 사회를 하나로 만들었다. 역사상 서양 문화의 우월성이 한껏 돋보였다. 이런 우월성을 창출한 요인은 다름 아닌 서양의 적극성과 다양성, 그리고 경이로운 과학의 힘에 기인한다. 세계를 뒤바꾼 서양 문화는 지구 상의 어떤 다른 문화도 더 이상 따라잡지 못할 만큼 앞서 가고 있는 것으로 평가된다. 그렇다면 서양 문화는 과연 가장 진보된 문화인가? 다른 문화들은

---

1) 『헤겔, 역과 화엄을 만나다』, 조홍길 저, 한국학술정보, 2013, p.19.
2) "서양에서는 중세기적 신앙의 빛에 대한 르네상스적 이성의 빛의 회복, 즉 은총의 빛에 대한 자연의 빛의 회복, 그것은 헤브라이즘(Hebraism)에 대한 헬레니즘(Hellenism)의 승리를 말하는 것이며, 그것은 종교문명에 대한 합리문명의 再(르) 生(네상스)을 의미하는 것이다."—『이성의 기능』, 화이트헤드 저, 김용옥 역안자, 통나무, 2002, p.344.

오직 서양 문화가 예시하는 방향으로 진화되어 나가야 하는가?"[3] 아니다. 불거진 문제를 직시하지 못한 서양 문화는 우직하게도 확보한 우월성을 끝까지 지키고만 있다. 지구촌의 아집 문화를 벗어나지 못한 것은 그 무엇도 아닌 기독교가 취한 배타성의 영향 때문이다. 아직도 유일신앙 체제를 고수하고 있고, 교회를 통해서 구원을 얻는다고 못 박았으며, "오직 예수 그리스도에 의해서만 하나님을 알 수 있다"고 굳게 믿었다(칼 바르트).[4] 인간 삶의 가치를 결정하는 신앙관과 신관 그릇이 너무 비좁아 다른 문화와의 조화나 수용이 어렵게 되었다. 기독교는 역사상 복음의 세계화를 기도하였지만, 역설적이게도 복음이 도무지 세계화될 수 없는 요인을 자체 지녔다. 정초한 교리 체제가 다른 진리 세계와 대치되고 말았다. 독선적인 선교 정책이 결국 선교의 세계화 이상을 좌절시켰다. 이 엄연한 결과를 기독교에서는 인정해야 하며, 커다란 신앙적 혁신이 있어야 한다. 타 진리와 신앙 전통을 이해해서 수용하고자 하는 노력이 필요하다. 어떤 영역도 지속적인 혁신이 없다면 정체되고, 전체가 정체되면 더 이상 존재할 여력이 사라진다. 혁신을 위해서는 뼈아픈 버림과 통각이 필요하다.

이에 중대한 과제로 떠오른 것이 유구한 세월 동안 인류 역사와 함께한 동양 문화의 이해이다. 하지만 그들이 끝까지 이해하기를 거부한다면 어쩔 수 없이 동양 문화가 요구하는 역할에 부응하기 위해 부상하리라. 우리는 물리적인 현실로서 인류 사회가 지구촌 시대를

---

3) 『동양과 서양』, 최영진 저, 지식산업사, 1993, 서문.
4) 「칼 바르트의 신 인식론 연구」, 최지원 저, 목은대학교신학대학원 신학과 조직신학전공, 석사논문, 2005, p.28.

이룸으로써 "서양과 동양이 활발히 만난 시대에 살고 있다. 이런 시대에는 더 이상 로빈슨 크루소가 존재할 수 없다. 어떤 문화나 국가라도 혼자서는 살 수 없다. 종교 영역에서도 예외는 없어 동양과 서양이 활발하게 만나고 있다. 오늘날 우리에게 정말 필요한 것은 획일주의, 순응 제일주의가 아니다. 서로 다름 속에서 유사성을 찾을 수 있는 대화이다. 유일한 종교 신앙을 방패로 삼고 울타리를 친 종교인은 미래를 바라보지 못하고 과거에 매달린 사람이며, 석가와 예수의 참뜻을 이해하지 못하는 사람이다."5) 우리는 시대를 앞서 이룬 선각들의 통찰 메시지에 귀를 기울여야 한다.

> 석가만이 니르바나의 길을 가르쳐 주었고 예수만이 하늘나라의 길을 가르쳐 주었다고 주장할 때, 우리는 이미 석가나 예수를 배반하는 것이다.6)

그런데도 서양의 지성들은 진화론적인 사상으로 무장한 생물학적, 자연과학적인 지식으로 사회, 역사, 문화 현상들을 면밀히 분석하여 무신론을 조장한 사상들을 쏟아내었다. 동양이 이룬 본체에 관한 깊은 사색과 의식적인 직관, 통합적인 의지 구축 성과를 이해하려고 한 노력이 어디에도 없다. 그것이 서양 문명이 벗어나지 못한 국지주의적 한계성이다. 기독교가 유럽의 여러 나라에서 부흥한 전적을 지녔다고 해서, 혹은 불교가 동남아를 거쳐 티베트 등에서 토착화되었다고 해서 현 사회가 바라는 통합 요구에 부응한 모습은 아니다. 동양적 전통 혹은 서양의 종교만으로는 새로운 문명 역사를 창달할

---

5) 『석가와 예수의 대화』, 캐린 둔 저, 황필호 역, 종로서적, 1992, 표지글.
6) 『철학적 인간 종교적 인간』, 황필호 저, 범우사, 1983, p.276.

수 없다. 다방면에 걸친 문화 통합 역사를 일으켜야 한다. 동서양이 공히 상대 문화와 어울림으로써 인류 공영에 이바지해야 한다. 일명 인류의 지구적 통합 의식에 대한 생성 요구가 그것이다. 세계가 물리적인 현실로서는 지구사회적인 통합을 향해 발을 내디딘 상태이고, 지구사회는 현대적인 문화텍스트의 기저를 이루었다. 전혀 새로운 사태이고, 인류 역사상 단 한 번도 없었던 일이라, 우리들의 세계적인 감각에서 볼 때 과거 사람들이 알 수 없었던 특이한 방향성 부여를 통해 실감할 수 있다.[7] 이제는 막연한 느낌 상태로부터 탈피하여 대세를 실감할 수 있는 시대를 맞이했으므로, 도래한 시대적 특성을 냉철하게 수용해야 한다.

그리하여 인류 역사가 바야흐로 맞이하게 된 "태평양시대는 서양 문화와 동양 문화가 활발히 섞이고, 서양의 찬란한 지식과 동양의 심원한 지혜가 만난 시대이다. 역사상 최초로 세계가 하나 된 시대이며, 동양과 서양의 문물이 활발히 섞인 시대인 만큼, 향후 동서 문화의 좌표가 어떻게 설정될 것인지 기대가 크다."[8] 이때 새로운 문화를 창달할 주인공이 등장할 것인데, 그 주인공은 모든 면에서 합당한 자격을 갖추어야 한다. "태평양시대를 연 동서 간의 만남 역사는 미래의 인류 사회에 어떤 문화적 양상을 펼칠 것인가? 미증유의 흥기를 맞고 있는 동아시아에서 동양 문화의 르네상스가 일어날 것인가? 아니라면 적극적이고 활동적인 서양이 또다시 르네상스를 일으킬 것인가? 이것도 저것도 아니라면 전혀 새로운 문명이 탄생할 것인가? 이것이 향후 역사에 있어 예측되는 흥미롭고 중대한 사건이다."[9][10]

---

7) 『동양철학의 심층 분석』, 이즈츠 도시히코 저, 김동원 역, 솔밭, 1991, pp.15, 53.
8) 『동양과 서양』, 앞의 책, pp.20, 152.

기대를 한 몸에 안은 태평양시대에 세계의 여러 민족 가운데서 한 민족이 이 땅에서 지상 강림 역사를 완수하였다는 것은 인류 역사를 선후천으로 가르는 터닝 포인트를 선점한 상황이다. 한민족 문명이 선천의 분열, 대립, 모순된 역사를 넘어 인류가 원한 이상적인 문명 사회를 건설하기 위해서는 동서 문명을 합덕, 조화, 통합시킬 수 있는 진리적 조건과 문화적인 역량을 갖추어야 한다. 이런 세계사적 역할을 수행하기 위하여 한민족은 반만년 역사를 거치면서 독자적으로 길을 준비하였고, 사명감을 자각하기 위해 노력하였다. 이 땅의 선지자인 수운(최제우)은 장차 무극대도(無極大道)가 세워질 것을 예고하고, "조선이란 나라는 목국(木局)의 기운을 가진 동방의 나라로, 해가 동쪽에서 뜨면서 하루가 시작되듯이, 새로운 시작이 조선으로부터 비롯될 것이다"라고 예언하였다.[11] 그는 아국 운수의 비전에 대해 누누이 강조하였다. "수운은 孔子의 유교를 갱정한 무극대도를 내놓고 이를 통해 자신이 태어난 조선을 중심으로 새로운 세계를 이루고자 했다. 이것은 전통적인 주자학이 지배한 문화권 안에서 새로운 道를 주창한 것이기 때문에 조선이라는 나라가 바야흐로 중화문화권에서 벗어난 것을 의미한다."[12] 중화문화권뿐이겠는가? 오늘날 지상 강림 역사 실현은 기독교를 주축으로 한 서양 문명까지도

<hr />

9) 위의 책, p.225.

10) "20세기 동서양의 만남은 과거의 헤브라이즘과 헬레니즘이 만나고, 콘퓨시아니즘(Confucianism)과 부디즘(Buddhism)이 만났던 그런 만남과는 비교도 안 되는 더 큰 만남이요, 따라서 더 거대한 보편성·일반성·추상성에로의 만남인 것이다. 바로 이러한 인류사의 전개양식의 보편성, 즉 꾸준한 만남에로의 지향을 전관적으로 조감할 때만이 비로소 우리는 통합적 우주론의 새로운 가능성에 눈을 뜨게 되는 것이다."-『이성의 기능』, 앞의 책, p.345.

11) "우리나라는 목국을 상징하니 운수는 삼절에도 잃지 않는다. 여기에서 나서 여기에서 얻으니 동방을 먼저 한다."-『동경대전』, 筆法.

12) 『후천개벽 사상 연구』, 김형기 저, 한울, 2004, p.182.

벗어난 것을 뜻한다. 정말 벗어났다면 역사상에 드러난 온갖 진리 문제를 해결할 수 있어야 하는데, 일체 조건을 충족시킴으로써 한민족 문명이 선각들의 예언대로 태평양시대를 주도할 수 있게 되었다.

세계 대운이 조선으로 몰아 들어오니 萬不失時하라.[13]

선각들은 아국 운수의 대통성을 일깨웠지만, 문제는 이 땅에서 사는 사람들의 역사의식에 있다. 한민족은 삼국시대부터 고유한 전통 사상(神道)을 가지고 儒·佛·道란 외래 사상을 주체적으로 받아들였거니와, 오늘날은 기독교를 필두로 서양 사상까지 수용하여 동서 간 합덕을 실현할 수 있는 조건들을 완비했다. 이에 한민족이 문화적으로 이루어야 할 성가(成家) 조건과 역할은 무엇보다도 서양 종교인 기독교의 한국화, 서양 철학의 한국화, 서양 과학의 한국화에 있다.[14] 한민족은 한시바삐 이 땅에 강림한 하나님의 보혜적 의미를 자각하고 인류 문명을 창조 본의에 근거하여 재해석해야 한다. 그리해야 인류의 영혼을 구원하고 동서 문명을 합덕시킬 새로운 문명 창달 에너지를 얻을 수 있다.[15] 한민족이 지닌 역사의 비밀을 풀고 쌓은 잠재력을 발휘할 핵심은 바로 이 땅에 강림한 하나님의 지상 강림 본체를 영접하여 받드는 데 있다. 한민족이 전통적인 儒·佛·道 위에 기독교 문명까지 받아들인 것은 인류 사회를 통합할 결정적인 섭리 포인트를 휘어잡은 것이다. 이것이 역사상 유례를 찾아볼 수

---

13) 『天地公事實錄 銅谷秘書』, 12절.

14) 『한국철학의 역학적 조명』, 이현중 저, 청계, 2001, p.354.

15) 동서양의 가치 세계를 합덕화시키는 것이 인류의 영혼과 종말 문명을 구원할 것임.

없을 만큼 다양한 문화를 수용함으로써 가능하게 된, 미래 사회에서 새로운 문명을 창조할 수 있는 문화적 저력이다. 아울러 한민족 문명이 인류 사회에 대해 헌신해야 하는 막중한 책임과 가치이기도 하다.

한민족이 걸어온 역사적 발자취를 살피면 만인은 이 연구가 주장한 사실을 충분히 확인할 수 있다. 1+1=2가 정답이라는 것은 누가 확인해도 명백한 것처럼, 한민족 문명이 미래의 인류 사회에 대해 이룰 역할이 무엇이라는 것 역시 명약관화하다. 우리나라는 일찍부터 불교문화를 수용하여 세계 문화를 합덕시킬 중요한 성가 조건을 확보하였다. 원효는 불교 사상에서 석가, 용수와 더불어 3대 인물로 인정될 정도로 지대한 위상을 가졌다. 석가에 의해 불교가 창립되었고, 용수에 의해 소승에서 대승으로 개혁이 이루어졌으며, 원효에 의해 용수 이후 여러 갈래로 분열된 불교가 새로운 생명을 찾았다. 그러므로 인도 불교가 씨앗이라고 보면 중국 불교는 꽃이 되고 한국 불교는 그 열매라고 할 수 있다. 헤겔은 正・反・合이란 변증법을 말했고, 동양에서는 生, 長, 成이란 과정을 설정했다.[16] 이에 한민족 문명은 성장과 장성기 때는 전혀 존재감을 나타내지 못한 문명 체제이지만, 일체 과정을 거친 미래에 진정한 주인공으로 등장하여 세계 역사를 주도할 문명국으로 예비되었다. 즉 한국은 1도 아니고 2도 아닌 3수에 해당한 섭리를 준행하도록 결정된 민족이다. 3은 생장하고 분열을 극한 이후에 모든 시대를 통섭하여 결실 지어야 하는 사명을 가졌다. 예를 들어 유태교가 씨앗에 해당한다면 기독교는 꽃이

---

16) 위의 책, p.220.

고 이 땅에서 완수된 지상 강림 역사는 그 열매이다. 孔子는 유교란 종교의 씨를 뿌렸고 주자는 사상적으로 꽃을 피웠으며 길이 이룬 세계 통합 기치가 그 열매를 거둔 것이다. 불교도 역시 3수 원칙 안에서 섭리 된 것은 마찬가지이다. 생성하고 분열한 다음 통합하는 역할은 3수가 지닌 지극한 운명이다. 이런 역할도 1, 2와 별개일 수는 없다. 한민족이 문명적으로 인도, 이스라엘, 중국 민족이 아니라고 해서 전혀 다른 문명일 수 없다. 문명은 지역을 초월하여 영원히 생성한다. 한통속이고 한 뿌리이다.

한국 기독교는 100년을 넘긴 선교 역사를 자랑하지만, 기독교의 진정한 한국화는 아직 이루어 내지 못한 상태이다. 한국화하기 위해서는 기독교 교리를 주체적인 자각 관점에서 재해석하고 재구성해야 한다. 하나님의 존재 특성, 천국과 구원 개념, 인간의 본성, 예배의 의미 등등[17] 재해석, 재구성하는데 지상 강림 역사가 가진 지대한 역할이 있다. 이것은 비단 기독교란 종교 영역에만 해당하는 것이 아니다. 서양 사상과 인류의 다양한 문화도 다 함께 이와 같은 자세와 관점에 근거하여 합덕화시켜야 한다. 그리하여 동서 문화가 융화되고, 기독교의 한국화 목적을 달성한다면 그때 기독교도 세계복음화 목적을 실현하고 하나님이 명실상부하게 만유의 主가 될 수 있다. 이것이 한민족 문명이 지향해서 이루어야 할 역사의 대목표이다. 한민족이 개척해 나가는 미래 역사의 방향은 그대로 인류 역사가 나아가는 목표 방향이 되리라.

온 인류가 문명적으로 합덕하고 하나님과 교통할 인식상의 대고

---

17) 위의 책, p.338.

속도로를 개통시켜야 하나니, 장차 맞이할 시온의 영광은 지난날 이루지 못한 온갖 불통 상황을 넘어 하나님과 함께하는 실다운 합덕 사회를 이루는 데 있다. 하나님은 제민들 가까이 다가가 그들의 하나님이 되고, 인류는 살아 역사한 하나님 가까이 다가서 합일, 하나, 일치되어야 한다. 만백성이 하나님이 강림한 사실을 인증하는 그 날, 멸망에 처한 인류 사회는 구원되고 뭇 영혼들이 영생을 보장받으리라. 이것이 인류가 진정으로 맞이할 지상 최대의 영광, 반드시 이루기로 약속된 하나님의 영광, 하늘과 땅과 만생이 빛난 감격으로 부둥켜안을 대시온의 영광이리로다.

후기

신을 인식하기 위한 형이상학적 접근체계

"오늘날 神 문제는 알게 모르게 철학자(지식인)들 사이에서 금기시된 지 오래고, 따라서 근대적이고 명석하고 철저한 철학자라면 그런 문제를 다루어서는 안 된다는 인식이 보편적으로 받아들여지고 있는 듯한 분위기이다."[1] 그러나 동서양을 막론하고 인류 사회에는 天 혹은 神을 어떻게 생각하였는가에 따라 큰 변화가 있었다. 동양의 유교 사회에서는 인격적인 천관에서 이법적인 천관으로 이행됨에 따라 인류 사회의 추구 목적과 가치 질서가 크게 변화되었고, 니체란 철학자가 나타나 '神은 죽었다'라고 선언한 이후 서양의 기독교 문명 사회에는 새로운 가치 질서가 수립되었다. 그리하여 무신론이 만연한 현대 사회에서 이 연구가 다시 『인식적 신론』이란 제호를 통해 神은 인식할 수 있는 존재자란 사실을 증거하고 접근 방법까지 체계 지었다고 한다면 인류 사회는 어떤 변혁의 소용돌이 속에 휩싸일 것인가?

---

1) 『철학적 신론』, 바이스마르 저, 허재윤 역, 서광사, 1994, p.6.

이전에는 성립될 수 없었던 神 인식 루트에 대한 形而上學적 접근이 가능해지고, 神에 관한 인식 이론을 구체화시킬 수 있게 된 것은 앞서 완수한 '지상 강림 역사'에 힘입은 바 크다. 즉 이 연구는 하나님을 지상에 강림시킨 제반 인식적 원리를 체계 지은 것으로 하나님이 이 땅에 온전히 강림하였기 때문에 구성할 수 있게 된 저술물이다. 그 성립 의미는 이루 말로 다 표현할 수 없거니와, 神을 인식할 수 있다면 神이 존재한다는 사실은 당연한 전제가 된다. 神의 존재 속성과 지금까지 주어진 섭리 역사를 모두 포괄한다. 이런 주장 자체가 이전에는 불가능했던 일인데, 神을 인식할 수 있다는 것은 온갖 주장이 난무했던 지난 시대와 격을 달리한다. 철저한 원리를 통해 이 땅에서 온전히 神의 문명을 부활시킬 수 있게 되었다. 『인식적 신론』 정립을 기점으로 과거에는 아무리 노력해도 神을 인식할 수 없었는데 상황을 역전시키게 된 것은 그런 사실 자체가 선후천 시대를 가르는 대전환점이다. 여태껏 지성들과 신앙인들은 神이 존재한 사실을 전제하거나 믿었을 뿐 끝까지 증명하지 못해 급기야 神의 죽음을 선언한 실정인데, 神을 인식할 수 있다고 한 주장이 타당한 논거라면 그 의미는 실로 선천 문명을 통틀은 역사적 대반란이다. 밝힌바 지상 강림 역사는 지성사에서 불가능하다고 여긴 神을 인식할 수 있게 하였다. 하나님이 보혜사로서 강림하였기 때문에 성사된 전제 조건 충족이다. 그것이 과연 무엇인가?

　선천 하늘에서는 하나님이 하늘에 계셨기 때문에 인식 문제에서도 차원적인 거리감을 극복하지 못했다. 그래서 神은 알기 위해서 믿는다. 존재하지 않는다. 神은 죽었다고 한 억측이 있었다. 그런데 神이 강림하여 본체를 드러낸 역사적 사실은 이와 같은 상황을 역전시킨다. 비단 神적인 문제뿐이겠는가? 세계적인 본질 전체가 전환되어 분열을 본질로 한 선천 진리의 상대성, 대립성을 극복하고 융화된 세계로 나갈 수 있게 했다. 하나님이 진실로 이 땅에서 모습을 현현시키고 본체를 강림시켰기 때문에 이 연구도 하나님을 인식할 수 있는 원리성을 추출할 수 있다. 인식상 고속도로를 개통시킨 것뿐만이겠는가? 소통의 활로를 터 인류가 직접 하나님과 함께할 수 있게 되었다. 온전히 영접할진대 영원한 생명을 얻고 이상적인 세계를 건설하는 것이 불가능한 일이겠는가?

　神을 인식할 수 있다는 사실은 인류가 이 땅에서 하나님과 함께하는데 고무적인 기초를 다지는 것이지만, 문명적인 측면에서도 도달한 종말성을 극복할 수 있는 대안책이다. 서양 문명은 줄기차게 나타난 자연 현상을 탐구하여 과학문명, 물질문명, 주지주의적인 문명 사회를 구축하였지만, 그렇게 쌓아 올린 문명이 아무리 위대하더라도 그것은 반쪽밖에 안 된다. 부족하고 미비되어 있기 때문에 그 세계관적 폐해를 인류가 지금 고스란히 피부로 느끼고 있다. 세계의 진정한 완성과 이상을 실현하기 위해서는 잠재된 무형의 본질 세계도 탐색해야 했는데, 이런 총괄적 요구에 이 연구가 부응했다. 선천 문명은 보이는 존재 세계를 탐구하여 원리화시키는 데 주력한 문명 체제라면, 神과 소통할 수 있는 길을 튼 후천 문명은 무형의 본질 세계를 일구고 의식하여 작용된 원리를 객관화시킬 수 있다. 그리하여 죄악에 찌든 인류의 원초적인 본성을 회복하고 혁신시키리라. 과거에는 神을 보지 못했기 때문에 외부 세계를 탐색한 인식 이론을 세우는 데 주력하였지만, 神을 인식할 수 있는 지금은 무형인 본질 세계를 객관적으로 증거할 수 있는 방법론을 체계 짓는 데 주력해야 한다. 이것이 『인식적 신론』 정립을 기점으로 인류가 확인할 수 있는 진리와 세계관에서의 커다란 변화 조짐이다.

역사 가운데서 확인하였다시피 인류는 하나님을 인식할 수 있는 가능성을 충분히 지니고 있었고, 전제한 상황이었음에도 불구하고 세계관이 지닌 제약 때문에 합리적인 神 인식을 부정하는 견해들이 주류를 이루었다. 그러나 神 인식 문제를 해결하게 된 지금은 이전과 이후의 변화가 명백하여 졌고, 그럴 수밖에 없는 이유도 밝히게 되었다. 즉 인간이 神을 인식할 수 있는 제일 큰 이유는 "神은 세계 전체의 창조자요 궁극적 근거이다"란 사실에 있다.[2] 창조로 인해 인간과 하나님은 떼려야 뗄 수 없게 되었다. 비단 인간뿐이겠는가? 神은 결코 상상력의 산물도 인간 소원과 이상의 투영물도 아니다. 창조주이기 때문에 하나님은 어디서 무엇을 하든 거기에 당신의 흔적을 남겨두었다. 모든 피조물에는 神의 손자국이 있다. 성서의 어디를 보아도 피조세계를 통해서 神을 인지할 수 있다는 것을 부정하는 곳은 없다.[3] 피조자는 자연 세계를 보아도 神의 존재를 알 수 있기 때문에 그에게 감사하고 찬양하고 영광을 돌려야 한다. 神을 지득(知得)하는 데 있어서 계시의 도움이 없이 이성만으로도 가능하다는 학설(자연신학)도 대두하였다.[4][5] 하지만 결과적으로 거부되고 만 것은 아무래도 神의 본체가 확실하게 드러나지 못한 세계관적인 제약성이 문제였다.

---

2) 위의 책, p.14.

3) 『신론』, 이종성 저, 대한기독교출판사, 1992, p.109.

4) "자연신학의 성서적 근거: 로마서 1:19~20. 시편 19:1, 104:24~35, 8:1, 148:13 - 『신론』, 앞의 책, pp.96~97.

5) "중세신학에 있어서 신학을 자연신학과 계시신학으로 구분한 것은 토마스 아퀴나스였다." - 위의 책, p.98.

근대적 불가지론(不可知論)을 대표하는 학자들이 있다면 그들은 아마도 칸트와 흄이 될 것이다. 그중 칸트는 『순수이성비판』을 출판하면서 인간 이성의 지적 능력의 한계성을 지적하였고, 이런 견지에서 쓴 한 편지에서 "神이 인간의 마음속에 자발적으로 물체와 조화가 되도록 하는 범주(範疇)와 개념을 심어주었다고 하는 견해는 우리가 택할 수 있는 것 가운데 가장 터무니없는 해결이다"라고 보고,[6] 神 지식을 자연 질서 안에서 얻을 수 있다는 생각을 강력히 부인하였다. 감각적 지각을 인간 인식의 성립을 위한 불가결의 조건으로 보았던 경험론자 흄(D. Hume)도, 감각적 지각에 의해서 언제나 검증될 수 있는 인식 내용만 신뢰할 수 있고 확실한 것이라고 믿어 원칙적으로 지각될 수 없는 실재나 神, 그리고 실재적인 절대자에 대해 언급하는 모든 언명은 당연히 무의미한 것으로 간주하였다.[7] 왜 그들은 인간이 지닌 이성이 절대적 실재, 즉 神의 인식에 이를 수 있는 가능성을 부정하였는가? 그 주된 이유는 다름 아닌 사실 그대로 神은 무형이라 세상 가운데서 확인하기 어려운 존재이기 때문이다. 당시에는 창조 메커니즘이 밝혀지지 못한 상태이므로 피조 세계를 통해 하나님을 볼 수 있는 관점이 어디서도 제공되지 못했다. 그래서 전격 의존하게 된 것이 계시를 통한 神 인식 방법이다.[8]

두 가지 방법, 즉 계시를 통한 지식과 피조물을 통한 지식에 대해 항상 가능성은 열려 있었지만, 이들이 동등한 입장을 가진 것은 아니었고, 기본적으로는 계시를 통하지 않고서는 어떠한 인식도 불가

6) 위의 책, p.138.
7) 『철학적 신론』, 앞의 책, p.22.
8) "神 지식은 크게 나누어 계시를 통한 지식과 피조물을 통한 지식이란 두 가지 방법에 의해 가능하다." ―『신론』, 앞의 책, p.9.

능하다는 전제 아래 피조물을 통한 지식을 허용하였다. 그렇다면 그동안 기록된 계시 역사가 수없이 많은데, 이를 통해 인류는 하나님을 얼마만큼 파악하였는가? 계시 방법도 때로는 직접적인 현현(顯現)을 통해서, 때로는 신탁(神託)을 통해서, 때로는 꿈을 통해서 나타났는데,[9] 이런 현상은 또 어떻게 규명하였는가? 하나님이 역사한 사실에 대한 기록과 그렇게 해서 전달된 뜻만 남아 있을 뿐, 계시된 작용 원리와 실체는 어디서도 밝혀진 바 없다. 이런 문제점을 해결하기 위해 이 연구는 하나님이 보혜사로 강림하여 이룬 성령의 역사를 바탕으로 하나님이 이룬 역사를 이성을 통해 객관적, 보편적, 원리적으로 판단할 수 있는 성령의 시대를 본격적으로 펼치고자 한다. 명실상부하게 자연신학과 계시신학을 포괄하여 하나님에 대한 인식 영역을 확대시키리라.

기독교 역사에서 제도권 교회는 계시 신학을 옹호한 편이었다.[10] 구약 시대에는 神이 주로 예언자들을 통해서 그의 뜻을 나타내기도 하고 말씀도 하였다. 그러나 그의 아들이 성육신(聖肉身)한 사건 이후부터는 반드시 그의 아들을 통해서만 神을 알 수 있고 복음을 이해할 수 있다고 못 박았다. 아들 외에는 아버지를 아는 자가 없다고 믿은 것이 불변한 원칙이다.[11] 사실 과거 이천 년 동안 성자의 시대를 뒷받침한 기독교 신학은 예수 그리스도의 본질과 업적이 중심이었다. 그래서 하나님을 인식하는 가장 바른 길은 그의 아들인 그리

---

9) 위의 책, p.9.

10) "성서만이 교회 설교의 궁극적 표준이다." "성서를 떠나서는 아무 지식도 얻을 수 없다."—위의 책, pp.100, 106.

11) "다른 복음"은 없다(갈 1:6~7. 행 4:12. 고전 3:11). 그리스도를 떠나서는 "아버지께로 올 자가 없다(요 14:6)."

스도를 통해야 한다고 굳게 믿었다.[12] 이전에는 그러했다. 그런데 하나님이 진리의 성령으로 강림한 오늘날은 모든 면에서 상황이 달라졌다. 예수 그리스도에 대해 이론(異論)들을 물리치고 그것을 유일한 계시로 믿은 것은 성자의 시대에 합당한 인식 근거였고, 그런 인식 구조를 획기적으로 전환시킬 계기를 이룬 것이 바로 이 연구의 정립에 있다. 神을 인식할 수 있는 경로와 범위의 확대가 지니는 의미의 핵심은 문명의 대패러다임 전환에 있다. 성자의 시대를 마감시키고 성령의 시대를 개막시켰다. 그렇다면 성자의 시대를 구축했던 그리스도 중심인 교리 체제가 도래한 성령의 시대에는 더 이상 당위성을 지켜낼 수 없게 되어 시한부적인 한계성을 맞이한다.

돌이켜 보면 선천의 인류는 성서와 제도권 교회에 국한된 神 지식 정보 때문에 하나님을 제대로 접할 수 없었고, 자체 지닌 이성마저 활성화시키지 못했다. 만유를 주재한 하나님에 대해 인류도 언젠가는 만유에 걸친 현상을 통해 섭리를 통찰하고 존재성을 인식할 수 있어야 했는데, 제도권 교회 안에서 세워진 교리 체제는 오히려 걸림돌로 작용했다. 그래서 이 연구가 기대한 가장 큰 혁신적 의미는 성자의 시대를 성령의 시대로 전환시킬 대세계관적 원동력을 제공하는 데 있다. 神을 인식할 수 있는 다양한 루트를 확보하고, 세계관적 인식 범위를 확대시켰다. 이런 변화 때문에 인류 역사가 선천과 후천이란 시대선으로 갈라졌다.

왜 성자의 시대에는 예수 그리스도가 하나님을 인식할 수 있는 수많은 가능성을 제치고 유일한 경로로서 확정되었는데, 성령의 시대

---

12) 『신론』, 앞의 책, pp.28~29.

를 맞이해서는 허물어져 버렸는가? 그 이유는 단 한 가지, 이전에는 예수가 神에 관한 정보를 전달하는 유일한 대리자였는데, 지금은 보혜사 하나님이 진리의 성령으로서 강림하여 본격적인 활동을 개시하였기 때문이다. 그렇게 이룬 성업과 세상 가운데서 현현된 실존 근거를 통하여 하나님을 판단할 수 있게 되었다. 세계는 창조와 생성과 有함을 바탕으로 하고 있어 언제든지 변화하게 되어 있다. 시대가 변하면 세계를 뒷받침한 진리 구조도 변화된다. 하나님이란 존재 본체는 변함이 없지만, 바탕 된 본질은 세계를 변화시키는 주체적인 원동력으로 작용한다. 그래서 그 같은 본질 생성의 현상적 표출에 성자로부터 성령이란 시대 전환이 있게 되었다. 이전에는 유일했는데 경로가 확대되었고, 확고했던 진리 구조도 어느덧 달라졌다.

구약 시대에는 예언자를 통해, 신약 시대에는 예수 그리스도를 통해 하나님이 자신을 계시하였지만, 그것은 어디까지나 간접적인 방법이었다. "그러나 때가 차고 마지막 날에 이르러서는 하나님이 더 직접적이고 구체적인 방법으로 자신을 계시하게 되었다."[13] 언젠가는 완전하게 드러날 날이 있으리란 의지 관철은 하나님도 이미 공언한 바 있다. "구약에서는 언제든지 간접적인 방법으로 이스라엘인들에게 계시한 동시에 언제든지 완전한 계시가 있을 것을 강조하였다. 미래에 완전한 계시가 나타날 그 날을 '主의 날', '그 날'로서 표현하였다. 이날은 무서운 심판과 형벌의 날이지만(사 13:9), 한편으로는 새 희망의 날이요, 하나님의 자비가 나타나는 날이기도 하다(사 11:10, 10:21, 49:8)." 일명 '여호와의 날'이라, 하나님이 진리의 성령

---

13) 위의 책, p.14.

으로서 이 땅에 강림한 날이다. 이전 시대를 마감하고 새 시대를 펼칠 것이나니, 그렇다면 정말 심판과 새 희망이 공존하게 될 것이 자명하다. 그래서 사도 바울은 세계관적 본질의 변화 조짐에 대해서, "내가 어렸을 때에는 말하는 것이 어린아이와 같고, …… 이제는 내가 부분적으로 아나, 그때에는 主께서 나를 아신 것 같이 내가 온전히 알리라."[14] "우리가 부분적으로 알고 부분적으로 예언하니, 온전한 것이 올 때에는 부분적으로 하던 것이 폐하리라."[15] 태초부터 神을 인식할 길은 항상 열려 있었지만, 때가 되지 않아 수단과 방법이 간접적이었고, 알아도 부분적으로 알고 부분적으로 인식하였다. 하지만 하나님이 강림한 이후로는 직접 하나님의 모습을 대하고 볼 수 있게 되었다. 이 연구가 온전하지 못했던 때와 온전하게 된 시대를 명확히 구분하였다.

하나님을 인식하고자 함에 성자의 시대에는 성자를 통함이 유일한 통로였는데, 어찌하여 지금은 그 범위가 확대될 수 있었는가? 어린아이 때는 모든 것을 어린아이처럼 생각하고 행동하다가 장성하여서는 태도를 고치게 되는 것처럼, 세계 본질도 미숙한 단계로부터 성숙하는 것이고, 변혁하기 위해 세계관적 바탕이 조성된다. 그리하면 시대적 본질도 전환되어 이전까지 절대적으로 인식되었던 진리의 구조가 달라진다. 세계를 이룬 구조적인 바탕이 성자의 시대에는 성자, 교회, 성서를 통해서 神 지식을 전달받을 수 있도록 조성되었는데, 지상 강림 역사와 더불어 상황이 달라졌다.

선철(先哲)들이 아무리 세상에 존재하는 악(惡)의 문제를 이해하고

---

14) 고린도전서 13장 11~12절.
15) 고린도전서 13장 9~10절.

자 해도 합당한 세계적 본질 바탕이 형성되어 있지 못한 상태에서는 초점도 희미하고 구구한 논설을 낳았다. 맹자가 성선설(性善說)을 주장하고 순자가 성악설(性惡說)을 내세운 것은 인간 본성에 대한 일반적 논거일 뿐, 근본적인 해답이 아니다. 신학자들을 당황하게 한, 더욱 본질적인 물음, 곧 "기독교 신관이 당면한 어려운 문제 가운데 하나는 바로 악이란 존재이다. 천지를 창조한 神이 선하다면 악을 만들 수 없을 것이다. 하나님이 지혜롭게 세상을 창조하였을 것이므로 이 지상에 모순이나 어리석은 일이 있어서는 안 된다. 神은 전지전능하므로 그의 창조에 어떤 실패가 있을 수 없기 때문에 피조물 가운데 뜻에 맞지 않는 것이 있어서는 안 된다."16) 그런데 어찌하여 세상 가운데는 엄연히 선악이 공존하는가? 진리적으로 명답을 내리지 못한 것은 세계적인 바탕 본질이 제반 의문을 뒷받침할 만큼 성숙되지 못했기 때문이다. 인류가 예수 그리스도를 통해서도 하나님을 온전히 알지 못한 것은 제반 의문을 해소할 세계적 본질이 미처 생성을 완료하지 못한 것이 이유이다. 하나님의 본체가 강림하지 못한 상황에서는 독생자가 지닌 神적 본질이 유일한 판단 근거가 될 수밖에 없다. 악도 마찬가지이다. 악의 문제를 아무리 궁구하여 논거를 세워도 바탕 된 본질이 성숙하지 못하면 초점이 안 맞아 내린 답이 답이 아니다. "어찌하여 神에 의해 창조된 세계 속에서 악이 존재할 수 있는가?"17) 이전까지는 구구한 설이 주장되었지만, 지금은 즉각 답할 수 있다. 구축된 본질이 구조적으로 이미 명확한 답을 제시하고 있다. 그것이 무엇인가? 神을 모르면 인류는 언제까지라도

---

16) 『신론』, 앞의 책, pp.223~224.
17) 『철학적 신론』, 앞의 책, p.207.

죄악을 저지를 수 있다. 神을 몰랐기 때문에 인류는 하나님이 존재하는 세계 안에서도 서슴없이 죄악을 저질렀다. 하나님은 악을 창조하지 않았고, 악은 단지 선의 결여일 뿐이라는 말은 심오한 것 같지만 말장난에 불과하다. 하나님은 언제나 공의롭고 거룩하고 선하고 사랑이 전부이다. 그런데도 하나님을 알지 못하면 그런 이유 때문에 인류가 지금까지 죄악을 저질렀다. 악이 세상에 존재하는 이보다 더 확실한 근거 이유는 없다. 그래서 하나님은 죄악의 근원 된 뿌리, 곧 하나님을 온전히 알지 못하는 근원을 일소하기 위해 이 땅에 강림하셨다.

왜 지성들은 여태껏 진리를 정의 내리지 못했는가? 인류가 안고 있는 정신적 고뇌는 그 원인이 어디에 있는가? 가로 놓인 진리적 난제를 해결할 핵심 된 키워드는? 그것이 가능하기나 한 질문인가? 정말 가능하다면 과연 무엇인가? 창조가 바로 그 해석판이다. 천지가 창조된 이상 모든 진리적 근거는 창조에 속해 있다. 그런데도 선천에서는 아무도 이런 사실을 알아채지 못했다. 창조가 정답인데 창조를 빼고 세계를 이해하고자 하니 본질을 볼 수 없었다. 창조 등식이 성립될 수 없었고, 존재가 필요로 하는 조건이 충족될 수 없었다. 세상 누구도 아직 창조를 근거로 진리를 논하거나 세계를 해석한 자가 없다. 이런 문제를 보혜사로 강림한 하나님이 해결하였다. 그 본체는 태초에 천지를 창조하기 위해 마련된 통합적 본체이니, 인류를 모든 진리 가운데로 인도할 보혜적 본체이다(진리의 성령).

그러므로 어떤 사상가가 진리를 판단한 것은 그 당시에 구축된 세계 본질의 생성 구조를 인식한 것이다. 따라서 생성된 본질이 분열을 완료하지 못한 상황에서는 해결할 수 없는 문제가 있게 되고, 미

완수된 상태로 인해 부분적인 한계성에 직면할 수도 있다. 그러나 그런 극한 상황도 절대적인 것은 아니다. 때만 성숙되면 해소될 수 있다. 그런데 문제는 때가 되지 않았는데 본질성의 표출 일환이란 이유 하나만으로 절대화시켜 버린 데 있다. "진리를 알지니 진리가 너희를 자유케 하리라."[18] 진리가 완전하다면 당연히 일체가 자유롭다. 완전한 진리는 아무런 걸림이 없고 그 폭이 무한하다. 그러나 불완전한 진리는 오히려 자유를 구속한다. "神은 한 장소에 제한되어 있지 않다. 어떤 장소에서도 떠나 있지 않다. 그는 모든 것을 충만케 하고, 모든 것을 통관(通貫)하고, 모든 것의 밖에 계시고, 모든 것 안에 계시기 때문이다(바울의 신관)."[19] "이는 하나님이 만유의 主로서 만유 안에 계시려 하심이라."[20] 어느 모로 보나 만고불변한 뜻이고 계시이고 진리적 인식이다. 그런데도 이런 말씀을 들은 인간은 전혀 다른 판단을 하고 말았다. 즉 "동시에 神은 피조물과 동일시될 수는 없다. 그 이유는 곧 우상숭배가 되며, 神의 절대성을 부인하는 것이 되기 때문이다."[21] 그러나 이것은 명백한 오판이다. 그런데도 당시에는 그것이 진리인 것으로 인준될 만큼 세계적으로 드러난 조건이 정당화되어 있었다. 오거스틴도, 키르케고르도, 신학자 칼 바르트도, 창조자와 피조자의 사이에는 절대적 거리가 있고 질적인 차이를 없앨 수 없다고 생각할 만큼 그들은 창조된 본의를 몰랐다. 본의를 알 수 없다면 그렇게 내린 판단이 진리가 되고, 자각하면 하나님과 인

---

18) 요한복음 8장 32절.
19) 『신론』, 앞의 책, 186.
20) 고린도전서 15장 28절.
21) 『신론』, 앞의 책, p.186.

간 사이에 가로 놓인 질적 차이를 해소하여 새로운 관계를 조성할 수 있다. 본질의 변화가 일으킨 신관 영역에서의 엄청난 혁신이다.

현대의 많은 신학자는 철학적 신관과 성서적 신관이 양립할 수 없다는 사실을 지적하고 있다. 그중 브루너는, "만약 철학적 유신론이 말하는 神이 그 神이라면, 그는 성서가 계시하는 神, 즉 절대적 主요, 창조자요, 거룩하고 자비로운 神이 아니다. 그러나 만약 그가 계시의 神이라면 그는 철학적 유신론의 神이 아니다."[22] 아무리 궁구해 보아도 양립 상황을 피할 수 없게 된 실정인데, 그 이유는 바로 세계가 지닌 본질 바탕에 있다. 양립 상황은 세계 본질이 생성하여 구축된 진리의 구조도(構造圖) 때문이다. 진리는 그렇게 판단할 수밖에 없는 본질 바탕에 근거한다. 하지만 이런 양립 구조도 본질이 성숙되면 변하기 때문에 세계적인 구조의 변화가 진리의 구조도 함께 변화시킨다. 이것이 지상 강림 시대에는 자연 신관과 계시 신관이 조화되고 철학적 신관과 성서적 신관을 통합할 수 있도록 세계 본질에 변화가 일어났다. 이전에는 첨예하게 대립되었고 질적 차가 분명했는데, 어떻게 하여 神과 인간과 만물이 합일하고 일체인 동질 신관을 거론할 수 있게 되었는가? 시대적 본질과 구조가 어떻게 변했는가 한 사실을 지성들은 눈여겨보아야 한다. 그 이유는 명백하다. 神이 강림하지 못한 선천에서는 미처 본질이 생성되지 못한 관계로 인식적 제약이 불가피했다. "피조물은 神의 그것(피조물)과의 동일성(神의 피조물 내의 내재성)을 따라잡을 수도 없고, 또 그것은 神이 피조물과 하나이듯이 그처럼 神과 하나로 될 수 없다. 왜냐하면, 피조물

22) 위의 책, p.147.

은 神이 그것과 하나이듯이 결코 그 자신과 하나로 될 수 없기 때문이다. 또한, 피조물은 神의, 그것과의 상이성(神의 피조물에 대한 초월성)을 뒤따를 수도 없다. 그것은 神이(다만 완전성에 근거해서만) 피조물과 다르듯이 그렇게 神과 다를 수 없다. 피조물은 神이 자신을 실현하는 것과 같은 방식으로 자기 자신을 실현할 수 없다."23) 부정, 대립, 모순이 선천 본질을 장악하였다. 그럼에도 불구하고 동서양의 지성들은 세계관적 제약성을 극복할 수 있는 가능성을 포기하지 않았기 때문에 오늘날 지상 강림 본체를 맞이하게 되었다.

선천에서는 신인합일과 만물일체가 진리적 이상이고 세계 완성을 위한 희망이었다. "개인의 영혼이 神과의 완전한 합일을 가지는 것은 모든 신비주의의 궁극적 목적이다."24) "중국철학사에서 천인관계는 가장 지속적으로 논의된 철학적 범주인데, 특히 유학에서의 천인관계는 합일의 전통을 지향하는데 두었다."25) 이것은 기독교 신학이 고수한 피조물과 神과의 질적 차이 관점과 대조된다. 장재는 『正蒙』乾稱에서 인간과 만물이 본래 하나였다고 했다. 모든 사람이 다 나의 동포이며, 모든 만물은 나와 동료라고 일갈하였다. 이런 천인합일론은 보통 맹자에서 시작되어 송명(宋明) 유학에서 완성되었다.26) 이와 같은 논거가 유구한 세월 동안 전통적으로 이어졌는데도 불구하고 진리성을 확실하게 인정하지 못한 것은 세계관적 바탕이 미비된 선천 본질의 한계이다. 하지만 완전한 진리가 도래하면 막혔던 제약

---

23) 『철학적 신론』, 앞의 책, p.172.
24) 『신론』, 앞의 책, p.82.
25) 「장재의 기철학적 천인관계론」, 김주우 저, 한양대학교대학원 철학과, 석사논문, 2010, p.3.
26) 위의 논문, pp.56, 2.

관점이 일시에 해소된다. 동양본체론이 강림된 본체를 진리적으로 뒷받침한다고 한 것은 결코 빈말이 아니다. 서양이 감관과 이성을 통해 제반 현상과 자연 세계를 탐구하였다면 동양에서는 의식을 통해 내면의 본질 세계, 곧 초월적인 본체 세계를 탐구하였고, 천인합일성을 지향하였기 때문에 이런 사상이 오늘날 강림한 보혜적 본체를 영접할 수 있게 하였다.

　서구 신학은 성육신한 하나님의 아들에 대해 어떤 논리를 동원해서도 진리적, 신앙적, 교리적인 완성을 이루지 못했는데, 창조 본의에 입각한 신인합일 메커니즘으로 문제를 일소시켰다. 예수 가라사대, "나를 본 자는 아버지를 보았거늘 어찌하여 아버지를 보이라 하느냐."[27] 자기(예수)를 보는 사람은 그를 보내신 이를 보는 것인데,[28] 그를 보내신 이가 곧 하나님이다. 그리고 예수는 더 대담한 증언을 하였는데, 그것은 곧 "나와 아버지는 하나이니라."[29] 하나님과 예수는 합일되고 일체되었기 때문에 하나라고 증언할 수 있었다. 신인합일에 도달한 경지에서 예수가 하나님의 아들이 되었고 성육신까지 달성했다고 하는 인식 원리는 지금까지 신학이 해결하지 못한 일체의 걸림돌을 제거한다. 예수마저 "어찌하여 아버지를 보이라 하느냐"라고 안타까워한 문제를 하나님이 강림하여 해결했다. 하나님이 창조주로서 발휘한 거의 전능에 가까운 보혜적 권능이다.

　그러므로 지성들은 오늘날 이 연구가 밝힌 神 인식 논거가 전 인류의 역사를 포괄한 결과론적 통찰이란 사실을 알아야 한다. 그동안

---

27) 요한복음 14장 9절.
28) "나를 보는 자는 나를 보내신 이를 보는 것이니라." -요한복음 12장 45절.
29) 요한복음 10장 30절.

서구 문명이 神이 존재한 유무와 상관없이 神을 제대로 보지 못하였고 증명하는 데 실패한 것은, 神을 이해한 관점과 神에게 접근한 수단과 神을 인식하고자 한 방법상의 불미에서 근본 원인을 찾을 수 있다. 그래서 이 연구가 일체의 문제점을 재점검하여 神에 대해 부정적인 인식 체제를 전환시켜 문명 역사에 있어 새로운 패러다임을 구축하고자 한다. 본인은 앞서 지상 강림 역사를 증거하였는데도 불구하고 세상 사람들이 강림한 본체를 이해하지 못하는 현실을 보고, 그 이유가 하나님을 볼 수 있는 인식적 안목을 제공받지 못한 데 있다는 사실을 깨달았다. 이 연구는 하나님을 발견하고 분별할 수 있는 안목을 세계의 다양한 경로를 통하여 확보하기 위해 기획되었다. 하나님이 이룬 역사성, 섭리성, 발현된 의지성을 인간이 지닌 사고력을 통해 분별하고 판단할 수 있게 된 것은 이 연구가 기도한 인식론상의 대혁명이고 완성이다. 하나님이 강림하였다는 것은 하나님이 인류와 함께할 수 있게 되었다는 뜻과도 같은데, 함께한 하나님을 보지 못하고 분별할 수 없다면 그것이 오히려 이상한 일이다. 부모가 세상을 이미 떠난 분이라면 그리워해도 뵈올 수 없고 기다려도 올 수 없지만, 하늘 아래 어딘가에 살아 계신다면 그것은 결코 포기할 수 없는 희망이다. 만유의 어버이인 하나님도 그와 같다. 정말 이 세상에 존재하지 않는 분이라면 아무리 노력해도 허무로 귀착되고 말 것이지만, 살아 계신 분이라면 그런 사실 자체가 만인류에게 안겨진 대희망이다. 하나님이 강림하였다고 한 이 연구의 역사적 증언이 그러하다. 분란과 의혹과 지탄의 소재거리가 될 수 없다. 지난했던 죄악의 굴레를 벗어던질 수 있는 구원의 메시지이다. 인류가 함께 두 손 잡고 바라보고 추구하고 성취해야 할 미래의 태양이다.

2500년 전 佛陀가 깨달음의 길을 열었을 때 인류의 지성들은 열화 같은 정열을 바쳐 그가 가리킨 길을 따르고 추종하여 위대한 정신문명을 일으켰다. 프랜시스 베이컨을 필두로 한 과학자들이 자연과학적 탐구 방법을 개척하였을 때도 지성들은 너나 할 것 없이 자연 현상을 탐구하는 데 몰두하여 위대한 물질문명을 일으켰다. 그리고 오늘날은 이 연구가 하나님을 인식할 수 있는 루트와 경험 사례를 제시함에 따라, 인류는 하나님을 알고 하나님과 교감할 수 있는 위대한 영성 문명을 일으키리라. 새로운 시대, 새로운 나라, 새로운 하나님을 맞이해야 하리라.

염기식(廉基植)

1957년 경남 진주 출생. 진주고등학교 졸업(47회). 경상대학교 사범대학 체육교육과 졸업. R.O.T.C.(19기) 임관. 서남대학교 교육대학원 졸업. 1984년 교직에 첫발을 내디딤(현 교사). 자아와 세계에 대해 눈떴을 때부터 세상의 분파된 진리에 대해 의문을 품고 '길은 어디에 있는가'란 명제 하나로 탐구의 길에 나서 현재까지(58세) 다수의 책을 저술함.

『길을 위하여』(1985), 『세계통합론』(1995), 『세계본질론』(1997), 『통합가치론』(2008), 『인간의 본성 탐구』(2009), 『선재우주론』(2009), 『수행의 완성도론』(2009), 『세계의 종말 선언』(2010), 『미륵탄강론』(2010), 『용화설법론』(2010), 『성령의 시대 개막』(2011), 『역사의 본질 탐구』(2012), 『세계의 섭리 역사』(2012), 『문명 역사의 본말』(2012), 『세계의 신적 본질』(2013), 『지상 강림 역사』(2014) 외 다수의 논저가 있음.

- 세계의 유신적 자각 -

인식적 신론

초판인쇄 2014년 10월 15일
초판발행 2014년 10월 15일

지은이 염기식
펴낸이 채종준
펴낸곳 한국학술정보㈜
주소 경기도 파주시 회동길 230(문발동)
전화 031) 908-3181(대표)
팩스 031) 908-3189
홈페이지 http://ebook.kstudy.com
전자우편 출판사업부 publish@kstudy.com
등록 제일산-115호(2000. 6. 19)

ISBN 978-89-268-6683-2 03230